NOS CAMINHOS DA LITERATURA
FUNDAÇÃO NACIONAL DO LIVRO INFANTIL E JUVENIL
INSTITUTO C&A

NOS CAMINHOS DA LITERATURA

FUNDAÇÃO NACIONAL DO LIVRO INFANTIL E JUVENIL
INSTITUTO C&A

REALIZAÇÃO

Créditos das imagens
As ilustrações utilizadas nesta obra foram extraídas da Wikipédia e estão todas em domínio público.

Capa e quarta capa
Reading woman, Pierre-Auguste Renoir, e Alice no país das maravilhas, John Tenniel.
Página 2
Pinochio, Enrico Mazzanti, Florença, 1883.
Página 12
Contes de ma mére l´oye (Contos da mamãe gansa), Gustave Doré.
Página 14
Le Petit Chaperon Rouge (Chapeuzinho Vermelho), Gustave Doré.
Página 15
Ugly Duckling (O Patinho Feio), Vilhelm Pedersen.
Página 26
Peter Pan, Francis Donkin, 1911.
Página 27
Alice no país das maravilhas, John Tenniel.
Página 31
Hansel and Gretel (João e Maria), 1927.
Página 43
Cendrillon (Cinderela), Gustave Doré.
Página 103
Rapunzel, Johnny Gruelle.
Página 165
Le chat botté (O gato de botas), Gustave Doré.
Página 174
Snow White (Branca de Neve), Theodor Hosemann, 1852.
Página 208
Beauty and the beast (A bela e a fera), Walter Crane, 1874.
Página 212
Gulliver's travels (As viagens de Gulliver), Richard Redgrave.

Dados Internacionais de Catalogação na Publicação (CIP)

N897   Nos caminhos da literatura / [realização] Instituto C&A; [apoio]
Fundação Nacional do Livro Infantil e Juvenil – São Paulo: Peirópolis, 2008.
232 p.; 24 cm.
ISBN 978-85-7596-139-1
1. Promoção da leitura. 2. História da leitura – Brasil. 3. Literatura infanto-juvenil.
4. Prática da leitura. I. Instituto C&A. II. Fundação Nacional do Livro Infantil e Juvenil.
CDU 028.6 (81)   CDD 372.4

Índices para catálogo sistemático:
1. Leitura: história: Brasil   028(81)(091)
2. Promoção da leitura infantil: Brasil   028.6(81)
3. Literatura infanto-juvenil: Brasil   869.0(81)
(Bibliotecária responsável: Sabrina Leal Araujo – CRB 10/1507)

1ª reimpressão • dezembro de 2009
Editora Fundação Peirópolis Ltda.
Rua Girassol, 128 – Vila Madalena
05433-000 – São Paulo – SP
Tel.: (55 11) 3816-0699
Fax: (55 11) 3816-6718
vendas@editorapeiropolis.com.br
www.editorapeiropolis.com.br

Copyright © 2008 by Instituto C&A
Esta publicação foi elaborada a partir das conferências e mesas de debates do Seminário Prazer em Ler de Promoção da Leitura, realizado pelo Instituto C&A e pela Fundação Nacional do Livro Infantil e Juvenil (FNLIJ). O seminário foi realizado em São Paulo (SP), entre os dias 22 e 24 de agosto de 2007.

Instituto C&A
Diretor-presidente
Paulo Castro

Gerente de Educação, Arte e Cultura
Áurea Maria Alencar R. de Oliveira

Coordenadora do programa Prazer em Ler
Ana Dourado

Fundação Nacional do Livro Infantil e Juvenil (FNLIJ)
Conselho Diretor
Gisela Pinto Zincone – presidente
Ísis Valéria Gomes

Secretária-geral
Elizabeth D´Angelo Serra

Assessora
Cynthia Maria Campelo Rodrigues

Editora Peirópolis

Editora
Renata Borges

Gerente editorial
Noelma Brocanelli

Assistentes editoriais
Carolyni Brito
Viviane Akemi Uemura

Projeto gráfico e capa
Iago Sartini

Editoração eletrônica
Alfredo Carracedo Castillo

Revisão
Lúcia Nascimento
Mineo Takatama

Tradução
Diana Araújo Pereira
Fernando Legón

SEMINÁRIO PRAZER EM LER
DE PROMOÇÃO DA LEITURA

Seis conferências, cinco mesas de debates, dezessete palestrantes do Brasil, Espanha, Argentina e Colômbia. Realizado entre os dias 22 e 24 de agosto, em São Paulo (SP), o seminário Prazer em Ler de Promoção da Leitura – Nos Caminhos da Literatura reuniu 561 participantes, entre educadores de ONGs, professores da rede pública e da rede privada, representantes de editoras e fundações empresariais, estudantes e jornalistas. O objetivo era fomentar o debate e a disseminação de questões teóricas e práticas sobre promoção da leitura literária para crianças e jovens.

O seminário Prazer em Ler de Promoção da Leitura foi uma iniciativa do Instituto C&A e da Fundação Nacional do Livro Infantil e Juvenil (FNLIJ), desenvolvida com o apoio institucional da Secretaria Municipal de Educação de São Paulo (SME-SP). Além de incentivar a leitura de textos literários, o evento também visou contribuir para ampliar a compreensão de educadores e de professores quanto à importância da leitura literária para a educação de qualidade.

Para o Instituto C&A, o seminário Prazer em Ler de Promoção da Leitura significou a primeira grande articulação interinstitucional do programa Prazer em Ler, frente de trabalho inaugurada em 2006 que se ocupa de promover a formação de leitores e desenvolver o gosto pela leitura. Para a FNLIJ, o seminário representou a possibilidade de desenvolver uma ação em São Paulo, maior cidade do país, que abriga todo tipo de diferença social.

Em síntese, a realização do seminário Prazer em Ler de Promoção da Leitura buscou ampliar o que a FNLIJ e o Instituto C&A já têm realizado na área da leitura no país. A difusão do conteúdo das conferências e das palestras por meio desta publicação é mais um passo nesse sentido.

REALIZADORES

Instituto C&A e programa Prazer em Ler

O Instituto C&A é uma organização de interesse público, sem fins lucrativos, criada pelos acionistas da rede varejista C&A em 1991 com a finalidade de promover e aperfeiçoar o processo de educação de crianças e adolescentes no Brasil.

O Instituto C&A atua por meio de parcerias e alianças, oferecendo apoio técnico e financeiro a programas e projetos sociais realizados por outras instituições sem fins lucrativos e pelo poder público. Seu trabalho abrange 58 cidades, nas cinco regiões do país.

Desde sua fundação, o Instituto C&A investiu mais de US$ 55 milhões em aproximadamente 1,3 mil projetos sociais. Tais ações envolveram cerca de 1 milhão de pessoas entre crianças, adolescentes, educadores e agentes de investimento social. O orçamento do Instituto C&A para o exercício 2008-2009 (março de 2008 a fevereiro de 2009) é de R$ 18 milhões.

Uma das principais áreas de investimento do Instituto C&A é o programa Prazer em Ler, idealizado para a promoção da leitura. Criado em fevereiro de 2006, o programa tem o intuito de promover a formação de leitores e desenvolver o gosto pela leitura por meio de ações continuadas e sustentáveis e de articulações com distintos agentes envolvidos na leitura no Brasil.

As principais estratégias do programa são o apoio a projetos de incentivo à leitura realizados por organizações não governamentais (ONGs), bibliotecas e escolas, a formação de educadores mediadores de leitura, a difusão para a sociedade da importância da leitura, a disseminação de boas práticas na área e a articulação com outros atores ligados à leitura no Brasil. É o caso do relacionamento com a Fundação Nacional do Livro Infantil e Juvenil (FNLIJ) e setores do poder público, em especial as Secretarias da Educação.

Em 2008, 78 ONGs integram a formação de educadores mediadores de leitura do programa Prazer em Ler. O trabalho está voltado a 998 educadores, com o fim de aprimorar práticas de leitura entre o público formado por 20.844 crianças, 10.046 adolescentes, 4.952 jovens, 16.560 pais e mães e 149.001 membros da comunidade.

Na relação com as escolas públicas, o programa Prazer em Ler desenvolve parcerias na Região Metropolitana de Natal (RN) e na cidade de São Paulo (SP). A iniciativa em Natal é implementada em conjunto com a Secretaria da Educação e da Cultura (Seec) do Rio Grande do Norte, e levada à prática em São Paulo com a Secretaria Municipal de Educação (SME).

Tanto em Natal quanto em São Paulo o programa Prazer em Ler aspira oferecer especialização em práticas de leitura para professores e outros profissionais de educação ligados à estrutura das escolas. Em seu conjunto, as formações desenvolvidas nessas duas localidades envolvem diretamente 126 escolas e 250 educadores, trazendo benefícios a cerca de 66 mil alunos.

Entre 2006 e 2007, o Instituto C&A investiu R$ 12,7 milhões no programa Prazer em Ler. Mais R$ 7,2 milhões deverão ser aplicados na ação entre março de 2008 e fevereiro de 2009.

Para saber mais sobre o Prazer em Ler, acesse www.prazeremler.org.br. Para conhecer melhor o Instituto C&A, acesse www.institutocea.org.br.

> "Ler é um direito fundamental do cidadão e principal via de acesso ao conhecimento e à cultura."
>
> *Programa Prazer em Ler*

Fundação Nacional do Livro Infantil e Juvenil (FNLIJ)

A Fundação Nacional do Livro Infantil e Juvenil (FNLIJ) é uma instituição sem fins lucrativos de caráter técnico-educacional e cultural. Ela foi criada em 1968, no Rio de Janeiro (RJ), e atua tanto no Brasil como no exterior. Seu objetivo é promover a leitura e divulgar livros de qualidade para crianças e jovens.

A FNLIJ é a seção brasileira do International Board on Books for Young People (Ibby), associação constituída por uma rede de pessoas e instituições dedicadas a incentivar a aproximação entre crianças e livros por meio da literatura e de informativos de qualidade. O Ibby é um órgão consultivo da Unesco e conta com representações em 70 países. Como seção brasileira da associação, a FNLIJ é responsável por indicar os candidatos brasileiros aos tradicionais prêmios Hans Christian Andersen, que destaca autores pelo conjunto da obra, e Asahi, destinado a projetos de promoção da leitura.

A filosofia de trabalho da FNLIJ está pautada pela defesa do acesso democrático, por meio de bibliotecas com acervos de qualidade, como base para uma educação que cumpra de fato seu papel de formador de cidadãos críticos e criadores. Para atingir esse objetivo, o corpo técnico da FNLIJ lê e analisa os livros publicados no Brasil, visando estimular e fortalecer o trabalho de escritores e ilustradores, bem como orientar pais e professores para a escolha dos livros. Além dessas ações, a FNLIJ contribui para políticas públicas que favoreçam o acesso ao livro como bem cultural e incentivem a prática da leitura como condição imperativa para a formação integral do indivíduo.

A FNLIJ é pioneira em ações de incentivo à leitura no Brasil. Criou, entre outros, o projeto Ciranda de Livros, na década de 1980, o Salão FNLIJ do Livro para Crianças e Jovens, agora em sua décima edição, e o concurso Melhores Programas de Incentivo à Leitura, atualmente na décima terceira edição.

Para saber mais sobre a FNLIJ, acesse www.fnlij.org.br.

Para conhecer melhor o Ibby, acesse www.ibby.org.

SUMÁRIO

PALESTRANTES

15 TERESA COLOMER

27 ANGELA LAGO

35 GRAÇA LIMA

46 ANA MARIA MACHADO

70 XOSÉ ANTONIO NEIRA CRUZ

94 LUIZ PERCIVAL LEME BRITTO

103 DANIEL MUNDURUKU

112 REGINA ZILBERMAN

120 MARISA LAJOLO

129 SILVIA CASTRILLÓN

140 CECILIA BETTOLLI

157 BARTOLOMEU CAMPOS DE QUEIRÓS

164 MARINA COLASANTI

173 NILMA GONÇALVES LACERDA

181 RICARDO AZEVEDO

211 NELLY NOVAES COELHO

218 LAURA SANDRONI

231 PROGRAMAÇÃO DO EVENTO

Teresa Colomer
Biografia

Teresa Colomer é formada em filologia hispânica e filologia catalã e doutora em ciências da educação.

Publicou mais de 150 livros e artigos sobre literatura infantil e juvenil e sobre o ensino da literatura e da leitura, um espaço de três dimensões inter-relacionadas que suas obras contribuíram para que fosse estabelecido. Suas publicações obtiveram vários prêmios, como o Rosa Sensat de pedagogia, em 1990; o Cecília Meireles – O Melhor Livro Teórico –, outorgado pela Fundação Nacional do Livro Infantil e Juvenil do Brasil em 2004; e o de pedagogia, da Fundación Enciclopèdia Catalana, em 2003 e 2004.

Tem exercido funções de assessoria para as administrações educativas, assim como também faz parte do conselho assessor de várias revistas educativas, como *Lectura y Vida (IRA)* ou *Textos de Didáctica de la Literatura*. Uma vertente importante do seu trabalho é a dedicação a cursos e conferências de formação do professorado, o que a leva a viajar repetidamente por países europeus e latino-americanos.

ANDAR ENTRE LIVROS:
A LEITURA LITERÁRIA NA ESCOLA

A presença de leituras literárias na escola tem a sua história. A evolução delas vem sendo bastante estudada nos últimos anos, da mesma forma que o foram os hábitos leitores, a relação entre a leitura prescritiva escolar e a leitura de lazer, assim como a oferta de livros existente para crianças e adolescentes. Os dados sobre esses temas podem ajudar-nos a pensar melhor sobre a intervenção dos docentes nessa área, de modo que se produza certo consenso que permita criar rotinas educativas. Acaba sendo bastante cansativo pensar que os docentes têm que inventar *tudo* a cada dia ou adaptar planos de leitura completos que não venham crescendo e enraizando-se pouco a pouco na acumulação da nossa experiência.

Vamos propor aqui um modo de pensar a organização da leitura de livros dividida em quatro âmbitos. São âmbitos que se cruzam e se superpõem e podem ser planejados de modos diferentes, já que o que se pretende é que os professores adotem uma forma de trabalhar que lhes permita sentir-se mais confortáveis em sua tarefa. Mas realmente são quatro princípios de atuação que distribuem objetivos e atividades e talvez ajudem a recuperar o sentido da literatura nas salas de aula. Esse é o propósito de uma obra como *Andar entre libros. La lectura literaria en la escuela*[1], em que se oferece o seguinte quadro organizativo:

---

[1] Teresa Colomer, *Andar entre libros. La lectura literaria en la escuela*. México: Fondo de Cultura Económica, 2005.

Leitura de obras na escolaridade obrigatória

Tipos e objetivos	Atividades	Instrumentos	Avaliação
LER **Leitura livre (escolar)** • Aproveitar a guia do próprio texto. • Exercitar as habilidades leitoras. • Aprender a mover-se entre os livros e a selecioná-los autonomamente.	• Tempo de leitura. • Visitas externas (a livrarias, bibliotecas etc).	• Biblioteca da sala de aula ou do centro. • Caderno de leitura. • Mural de valorização.	• Informação sobre a leitura quantitativa de cada aluno. • Informação sobre gostos e capacidades.
COMPARTILHAR **Leitura socializada** • Compartilhar com os demais. • Implicar-se e responder. • Contrastar e construir o sentido. • Usar uma metalinguagem literária. • Construir referentes coletivos.	• Clube de leitores/ leitura em duplas/em grupos/ através da internet etc. • Discutir, elaborar. • Recomendar. • Recordar juntos.	• Mural de recomendação. • Pautas ou perguntas de ajuda. • Entrevistas periódicas aos alunos sobre a sua leitura.	• Informação sobre o uso (transferência) de saberes literários. • Sobre capacidades interpretativas.
EXPANDIR **Leitura integrada nos objetivos escolares** • Ler com propósitos distintos. • Escrever. • Oralizar, dramatizar. • Expressar criativamente. • Aprender outras áreas.	• Leitura coletiva. • Escritura (manipulação, imitação etc). • Dramatização. • Expressão plástica. • Passagem para outros códigos.	• Leitura modalizada. • Seleções pontuais de tipos de livros. • Segundo as necessidades de criação de textos, espetáculos, exposições, vídeos etc.	• Segundo os objetivos específicos de aprendizagem.
INTERPRETAR **Leitura integrada na programação do ensino literário** • Adquirir competências e conhecimentos literários de forma implícita e/ou explícita.	• Leitura reflexiva. • Discussão e comentário guiado. • Projetos de trabalho literário.	• Seleção de obras. • Dispositivos didáticos.	• Sobre saberes literários.

LER SOZINHO: O QUE OS TEXTOS ENSINAM

A leitura de livros faz a competência literária de meninos e meninas progredir enormemente. Por isso sempre acreditou-se que *"ler se aprende lendo"*. Neste espaço trata-se então, naturalmente, de colocar os livros para trabalhar ao lado dos professores para acumular experiência leitora. Como a maioria dos prazeres da vida, a qualidade só pode ser apreciada por comparação, de modo que não são suficientes *"alguns poucos livros bem lidos"*. Pelo contrário, os dados de que dispomos nos dizem que a quantidade de livros lidos *importa* e a leitura de textos extensos revelou-se um dos grandes indicadores de sucesso na formação de um bom leitor. Parece difícil acreditar que a maior parte dos jovens esteja disposta a ler textos informativos de forma abundante e também parece difícil assegurar que todos possam fazê-lo fora da escola, por isso é necessário planejar um tempo de leitura autônoma e silenciosa nas salas de aula, baseada principalmente na leitura de ficção.

Aqui, a função essencial do docente é assegurar que o *corpus* disponível é o mais adequado para os seus alunos. O aspecto que queremos destacar neste espaço é que a seleção dos livros deve levar em consideração que as leituras têm sempre um marcante componente geracional em todo o conjunto do sistema literário. É fácil ver que as leituras de determinados livros supõem nexos de coesão em cada geração social, como as canções de uma época ou os acontecimentos sociais ou técnicos vividos durante essas datas. A geração dos que cresceram com a série de Guillermo Brown ou as coleções de Enyd Blyton durante a aparição da televisão recordam a si mesmos como leitores infantis diferentes dos que cresceram com Roald Dahl, R. L. Stin ou o uso do telefone celular e do *videogame*.

Nas leituras de infância e adolescência o componente geracional pode não ser encontrado em relação ao folclore ou outras obras que constroem as bases literárias, mas sim estar enormemente presente em determinados aspectos: a sensibilidade para com a proximidade da língua, a identificação do eu, o estilo da imagem etc.; daí a abundância de versões e adaptações dos contos clássicos que tentam colocá-los em dia a cada nova geração. Não pode ser de outro modo, já que falamos de leitores que abordam os livros em um encontro fora de contexto (ou seja, sem que tenha relevância quem, quando e onde escreve) com base na sua progressiva aquisição da competência linguística e leitora. Se na literatura de adultos a contextualização de uma obra do passado pode levar o leitor a criar a distância e o conhecimento necessários para o seu desfrute, a fratura entre livros históricos e contemporâneos é consideravelmente mais acusada na leitura infantil.

As formas de vida foram aceleradas. As crianças e os adolescentes de hoje não assistiram, por exemplo, ao nascimento das telas, tampouco parece-lhes novidade a convivência entre pessoas de várias culturas ou talvez estejam muito acostumados a produtos artísticos – ou publicitários – que questionam as fronteiras entre ficção e realidade, nutrem-se compulsivamente de referentes intertextuais ou brincam com as regras metaficcionais. A análise dos livros para essas idades revela até que ponto as obras são sensíveis a esse tipo de fenômenos próprios das sociedades pós-industriais, de modo que exercem um papel de aproximação da ficção às formas de vida juvenil e estabelecem pontes entre os adolescentes e sua cultura. Tanto a importância de sentir-se leitores entre seus iguais como a consonância dos livros com a época fazem com que o papel socializador da literatura infantil e juvenil seja exercido, pois, essencialmente, "na horizontal", sobre os leitores de uma mesma geração e qualquer seleção de leituras tenderá a ser majoritariamente coetânea se se deseja a sua conexão com a experiência de vida dos jovens de um tempo e uma sociedade concreta.

No entanto, atender à produção atual no espaço de leitura livre não significa que os livros não devam exercer uma função de construção de um horizonte de qualidade das obras, um leque explícito do que se pode esperar dos livros. Por isso é importante que os docentes estejam bem informados tanto sobre a produção atual quanto sobre as obras anteriores que continuam oferecendo às crianças esquemas de interpretação de como o mundo e a literatura funcionam. Uma socialização, também, "na vertical", em relação à sua cultura, porque o que realmente importa não são os livros e a sua conservação através dos tempos, mas o que o leitor aprende com eles: o domínio da linguagem, a entrada no imaginário da coletividade e uma experiência socializadora que contribui tanto para a sua construção como pessoa quanto para a coesão social.

LER COM OS DEMAIS: CRIAR PONTES E GERAR A OPORTUNIDADE DE CRUZÁ-LAS

O espaço para atividades de compartilhamento de leituras, em grupos de discussão coletiva, em pequenos grupos, clubes de leitores etc. está ganhando terreno na atualidade e parece uma das vias mais interessantes para fomentar a consciência de pertencer a uma comunidade de leitores. As crianças experimentam-na pelos livros que lhes permitem sentir-se parte do grupo de iguais e pelas leituras, que eles percebem que todos conhecem e funcionam como referentes aludidos nas conversas, anúncios etc. Um prazer formado pelo reconhecer, reconhecer-se e pertencer a algo a que todos nós somos sensíveis. Mas, para falar sobre os livros, precisamos de palavras, conceitos que nos permitam ir além do "*é divertido*" ou "*eu não gostei*" e pensar o que causou esse efeito, de modo que se possa começar a analisar a linguagem para não ser dominado pelo discurso externo.

Esse espaço, pois, pede a entrada e extensão escolar de atividades de discussão. Isso permite a passagem da recepção individual à recepção no seio de uma comunidade que interpreta e valoriza. Mas as rotinas aqui devem ser construídas com cuidado. Os docentes em formação tendem a propor para tudo, e para crianças de bem pouca idade, impossíveis e aleatórios debates coletivos; ou os professores mostram-se reticentes a ceder a palavra, aludindo ao tempo requerido para cumprir um programa predeterminado. Esse é, portanto, um espaço escolar ainda "em construção".

LER, EXPANDIR E CONECTAR: A LITERATURA ATÉ NO AR

A literatura faz parte de qualquer tarefa escolar... é só pensar em colocá-la aí. O romance histórico que acompanha um tema de estudos sociais, a coleção de poemas e jogos literários pendurados na sala de aula como um desafio descontraído. Uma das experiências mais sugestivas nesse campo é a linha de *trabalho por projetos*, já que oferece algumas soluções para as dificuldades de integração dos diversos aspectos da aprendizagem literária e, ainda, da inter-relação entre os objetivos linguísticos e literários.

Os projetos podem estar a serviço de objetivos muito diferentes. Como exemplo de um deles, pouco usual, podemos citar uma experiência de escrita coletiva com a qual se pretendia abordar a reflexão de uma turma sobre os conflitos emocionais que o haviam levado a situações violentas ao longo da sua escolaridade. Um uso quase terapêutico, já que incidia na educação para a convivência ao mesmo tempo em que programava aprendizagens de diversos elementos narrativos, tais como a combinação de tempos narrativos, a perspectiva múltipla, a estrutura complexa ou as convenções paratextuais.

A história da turma foi planejada e distribuída em capítulos para serem escritos por diferentes grupos de alunos e, posteriormente, foram discutidos e analisados coletivamente. A estrutura da obra incidiu em algumas convenções sobre a construção romanceada: um primeiro capítulo em que um suposto novo aluno achava um manuscrito na biblioteca que começava

O espaço para atividades de compartilhamento de leituras, em grupos de discussão coletiva, em pequenos grupos, clubes de leitores etc. está ganhando terreno na atualidade e parece uma das vias mais interessantes para fomentar a consciência de pertencer a uma comunidade de leitores.

com o jantar de despedida de um curso no qual um aluno rememorava sua estada no centro antes de abandoná-lo.

O segundo capítulo optou por narrar a impressão do primeiro dia escolar de vários alunos (*Ou a chuva* – começava em um caso – *no meu primeiro dia de escola tinha chovido e a rua estava molhada*). Deram-lhe um enfoque descritivo global do espaço e da atmosfera escolar, já que havia um acordo em atribuir uma memória tranquila à etapa infantil, de modo que o capítulo terminava dizendo: "Como se fosse uma brincadeira parece toda esta história de areais e linhas amarelas".

O terceiro escolheu a seleção de episódios que faziam parte, ou podiam fazê-lo, da narração comum do grupo. Um dos limites da tarefa era a incapacidade das crianças de fundir as vozes, de modo que se dedicaram mais a organizar distintas formas de enlace na progressão do capítulo no qual participavam: "Já que estamos contando histórias, eu me lembro de outra que eu achei muito engraçada. Estávamos na sexta série. [...] Espera, espera, não vamos mudar de curso tão depressa. Eu queria contar..."

O quarto enfrentou a explosão dos enfrentamentos e para isso deu voz às diferentes turminhas por meio da repetição narrativa que partia de perspectivas diferentes:

Enquanto acontecia isso, decidimos formar um trio. Assim, se alguém mexia com algum de nós, os outros dois o defenderíamos. [...] Talvez sim, mas a minha versão de como começaram as brigas é essa. [...] A dupla que eu mencionei tinha muito a ver com isso porque os dois gostavam dessa menina e até tentaram beijar à força. [...] O dia que eu vou contar talvez tenha sido o pior da minha vida. [...] Pois já que você vai contar, eu também vou falar...

O quinto adotou um tom reflexivo para formular explicações dos fatos ocorridos e dos sentimentos suscitados: "Colocamos três normas para funcionar na assembleia. [...] Aos poucos fomos vendo como era a turma".

O sexto narrou o curso mais próximo da sua lembrança – e, portanto, do que mais desejavam falar –, com base na perspectiva da chegada de um aluno novo, que via as coisas pela primeira vez, e a do grupo que devia acolhê-lo e recompor-se: "Eles apontaram para o fundo da sala de aula. Tinha ali um garoto alto, meio louro e com costas largas. Estava sozinho".

O sétimo se referiu às atividades que configuravam o calendário escolar através dos cursos, tais como festas etc. A última dessas atividades, o tradicional jantar de despedida, permitia o enlace com o tempo do primeiro narrador e fechava a obra:

> Porque as coisas sempre são lembradas assim; eu nunca poderia esquecer do jeito da Carola, dando uma de sevilhana, que dava voltas, movendo os braços e a cabeça bruscamente; dos cachos da Mônica; do trompete do Ernesto; do sangue vermelho do Jaime; do sapateado da Mireia; do esportista do Félix; da lunática da Eugenia; da pequena Elvira; dos gritos estridentes da Rosário; do sorriso do Nino; da tartaruga de borracha da Rosa...

LER COM OS ESPECIALISTAS: CONDUZIR E ABRIR AS PORTAS

"Ler com os especialistas" é algo que um leitor de literatura deseja fazer durante toda a vida. Por isso alguns leitores compram livros de crítica literária ou assistem a conferências e cursos culturais. A escola se reconhece nesse espaço, já que se sentir guia dos aprendizes sempre foi o seu papel mais natural, mas é evidente que sua maneira de guiar a leitura não parece ter tido muito sucesso, se pensar efetivamente em *guiar*, e não simplesmente em *substituir* a interpretação. Não é o tipo de atividade, com a sua porção de obrigações e esforço, que deveria ser colocado em questão, mas *o que* e *o como* devem configurar esse espaço.

A aprendizagem escolar está centrada no esforço pela construção pessoal do sentido. Podemos imaginá-lo por um momento como uma faixa situada em um *espaço intermediário* entre o efeito imediato da leitura pessoal e o acesso ao conhecimento de saberes exteriores. A ajuda do especialista deve levar a interpretação além do que fariam os leitores: dar pistas para ver os níveis de leitura e o que há "*por trás das linhas*"; oferecer informação contextual, se for necessária; enlaçar com o contexto atual para tornar possível uma compreensão que conecte com o que os alunos sabem e pensam sobre o mundo; sistematizar as descobertas para que elas sirvam como futuros esquemas interpretativos etc.

Provavelmente a leitura guiada melhoraria se questionássemos quais são realmente as aprendizagens que devem ser realizadas durante a escolaridade obrigatória. Por exemplo, a importância da tradução na recepção das obras é um aspecto importante no acesso de qualquer cidadão a uma grande parte da literatura atual e, no entanto, não figura em nenhum programa. Ou no máximo pode-se ver que a ideia de influência, variação em relação à tradição, recorrência de motivos e esquemas argumentais etc., é algo que aparece implícito nos programas, mas cabe pensar que a potência dessas ideias mereceria ser explicitada nas salas de aula, de modo que a imagem de um diálogo permanente das obras entre si e das vozes da humanidade refletindo sobre si mesma e sobre a realidade levasse os jovens a sentir que a literatura tem muito que nos dizer hoje. E seria muito melhor abordar o estudo das formas poéticas relacionadas com a respiração, o ritmo, a música, a fala... do que como um jogo esotérico e caprichoso de estrofes. Ou também parece pertinente a ideia de que a maioria das grandes obras pode ser entendida por meio dos "óculos" de diversas teorias interpretativas.

Vejamos este último caso como exemplo. O jogo de interpretações é uma constatação que faz parte da aprendizagem. Combate a ideia inicial de que uma obra quer dizer apenas uma coisa, sempre e para todo mundo. Nem todo mundo entende a mesma coisa em uma obra. Não se entende da mesma maneira, dependendo do nível em que nos aprofundemos. Não se entende da mesma maneira, dependendo do número de vezes que se leia ou da etapa da vida em que se situe a leitura. E não se entende da mesma maneira se estivermos interessados em buscar significados de um ou outro tipo.

Por exemplo, a leitura de *Frankenstein ou o Prometeu moderno* pode servir para entender a ideia de interpretação múltipla e com base em perspectivas diferentes. Como se do mesmo monstro, construído com fragmentos, se tratasse, as interpretações de *Frankenstein* ao longo do tempo giraram ao redor da obra para destacar uns ou outros elementos.

Assim, a narração foi lida como a soma de um novo tipo de monstruosidade aos recursos literários de formalização dos temores humanos, por meio de recursos do romance gótico e de certo gosto pelo *gore,* o sangrento e arrepiante. É a leitura que teve mais sucesso na maioria de suas versões cinematográficas. Também foi situada como início de um novo gênero: o da ficção científica, concretamente na linha das obras que chamam a atenção para o mau uso da ciência. Nesse sentido, é uma obra que conduz com naturalidade aos debates éticos sobre os limites do progresso científico que hoje apresentam uma atualidade inegável. Por outro lado, a maioria da sociedade na qual a obra foi escrita apontou com novo entusiasmo conservador a sua leitura como uma metáfora do desencanto social da geração liberal anterior, tanto em relação ao progresso em geral como à emancipação social das massas operárias que se transformavam finalmente em "monstros" protagonistas de todo tipo de ações destrutivas. Outra leitura é a de projetar a biografia de Mary Shelley sobre os detalhes da obra, e, recentemente, a crítica feminista vem prolongando essa linha, questionando justamente o discurso ideológico de emancipação social e da mulher transmitido por esse relato.

A ajuda do especialista deve levar a interpretação além do que fariam os leitores: dar pistas para ver os níveis de leitura e o que há "por trás das linhas"

Do ponto de vista formal, ainda que ninguém afirme que essa obra seja um relato unitário com apenas uma perspectiva, fala-se dela como se o fosse, porque suas versões simplificadoras são as que passaram a fazer parte do imaginário coletivo. Muito pelo contrário, a obra se constrói sobre uma perspectiva fragmentada, a partir de um coro de vozes, e sobre a superposição de várias tradições literárias de gêneros romanescos, o que corresponde com a imagem de suas possibilidades caleidoscópicas de leitura. Uma das principais perdas ocasionadas pelas versões posteriores é a da própria voz da desolada criatura monstruosa, um elemento que nos remete a uma das leituras de *Frankenstein* mais poderosas, porque talvez seja a que melhor pode dialogar com os leitores adolescentes: a da narração da solidão da criatura sem nome, a da busca dolorosa do reconhecimento social, de um olhar que lhe dê uma categoria social de semelhante, que lhe outorgue humanidade aceitando sua alteridade.

LER ALÉM: A DECISÃO DE PASSAR PELAS PORTAS ABERTAS

Definitivamente, a aprendizagem literária pode ser potencializada se planejarmos leituras diferentes e complementares em cada um desses espaços, porque nem sempre se trata de entender muito bem uma obra em todos os seus níveis, nem de conhecer alguns títulos referenciais (quantos podem ler os meninos e as meninas durante a vida escolar?), nem muito menos de ler muito (até quinhentos livros durante toda a infância e adolescência?), mas de aprender a ler fluentemente, conduzir-se com facilidade no sistema literário e no circuito de funcionamento social, ter notícia de obras que podem querer ler mais adiante ou adquirir conhecimentos autenticamente relevantes que sirvam como esquemas de compreensão subjacentes a qualquer leitura futura. Os estudos sobre os leitores nos permitiram saber que *não importa o que leem, contanto que leiam,* já que não se aprende a ler livros difíceis lendo apenas livros fáceis, mas a quantidade de livros também importa e, como dizíamos antes, *alguns poucos títulos bem trabalhados não fazem leitores.*

O tempo escolar é escasso, mas ali se acha a porta da literatura para as novas gerações, e deve-se pensar muito detidamente sobre a melhor forma de abri-la. Planejar para ser mais eficaz na formação requerida pelos meninos e meninas de nossas sociedades atuais. Assim funcionam, apoiando-se uns nos outros, os diversos espaços de leitura na escola, se quisermos que todos eles juntos formem o caminho do leitor. Passar pela porta aberta e seguir esse caminho já faz parte da escolha pessoal de vida de qualquer cidadão.

Bibliografia

Andar entre libros. La lectura literaria en la escuela. México: Fondo de Cultura Económica, 2005. (Tradução em língua portuguesa: *Andar entre livros. A leitura literária na escola*. Sao Paulo: Global Editora, 2007. Tradução de Laura Sandroni.)
Introducción a la literatura infantil y juvenil. Madri: Síntesis, 1999.
La formació del lector literari. Barcelona: Barcanova, 1998 (Tradução espanhola: *La formación del lector literario. Narrativa infantil y juvenil actual*. Madri: Fundación Germán Sánchez Ruipérez, 1998. Tradução em língua portuguesa: *A formaçao do leitor literário. Narrativa infantil e juvenil atual*. São Paulo: Global Editora, 2003. Tradução de Laura Sandroni. Prêmio Cecília Meireles – O Melhor Livro Teórico 2003, outorgado pela Fundação Nacional do Livro Infantil e Juvenil (FNLIJ).
Ensenyar a llegir, ensenyar a comprendre. Barcelona: Rosa Sensat-Edicions 62, 1991. Premio de Padagogía "Rosa Sensat" 1990 (Tradução espanhola: *Enseñar a leer, enseñar a comprender*. Madri: Rosa Sensat/Ed.Celeste/MEC, 1996. *Ensinar a ler, ensinar a comprender*. Porto Alegre: Artmed Editora, 2002. (Em colaboração com Anna Camps).
Siete llaves para valorar las historias infantiles. Madri: Fundación Germán Sánchez Ruipérez, 2002.
La literatura infantil i juvenil catalana: un segle de canvis. Barcelona: ICE-UAB, 2002.
El patrimoni de la imaginació: Llibres d'ahir per a lectors d'avui. Palma: Institut d'Estudis Baleàrics, 2007. (Com Mónica Baró y Teresa Mañà).
Ajudar a llegir. La formació lectora a primària i secundària. Barcelona: Barcanova, 1992.
L'ensenyamenti l'aprenentatge de la llengua i la literatura en l'educació secundària. Barcelona: ICE de la UB-Horsori, 1998. (Com Anna Camps)

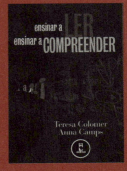

Angela Lago
Biografia

Angela Lago nasceu em Belo Horizonte, Minas Gerais, no ano em que acabou a Segunda Guerra Mundial. Ela escreve, desenha e faz animações, em geral para crianças. E, atualmente, está aprendendo a tocar violoncelo.

A LEITURA DA IMAGEM

ANGELA LAGO

Existe uma gramática visual da qual nos apoderamos intuitivamente. A base dessa gramática ou linguagem são arquétipos e construções visuais que funcionam como símbolos. Um exemplo bem simples: um círculo com raios é o sol. Dependendo da maneira como o sol for conjugado, poderá ser entendido como luz, calor, o rei, o olho de um deus, uma carta de sucesso no tarô ou simplesmente a previsão do tempo para amanhã: sol sem nuvens.

No meu livro *Muito capeta* o sol substitui o relógio enfadonho num momento de glória. Em *O bicho folharal* ele muda de cor quando muda o dia. Marca o tempo e me ajuda a contar a história.

No desenho, como na poesia, falamos por metáforas. Somamos as imagens arquetípicas e ainda nossos recursos de uso da linha e da cor.

O ESPAÇO BIDIMENSIONAL

O espaço bidimensional da folha de papel, onde o desenho é feito, é um espaço de representação. Nele nada tem concretude. Posso até mesmo construir imagens que, de outra forma, seriam impossíveis. No papel, tudo é ficção. A perspectiva renascentista, tão bem capturada pela técnica fotográfica, é uma das maneiras possíveis de representar a terceira dimensão, mas não a única.

Em 1990 quis desenhar um livro sobre a ilusão amorosa e por isso tratei de acentuar o aspecto ilusório da terceira dimensão na folha de papel. A partir do trabalho de Esher e dos estudos sobre percepção visual desenhei um livro que pode ser lido de cabeça para baixo, portanto de trás para a frente, e ainda assim fazer sentido. Nele o espelho e o degrau da escada são ao mesmo tempo espelho e degrau. Os pilares se contam em diferentes números, dependendo de como os olhamos. Ou temos uma pilastra impossível, unindo dois lances de um mesmo nível. Nesse livro conto a eterna história de jovens que se buscam e se afastam e voltam a se buscar. De cada lado do livro a história é contada por um dos personagens.

Num desenho de criança, um amigo saúda o outro do lado inverso da rua. A intenção é a mesma que a minha. A criança simplesmente virou a folha de papel para desenhar o amigo do outro lado. Que eficiência!

Estou cada vez mais interessada nos desenhos de crianças, que sempre me ensinam uma maneira mais contundente do que as que venho usando nas minhas narrativas visuais. Com as crianças tento também aprender a liberar meu traço, os ângulos de visão e as proporções entre objetos e pessoas. E a ter frescor para inventar novas metáforas.

O NARRADOR VISUAL

Estamos bastante acostumados com textos em que os narradores se revezam para contar a história. Usei essa técnica em *Cântico dos cânticos*.

Posso também ter o olhar onipresente e onisciente do narrador de contos de fada, que sabe tudo o que acontece no reino do "era uma vez". Foi a perspectiva que escolhi no livro *Juan Felizário contento*. Coloquei minha câmera nas nuvens e nelas deslizei para acompanhar a viagem de Juan. Não me preocupei com proporções. Os objetos e personagens são maiores ou menores de acordo com a sua importância na narração e com a necessidade de serem vistos.

Já no livro *A banguelinha* o dono do apartamento do segundo andar é quem conta a história. O tremor do traço justifica-se: é um senhor idoso. O leitor tem acesso ao texto que ele datilografa e onde faz anotações. Vê os outros personagens pela perspectiva do narrador, a quem a síndica parece certamente uma bruxa.

Mas quem é o narrador visual das *Sete histórias* para sacudir o esqueleto? Já não se trata do tremor do velho que vimos em *A banguelinha*. Aqui é o tremor de alguém horrorizado: é a representação do próprio leitor, que, assombrado, vira as páginas com medo. Talvez vocês achem que extrapolo e se trata apenas do meu próprio desenho, mais trêmulo com a idade.

O OBJETO TRIDIMENSIONAL

Não quero polemizar, apenas quero que vocês acreditem que o leitor é coautor pelo simples fato de virar a página. É que a composição dos desenhos bidimensionais do livro prevê a terceira dimensão desse objeto. Assim, ao movimentar a página em diferentes ângulos de leitura, o receptor acentua a composição do desenho. Com a página em movimento, a intromissão da síndica passando de uma página a outra se torna bem mais evidente.

O TEMPO DA NARRATIVA VISUAL

Mas o herói de todas as histórias, até mesmo da nossa história pessoal, é o tempo. O tempo é a quarta dimensão, sem a qual nenhuma narrativa é possível.

Para o criador de livros de imagens a representação da passagem do tempo é semelhante à do diretor de cinema. A passagem de página é um corte na montagem. Os momentos diferentes são divididos através das páginas.

Isso hoje é tão comum que de certa forma estranhamos os desenhos de artistas e de crianças que representam diferentes momentos repetindo o personagem em diferentes situações na mesma folha de papel. Só nos sentimos à vontade com esse procedimento se as diferentes situações aparecem em quadros dispostos para uma leitura linear, como nos *comics*.

O tempo da narrativa, estipulado pela passagem das páginas, imporá algum ritmo ao leitor. Num livro de terror convém que nos alonguemos no terror.

Da mesma forma, para acentuar um momento monótono, podemos incluir uma página sem acontecimentos ou textos.

Em geral tentamos imprimir um ritmo ágil e inteligente que ao mesmo tempo permita o entendimento da sequência narrativa.

METÁFORA

De qualquer forma, queremos a participação do receptor ou narrador. Dificuldades ou complexidades criarão respostas mais ricas. Talvez seja por isso que usamos metáforas na fala e no desenho. Precisamos de um estranhamento para que haja uma revelação.

A anamorfose seria um exemplo extremo da participação ativa do receptor. No quadro *Os embaixadores*, de Hans Holbein (National Gallery, Londres), vemos e não vemos um estranho objeto colocado perpendicularmente no tapete. Para que ele se revele, precisamos fazer certo esforço visual, mudar o ângulo do olhar. Quando afinal entendemos que temos ali a figura da morte, representada por um crânio, voltamos à imagem dos homens poderosos com outro olhar. É comum a figura da caveira em imagens dessa época. Mas aqui o fato de ela ter de ser adivinhada, captada pelo observador, lhe dá uma estranha força.

Vejamos exemplos mais simples: a metáfora visual de atribuir a um objeto a cor de outro. Meus gatos são verdes porque seus movimentos são líquidos, aquáticos. Ou trata-se de uma metonímia e a cor dos olhos do

O tempo da narrativa, estipulado pela passagem das páginas, imporá algum ritmo ao leitor. Num livro de terror convém que nos alonguemos no terror.

gato se expande para toda a figura. Não importa. Traços e cores criam metáforas nem sempre desvendadas de uma única e consistente maneira.

Um outro exemplo: a técnica escolhida para um livro pode ser por si uma metáfora. No livro *A raça perfeita*, que conta uma história de manipulação genética, a técnica é a da manipulação fotográfica. Com a escolha de uma técnica já abrimos uma primeira porta de leitura para o livro.

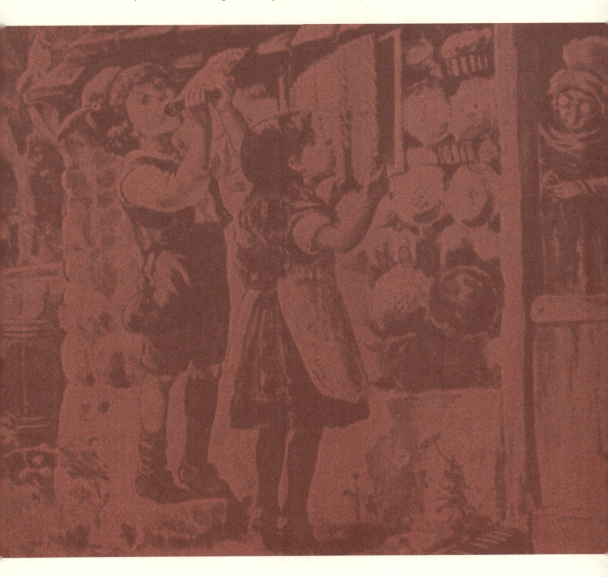

Bibliografia

PUBLICAÇÕES DE LIVROS NO BRASIL
(LIVROS COM TEXTO E ILUSTRAÇÕES DA AUTORA)

O fio do riso. Belo Horizonte: Vigília, 1980; RHJ, 2005.
Sangue de barata. Belo Horizonte: Vigília, 1980; RHJ, 2005.
Uni duni e te. Belo Horizonte: Comunicação, 1982; São Paulo: Moderna, 2005.
Outra vez. Belo Horizonte: Miguilim, 1984; RHJ, 2005.
Chiquita Bacana e as outras pequetitas. Belo Horizonte: Lê, 1986; RHJ, 2005.
Sua alteza a Divinha. Belo Horizonte: RHJ, 1990.
O cântico dos cânticos. São Paulo: Paulinas, 1992.
De morte. Belo Horizonte: RHJ, 1992.
Coleção folclore de casa. Belo Horizonte: RHJ, 1993.
Charadas macabras. Belo Horizonte: Formato, 1994.
Cena de rua. Belo Horizonte: RHJ, 1994.
Tampinha. São Paulo: Moderna, 1994.
A festa no céu. São Paulo: Melhoramentos, 1995.
O personagem encalhado. Belo Horizonte: Lê, 1995. (No prelo, editora RHJ)
Pedacinho de pessoa. Belo Horizonte: RHJ, 1996.
Uma palavra só. São Paulo: Moderna, 1996.
Um ano novo danado de bom. São Paulo: Moderna, 1997.
A novela da panela. São Paulo: Moderna, 1999.
ABC doido. São Paulo: Melhoramentos, 1999.
Indo não sei aonde buscar não sei o quê. Belo Horizonte: RHJ, 2000.
João felizardo. O rei dos negócios. São Paulo: Cosac & Naify, 2007.
Sete histórias pra sacudir o esqueleto. São Paulo: Companhia das Letrinhas, 2002.
A banguelinha. São Paulo: Moderna, 2002.
Muito capeta. São Paulo: Companhia das Letrinhas, 2004.
A raça perfeita, junto com Gisele Lotufo. Rio Grande do Sul: Projeto, 2004.

A casa da onça e do bode. Rio de Janeiro: Rocco, 2005.
A flauta do tatu. Rio de Janeiro: Rocco, 2005.
O bicho folharal. Rio de Janeiro: Rocco, 2005.

ILUSTRAÇÕES / LIVROS NO BRASIL
(ILUSTRAÇÕES PARA LIVROS DE OUTROS AUTORES)

O pintassilgo azul, de Garcia de Paiva. Rio de Janeiro: Brasil-América (Ebal), 1982.
Os dois irmãos, de Wander Piroli. Belo Horizonte: Comunicação, 1983.
Lambe o dedo e vira a página, de Ricardo da Cunha Lima. São Paulo: FTD, 1984.
Cabriolé, o cabrito, de Lucília de Almeida Prado. São Paulo: Global, 1985.
Juca Motorzinho, de Mauro Martins. Rio de Janeiro: Rocco, 1985.
A árvore que pensava, de Oswaldo França Jr. Rio de Janeiro: Nova Fronteira, 1986.
Dourado, de André Carvalho. Belo Horizonte: Lê, 1986.
Correspondência, de Bartolomeu Campos de Queirós. Belo Horizonte: Miguilim, 1986.
A mãe da mãe da minha mãe, de Terezinha Alvarenga. Belo Horizonte: Miguilim, 1988.
O caso da banana, de Ronaldo Simões Coelho. Belo Horizonte: Lê, 1990.
Layla, de Terezinha Alvarenga. Belo Horizonte: Miguilim, 1993.
A formiga Aurélia e outros jeitos de ver o mundo, de Regina Machado. São Paulo: Companhia das Letrinhas, 1998.
A revolta das palavras, de José Paulo Paes. São Paulo: Companhia das Letrinhas, 1999.
Nasrudin, de Regina Machado. São Paulo: Companhia das Letrinhas, 2000.
O gato chamado Gatinho, de Ferreira Gullar. São Paulo: Salamandra, 2000.
O touro encantado, de Ferreira Gullar. São Paulo: Salamandra, 2003.

PUBLICAÇÕES DE LIVROS NO EXTERIOR
(LIVROS COM TEXTOS E ILUSTRAÇÕES DA AUTORA)

The banana creak – Creak and other little pests. Tokyo: Kagyusha, 1991. (tradução japonesa de *Chiquita Bacana e as outras pequetitas*).
Chiquita Bandida y las otras diablitas. Bogotá: Norma Editorial, 1991. (Tradução espanhola de *Chiquita Bacana e as outras pequetitas*.)
The party in the sky. Tokyo: Gakken, 1989. (Este livro foi posteriormente traduzido para português: *A festa no céu*.)
The party in the clouds. China: Life, 1995. (Tradução chinesa de *The party in the sky*).
Charadas macabras. México: Ediciones Pietra, 1995.
"Cena de Rua" está na antologia *The best picture books of the world*. Nova York: Abhram Press, 1996.
De noche en la calle. Caracas: Ekaré, 1999.
Juan Felizario Contento. México: Fondo Económico de Cultura, 2003.

ILUSTRAÇÕES/LIVROS NO EXTERIOR
(ILUSTRAÇÕES PARA LIVROS DE OUTROS AUTORES)

Guess what I'm doing, de Kyoko Matsuoka e outros. Asian Cultural Centre of Unesco, 1990. (Publicado em 34 países.)
La maison des mots, de Rachel Uziel. Paris: Seuil, 1995.
Under the spell of the moon – Art for children from the world's great illustrators, de Angela Lago e outros. Toronto: Groundwood Books, 2004.

Graça Lima

Biografia

 Carioca, formada em comunicação visual pela Escola de Belas-Artes da Universidade Federal do Rio de Janeiro, com mestrado em *design* pela Pontifícia Universidade Católica do Rio de Janeiro. Ganhou vários prêmios com seu trabalho, entre os quais da FNLIJ: prêmio Luis Jardim, prêmio Malba Tahan, prêmio O Melhor para o Jovem e muitas menções "altamente recomendável". Recebeu o prêmio Jabuti da CBL em 1982, 1984 e 2003 na categoria de ilustração. Fora do Brasil recebeu seis vezes a menção White Ravens da Biblioteca de Munique, na Alemanha. Alguns de seus trabalhos foram publicados em catálogos internacionais, como o da feira de Barcelona, na Espanha, de Frankfurt, na Alemanha, de Bratislava, e o Brazil a Bright Blend of Colours, feito pela FNLIJ para divulgar o trabalho dos ilustradores brasileiros. Ilustrou mais de oitenta livros no Brasil e três no exterior. Em 2005 participou do grupo de ilustradores que representou o Brasil no Salão de Montreuil, na França, e realizou oficinas para crianças nas escolas da rede pública de Aubagne, em Marselha. Em 2006 ministrou oficina de ilustração na PUC-Lima, no Peru, e participou da feira de livros dessa cidade e, em 2007, do Simpósio de Bibliotecas em Bogotá.

Lendo imagens

Apesar de o enlace verbal e visual ser um traço distinto da modalidade infantil, ainda são poucos os textos que, ocupando-se da literatura para crianças, respeitam e interpretam essa natureza compósita do objeto com o qual lidam.

No final dos anos 1960 registra-se o início do que foi o grande estouro na literatura infantil brasileira ocorrido na década de 1970. Essa época caracterizou-se por um grande incentivo à produção, o governo atuou como investidor em áreas geradoras de infraestrutura para a indústria, como transportes e comunicação, decretou medidas que viabilizaram subsídios, reduziram impostos e taxas de importação. Esse processo foi fundamental para as empresas gráficas e de papel, tornando possível a resolução de seus problemas básicos de industrialização. Com isso, o setor livreiro foi amplamente beneficiado. A votação da Lei de Diretrizes e Bases da Educação Nacional colocou a leitura como formadora básica e ponto de apoio de múltiplas atividades propostas aos alunos durante o processo de aprendizagem, aumentando significativamente o escoamento da produção editorial. Além disso, multiplicaram-se as instituições e programas de incentivo à leitura e à discussão da literatura infantil. A Fundação Nacional do Livro Infantil e Juvenil e a Fundação do Livro Escolar são exemplos de instituições surgidas nesse momento.

O desenvolvimento econômico ocorrido nesse período foi extraordinário. O "milagre" brasileiro espalhou-se por todos os setores. Em menos de uma década o Brasil transformou-se num dos grandes mercados consumidores do mundo. Houve uma significativa elevação do poder aquisitivo das classes médias paralelamente à difusão do ensino em geral. O número de editoras aumentou e, no início da década de 1980, eram cerca de quatrocentas.

Até esse período é discutível falar em literatura infantil brasileira. Afora a obra de Lobato, há apenas registros de "manifestações literárias", segundo Maria Helena Martins[1]. A partir daí configura-se um "sistema de obras",

---

[1] Maria Helena Martins, *Crônica de uma utopia-leitura e literatura infantil em trânsito.* São Paulo: Brasiliense, 1989. p. 18.

cuja organização possibilita identificar um conjunto de produtores, um "conjunto de receptores" e um "mecanismo transmissor"[2]. Isso significa que se configura uma produção, acima de tudo, voltada para a caça ao leitor, tendo em vista a crescente concorrência e o aumento de público: quer-se agradar-lhe e capturá-lo pelos meios que o momento indica serem os mais eficazes. Não se trata da preocupação do escritor para crianças em buscar seus leitores; porém, entre a *busca* e a *caça* há uma sutileza que demonstra uma mudança de polo catalisador dessa literatura, que de motivadora passaria a motivada, precisando encontrar novos meios para manter e estabelecer seu vínculo com o leitor.

A criatividade foi, então, aliada a novos métodos de administração e estratégias de *marketing*, e o livro começou a ser tratado como produto concebido segundo princípios do *design* gráfico moderno. Surgiu a necessidade de criar projetos que fossem esteticamente competitivos para atrair o público.

A extraordinária ampliação da quantidade de títulos de livros para crianças desde então não assegurou a qualidade do que estava sendo produzido. No bojo da produção encontra-se uma quantidade enorme de livros de pouco valor, tanto do ponto de vista literário quanto em relação à narrativa visual.

Por ilustração podemos entender toda imagem que acompanha um texto. Pode ser desde um detalhado desenho técnico até uma foto, desenhos artísticos ou pinturas.

O *design* pode ser definido como o processo de formulação e justificação de uma proposta de ação capaz de levar à execução de um produto que atenda a uma necessidade humana. O *design* gráfico do livro infantil envolve o conjunto de elementos gráficos que, dispostos harmoniosamente, influenciam a recepção da narrativa e contribuem para a formação do olhar estético.

A experiência visual é fundamental para que possamos compreender o ambiente humano e a ele reagir; a informação visual é um dos mais antigos registros da história humana. As pinturas das cavernas representam o relato intencional mais antigo que se preservou do mundo tal como ele podia ser visto cerca de trinta mil anos atrás.

Dondis (1997, p. 5), em seu livro *Sintaxe da linguagem visual,* diz que as primeiras experiências no processo de aprendizagem de uma criança

---

[2] Antonio Candido, *Formação da literatura brasileira.* São Paulo: Martins, 1962. p. 23 e ss.

passam pela consciência tátil. Além desse conhecimento "manual", o reconhecimento inclui o olfato, a audição e o paladar, num intenso e fecundo contato com o meio ambiente. Esses sentidos são rapidamente intensificados e superados pelo plano icônico – a capacidade de ver, reconhecer e compreender, em termos visuais, as forças ambientais e emocionais. Basicamente, desde nossa primeira experiência no mundo, passamos a organizar nossas necessidades e nossos prazeres, nossas preferências e nossos temores com base naquilo que vemos. O poder e a importância que o sentido visual exerce sobre a nossa vida são fundamentais. Nós o aceitamos sem nos darmos conta de que ele pode ser aperfeiçoado no processo básico de observação, ou ampliado até converter-se num incomparável instrumento de comunicação.

Para sermos considerados verbalmente alfabetizados precisamos aprender os elementos básicos da linguagem escrita: as letras, as palavras, a ortografia, a gramática, a sintaxe e a semântica. Dominando a técnica da leitura e da escrita, qualquer indivíduo é capaz de produzir não apenas uma infinita variedade de soluções criativas para os problemas da comunicação verbal, mas também um estilo pessoal. O alfabetismo pressupõe que um grupo compartilhe o significado atribuído a um corpo comum de informações.

Ler envolve um processo de compreensão abrangente das mais diferentes linguagens, cuja dinâmica reúne componentes sensoriais, emocionais, intelectuais, fisiológicos, neurológicos, bem como econômicos, sociais e políticos. Trata-se de uma perspectiva de caráter cognitivo-sociológico em que o leitor participa com uma aptidão que não depende somente de sua capacidade de decifrar sinais, mas sim de sua capacidade de atribuir sentido a eles, compreendê-los. A leitura está mais ligada à experiência pessoal de cada pessoa e ao contexto geral em que atua do que ao conhecimento sistemático da língua.

A experiência da leitura vai além do texto e começa antes mesmo do contato com ele, processando-se como um diálogo entre o leitor e o que é lido, seja escrito ou sonoro, seja um gesto ou uma imagem. Esse diálogo é referenciado por um tempo e um espaço desenvolvidos de acordo com os desafios e as respostas apresentadas, em função de expectativas e necessidades, do prazer das descobertas e do reconhecimento de vivências do leitor[3].

A experiência visual é fundamental para que possamos compreender o ambiente humano e a ele reagir; a informação visual é um dos mais antigos registros da história humana.

---

[3] Maria Helena Martins, *O que é literatura*. São Paulo: Brasiliense, 1980. p. 33.

Mas a leitura pode ser compreendida também em relação à sintaxe visual. Dondis (1997, p. 18) fala da necessidade de desenvolvermos o que chamou de "alfabetismo visual". O alfabetismo visual opera dentro dos mesmos limites do alfabetismo verbal. Seus objetivos são os mesmos que motivaram a linguagem escrita: construir um sistema básico para a aprendizagem, a identificação, a criação e a compreensão de mensagens visuais que sejam acessíveis a todas as pessoas que utilizam o sistema, e não somente àquelas que foram especialmente treinadas, como o projetista, o artista, o artesão e o esteta.

A evolução da linguagem escrita começou com imagens e avançou rumo aos pictogramas, cartuns autoexplicativos e unidades fonéticas, chegando ao alfabeto. Os sistemas de signos que chamamos de "linguagem" são invenções ou refinamentos que foram, em outros tempos, percepções do objeto dentro de uma mentalidade despojada de imagens. Em ambos os níveis, só pode ser alcançada pelo estudo. A percepção realiza, no nível sensório, o que no domínio do raciocínio se conhece como "entendimento". O ato de ver de todo homem antecipa, segundo Rudolf Arnheim, de modo modesto, a capacidade, tão admirada no artista, de produzir padrões que validamente interpretem a experiência por meio da forma organizada. Ver é compreender[4].

> O mundo das imagens não se satisfaz em imprimir-se simplesmente sobre um órgão fielmente sensível. Ao contrário, ao olhar para um objeto, nós procuramos alcançá-lo. Com um dedo invisível, movemo-nos através do espaço que nos circunda, transportamo-nos para lugares distantes onde as coisas se encontram, tocamos, agarramos, esquadrinhamos suas superfícies, traçamos seus contornos, exploramos suas texturas. O ato de perceber formas é uma ocupação eminentemente ativa.

Richard Hoggart diz que *literacy*, ou seja, o alfabetismo, não precisa necessariamente estar ligado ao texto escrito, mas configura-se como capacidade de produzir e compreender a linguagem, não só enquanto expressão escrita, mas enquanto expressão em geral, referindo-se a manifestações cuja essência esteja mais próxima da expressão estética, tendo origem erudita ou popular, sendo produtos da cultura das elites ou da massa[5].

---

[4] Rudolf Arnheim, *Arte e percepção visual*. São Paulo: Pioneira, Edusp, 1980. p. 35.
[5] Richard Hoggart, *The uses of literacy*. Londres: Pelican Books, 1958.

Visualizar é conseguir formar imagens mentais. O raciocinar por imagens nos leva a soluções e descobertas inesperadas. Em *The act of creation*, Koestler formula assim o processo:

> O pensamento por conceito surgiu do pensamento por imagens por meio do lento desenvolvimento dos poderes de abstração e simbolização, assim como a escrita fonética surgiu, por processos similares, dos símbolos pictóricos e de hieróglifos[6].

Dondis (1987) comenta que, dentro da esfera da comunicação visual, muito pouco tem sido feito na tentativa de analisá-la ou defini-la em termos de estrutura de modo visual. Na verdade, essa é uma esfera em que o sistema educacional se move com lentidão, persistindo ainda uma ênfase no modo verbal, que exclui o restante da sensibilidade humana e pouco ou nada se preocupa com o caráter esmagadoramente visual da experiência de aprendizagem da criança. Até mesmo a utilização de uma abordagem visual no ensino carece de rigor e objetivos bem definidos, pois, em muitos casos, os alunos são bombardeados com recursos visuais que apenas reforçam sua experiência passiva de consumidores de televisão. Um dos problemas causados pela má utilização do potencial da linguagem visual, em todos os níveis da educação, é a função equivocada de depositários da recreação que as artes visuais desempenham nos currículos escolares, e parecida é a situação que se verifica no uso dos meios de comunicação, notadamente cinema e televisão.

A discussão em torno do texto e da imagem já ocorria nos primórdios do livro: ambas as expressões se confrontaram inúmeras vezes. Dizem que desde as lutas iconoclastas de Bizâncio a imagem era tida como passível de criar confusão com o texto. Tal fato implicou uma disputa entre grupos de defensores e detratores da imagem, em que para os primeiros a imagem representava um signo divino e, para os outros, um caráter blasfemo. A condenação da imagem é encontrada tanto nos textos bíblicos e islâmicos como em muitos livros protestantes da mesma época.

Em contraposição, a defesa da imagem, da ilustração, do desenho em geral não apresenta oposição quando, por seu intermédio, explica coisas concretas, controladas e codificadas pelo poder, seja este civil ou religioso,

---

[6] Arthur Koestler, *The act of creation*. Nova York: Macmillan, 1964.

que são historicamente as duas formas de enfoque da educação, na qual a ilustração aparece como elemento pedagógico.

A ilustração é uma arte instrutiva, pois desenvolve o conhecimento visual e a percepção das coisas. Por meio da imagem podemos reconstruir o passado, refletir o presente e imaginar o futuro ou criar situações impossíveis no mundo real. A ilustração é uma forma de arte visual que, por sua criatividade, colorido, projeção, estilo ou forma, amplia, diversifica e pode até, por vezes, superar a própria leitura do texto narrado.

A ilustração traz em si a palavra, como nos livros de imagens, ou livros sem texto, estimulando a criação da narrativa verbal. Para a criança, a palavra só passa a ter importância primordial após sua alfabetização, pois muito antes disso ela já é capaz de transpor o mundo real para o mundo de signos visuais e ler o significado de imagens.

Durante muito tempo vigorou a ideia de que a ilustração cumpria o papel de embelezadora do texto, puramente passiva, sem nenhum papel na leitura do livro. A combinação entre texto e imagem num livro é vital, pois tende-se cada vez mais a apreciar o livro enquanto um conjunto global, possibilitando ao leitor uma leitura dupla, que é fonte de reflexões e questionamentos. O ilustrador de livros infantis deve saber se expressar tomando como princípio um texto, respeitando-o, mas interpretando-o livremente. A ilustração pode criar um clima que propicie o desenvolvimento da imaginação do leitor. Portanto, não se pode dizer que tal livro ilustrado é de bom escritor simplesmente porque os autores são tanto ele como o ilustrador, ou seja, a imagem cria a atmosfera do texto e desse modo o potencial imaginário do leitor passa por variações plasticamente distintas. Nesse sentido, os autores são tanto quem escreve como quem ilustra.

Durante o processo de criação, o ilustrador dialoga com o texto, esforçando-se por criar um discurso próprio que não resulte em redundância com o texto. Esse processo de invenção autônoma propõe ao texto uma série de possibilidades não contidas de forma explícita na obra. Desse modo, o ilustrador participa da reinvenção de uma nova realidade literária. A obra de um ilustrador é uma arte, porque, assim como os pintores, os escultores, os músicos ou qualquer outro tipo de artista, ele tem a mesma necessidade de fazer compreensíveis seus sonhos e, por meio de sua capacidade profissional, interpretar o mundo em que vive, dando sua visão imaginativa e real à sociedade. O livro infantil ilustrado pode ser encarado como uma espécie de ritual iniciatório, que obedecerá a uma série de etapas progressivas na formação de um homem esteticamente civilizado.

Uma pessoa letrada pode ser definida como aquela capaz de ler e escrever, mas essa definição pode ampliar-se, passando a indicar uma pessoa "instruída". No caso do alfabetismo visual, também se pode fazer a mesma ampliação de significado. Além de oferecer um corpo de informações e experiências compartilhadas, o alfabetismo visual traz em si a promessa de uma compreensão profunda dessas informações e experiências. Ao aprendermos a ler e a escrever, começamos sempre pelo nível elementar e básico. Esse método tem uma abordagem similar em relação ao alfabetismo visual. Cada uma das unidades mais simples da informação visual – os elementos – deve ser explorada e aprendida de todos os pontos de vista de suas qualidades e de seu caráter e potencial expressivo. Essas unidades a que nos referimos são: o ponto – a unidade visual mínima, o indicador e marcador do espaço; a linha – articulador da forma, seja num movimento solto de um esboço, seja na rigidez de um desenho técnico; a forma – as básicas: o círculo, o quadrado e o triângulo, com todas as suas infinitas variações, combinações, permutas de planos e dimensões; a direção – o impulso de movimento que incorpora e reflete o caráter das formas básicas; o tom – a presença ou ausência de luz, pela qual enxergamos; a cor – a contraparte do tom com o acréscimo do componente cromático, o elemento visual mais expressivo e emocional; a escala ou proporção – a medida e o tamanho relativos; a textura, ótica ou tátil – o caráter de superfície dos materiais visuais; a dimensão e o movimento – ambos implícitos e expressos com a mesma frequência. Desses elementos obtemos matéria-prima para todos os níveis de inteligência visual. O reconhecimento e utilização dos elementos visuais deve alçar-se a um nível mais alto de conhecimento, que os incorpore tanto à mente consciente quanto à inconsciente, para que o acesso até eles seja praticamente automático.

A consciência da substância visual é percebida não apenas pela visão, mas por meio de todos os sentidos, e não produz segmentos isolados e individuais de informação, mas sim unidades interativas integrais, totalidades que assimilamos, direta e muito velozmente, por intermédio da visão e da percepção. O processo leva ao conhecimento de como se dá a organização de uma imagem mental e a estruturação de uma composição.

O lugar de sobrevivência do sujeito, no cenário contemporâneo, parece estar determinado pela capacidade de o indivíduo desenvolver, em maior ou menor grau, a leitura produtiva das imagens, sob pena de nada restar-lhe, além da miragem.

Durante muito tempo vigorou a ideia de que a ilustração cumpria o papel de embelezadora do texto, puramente passiva, sem nenhum papel na leitura do livro.

Segundo o professor Ivo Lucchesi, o processo constitutivo da subjetividade do ser contemporâneo encontra seus fundamentos básicos na capacidade ou não de o indivíduo construir elos de percepção do mundo, em função do que o "olhar" conseguir captar. É com esse princípio que o sistema articula a estratégia de dominação, com o intuito de transformar as imagens ideologicamente inconvenientes em miragens, hipertrofiando todas aquelas que servem aos interesses do jogo.

A formulação de pedagogias do olhar se revela tanto um projeto de urgência quanto de emergência. Os microssistemas (familiar e educacional) não podem permanecer indiferentes ao fato de a criança no limiar da estruturação do pensamento estar na dependência de signos visuais emitidos por diferentes mídias que não promovem a leitura crítica do mundo.

Bibliografia

Ilustrou livros e revistas
Abre a boca e fecha os olhos, de Ricardo Azevedo. São Paulo, Companhia das Letrinhas, 2005.
Baita irritação, de Fanny Abramovich. Rio de Janeiro: Ediouro, 1998.
Bebê bruxo, de Luiz Antonio Aguiar. Brinque-Book, 2002.
____. *Dada e Dazinha*. Rio de Janeiro: Record, 2002.
Berimbau e outros poemas, de Manuel Bandeira. Rio de Janeiro: Nova Fronteira, 2006.
Os bichos de nossa América, de Rogério Andrade Barbosa. São Paulo: Melhoramentos, 2003.
____. *Como as histórias se espalharam pelo mundo*. São Paulo: DCL, 2002.
____. *Histórias africanas para contar e recontar*. São Paulo: Editora do Brasil, 2001.

____. *O filho do vento*. São Paulo: DCL, 2001.
Chorar é preciso, de Tatiana Belinky. São Paulo: Paulus, 2004.
____. *Um caldeirão de histórias*. São Paulo: Companhia das Letrinhas, 2003.
Ponto e linha, de Mila Berender. São Paulo: Cortez, 2004.
O menino narigudo, de Walcyr Carrasco. São Paulo: Moderna, 2003.
Lápis encantado, de Leo Cunha. São Paulo: FTD, 2006.
____. *O macacão espantado*. Rio de Janeiro: Salamandra, 2003.
____. *O sabiá e a girafa*. Rio de Janeiro: Nova Fronteira, 1994.
____. *XXII brincadeiras de linhas e letras*. São Paulo: Paulinas, 2003.
O avião do rei, de Wilson Cunha. São Paulo: Moderna, 1997.

____. *Onde andará Alegria?* São Paulo: Moderna, 2004.
Uma ideia verde, de Lauro Darós. São Paulo: FTD, 1993.
Dicionário Aurélio para crianças, de Aurélio Buarque de Holanda Ferreira. Rio de Janeiro: Nova Fronteira.
Cinderela brasileira, de Marycarolyn France. São Paulo: Paulus, 2006.
Quem faz os dias da semana?, de Lucia Pimentel Góis. São Paulo: Larousse, 2005.
____. *Vamos brincar com as palavras?* São Paulo: Larousse, 2005.
Rosalina, de Bia Hetzel. São Paulo: Paulus.
____. *A tarântula atarantada*. Rio de Janeiro: Manati, 2004.
____. *O menino e o tempo*. Rio de Janeiro: Manati, 1999.

_____. *Rosalina*. Brinque-Book, 1997.

_____. *Uma alegria selvagem*. Rio de Janeiro: Manati, 2002.

Menino-golfinho, de Graziela Bozano Hetzel. Rio de Janeiro: Ediouro.

_____. *Orelhas de abano*. Formato, 1999.

Quando chove a cântaros, de Glória Kirinus. São Paulo: Paulinas, 2006.

_____. *Quando as montanhas conversam*. São Paulo: Paulinas, 2007.

Só tenho olhos pra você, de Graça Lima. São Paulo: Paulinas, 1998.

_____. *Noite de cão*. São Paulo: Paulinas, 1998.

Chico Rei, de Renato Lima. São Paulo: Paulus, 2006.

A menina transparente, de Elisa Lucinda. Rio de Janeiro: Salamandra, 2000.

_____. *Lili, a rainha das escolhas*. Rio de Janeiro: Record, 2002.

Beijos mágicos, de Ana Maria Machado. São Paulo, FTD, 1997.

_____. *A princesa que escolhia*. Rio de Janeiro, Nova Fronteira, 2006.

_____. *Mas que festa!* Rio de Janeiro: Nova Fronteira, 1999.

_____. *O príncipe que bocejava*. Rio de Janeiro: Nova Fronteira, 2004.

Chifre em cabeça de cavalo, de Luiz Raul Machado. Rio de Janeiro: Nova Fronteira, 1996.

O curupira, de Roger Mello. Rio de Janeiro: Manati, 2003.

Vizinho, vizinha, de Roger Mello, Mariana Massarini e Graça Lima. São Paulo: Companhia das Letrinhas, 2002.

Seu vento soprador de histórias, de Fátima Miguez. Rio de Janeiro: Manati, 2001.

_____. *A cama que não lava o pé*. São Paulo: DCL, 1999.

_____. *Com o coração na mão*. São Paulo: DCL, 2000.

_____. *Le vent souffleur des histoires*. Passage Pieton (França).

_____. *Quem vê cara não vê coração*. São Paulo: DCL, 2004.

Os bichos daqui e dali, de Lia Neiva. Rio de Janeiro: Ediouro, 2003.

Mãe d'água, de Lenice Gomes. São Paulo: DCL, 2005.

Ri melhor quem ri por último, de José Paulo Paes. São Paulo: Companhia das Letrinhas, 1999.

De Primeira Viagem, de Heloisa Prieto. São Paulo: Companhia das Letrinhas, 2004.

Pé de pato, sapato de sapo, de Bartolomeu Campos de Queirós. São Paulo: Editora do Brasil, 2005.

Xerimbabo, de Raquel de Queiroz. Rio de Janeiro: José Olympio, 2002.

Para entender o Brasil. Negócio Editora.

Prosa e verso, de Mario Quintana. Rio de Janeiro: Globo, 1989.

De repente dá certo, de Ruth Rocha. Rio de Janeiro: Salamandra, 1986.

Stolen spirit, de Beti Rozen. Sem Fronteiras Press (Estados Unidos).

_____. *A heart alone in the land of darkness*. Sem Fronteiras Press (Estados Unidos).

Meia volta vamos ver, de Luciana Savaget. Rio de Janeiro: Ediouro, 2000.

Quase que nem em flor, de Celso Sisto. Minas Gerais: Dimensão.

Ana Maria Machado
Biografia

Na vida da escritora Ana Maria Machado os números são sempre generosos. São 33 anos de carreira, mais de 100 livros publicados no Brasil e em mais de 17 países, somando mais de 18 milhões de exemplares vendidos. Os prêmios conquistados ao longo da carreira de escritora também são muitos, tantos que ela já perdeu a conta. Tudo impressiona na vida dessa carioca nascida em Santa Tereza, em pleno dia 24 de dezembro.

Vivendo atualmente no Rio de Janeiro, Ana começou a carreira como pintora. Estudou no Museu de Arte Moderna e fez exposições individuais e coletivas, enquanto fazia a faculdade de letras na Universidade Federal (depois de desistir do curso de Geografia). O objetivo era ser pintora mesmo, mas, depois de doze anos às voltas com tintas e telas, resolveu que era hora de parar. Optou por privilegiar as palavras, apesar de continuar pintando até hoje.

Afastada profissionalmente da pintura, Ana passou a trabalhar como professora em colégios e faculdades, escreveu artigos para a revista *Realidade* e traduziu textos. Já tinha começado a ditadura, e ela resistia participando de reuniões e manifestações. No final do ano de 1969, depois de ser presa e ter diversos amigos também detidos, Ana deixou o Brasil e partiu para o exílio. A situação política se mostrou insustentável. Na bagagem para a Europa levava cópias de algumas histórias infantis que estava escrevendo, a convite da revista *Recreio*. Lutando para sobreviver com seu filho Rodrigo, ainda pequeno, trabalhou como jornalista na revista *Elle* em Paris e na BBC de Londres, além de se tornar professora da Sorbonne. Nesse período, ela consegue participar de um seleto grupo de estudantes cujo mestre era Roland Barthes, e termina sua tese de doutorado em linguística e semiologia sob a sua orientação. A tese resultou no livro *Recado do nome*, que trata da obra de Guimarães Rosa. Mesmo ocupada, Ana não parou de escrever histórias infantis, que vendia para a Editora Abril.

A volta ao Brasil se deu no final de 1972, quando começou a trabalhar no *Jornal do Brasil* e na Rádio JB –, onde foi chefe do setor de radiojornalismo durante sete anos. Escondida sob um pseudônimo, Ana ganhou o prêmio

João de Barro com o livro *História meio ao contrário*, em 1977. O sucesso foi imenso, gerando muitos livros e prêmios. Dois anos depois, ela abriu a Livraria Malasartes com a ideia de ser um espaço para as crianças poderem ler e encontrar bons livros.

O jornalismo foi abandonado no ano de 1980, para que a partir de então Ana pudesse se dedicar ao que mais gosta: escrever livros, tanto os voltados para adultos como os infantis. E assim foi feito, e com tamanho sucesso que em 1993 ela se tornou *hors concours* dos prêmios da Fundação Nacional do Livro Infantil e Juvenil (FNLIJ). Finalmente, a coroação: em 2000, Ana ganhou o prêmio Hans Christian Andersen, considerado o prêmio Nobel da literatura infantil mundial. E em 2001, a Academia Brasileira de Letras lhe deu o maior prêmio literário nacional, o Machado de Assis, pelo conjunto da obra.

Em 2003, após quatro meses de uma campanha trabalhosa, Ana Maria teve a imensa honra de ser eleita para ocupar a cadeira número 1 da Academia Brasileira de Letras, substituindo Evandro Lins e Silva. Pela primeira vez um autor com uma obra significativa para o público infantil havia sido escolhido para a Academia. A posse ocorreu em 29 de agosto de 2003, quando Ana foi recebida pelo acadêmico Tarcísio Padilha e fez uma linda e afetuosa homenagem ao seu antecessor.

Alguns equívocos sobre leitura
Ana Maria Machado

Começo com um poema chamado "Fim", de Carlos Drummond de Andrade, que evoca bem o prazer de ler. E a dor de fechar um livro cuja leitura durou um tempão e deu muito prazer:

Por que dar fim a histórias?
Quando Robinson Crusoe deixou a ilha,
Que tristeza para o leitor do Tico-Tico.

Era sublime viver para sempre com ele e com Sexta-Feira,
Na exemplar, na florida solidão,
Sem nenhum dos dois saber que eu estava aqui.

Largaram-me entre marinheiros-colonos,
Sozinho na ilha povoada,
Mais sozinho que Robinson, com lágrimas
Desbotando a cor das gravuras do Tico-Tico.

Há muitos anos venho participando de encontros, projetos, seminários e congressos para a promoção de leitura. Tenho conhecido iniciativas admiráveis e constatado resultados comoventes. Sobretudo, tenho conhecido gente entusiasmada, dedicada, capaz de sair de suas preocupações pessoais e interesses individuais e se voltar com generosidade para fora de si mesma. Gente capaz de deixar seu lazer, seus amigos e a própria família em segundo plano para se jogar de corpo e alma num projeto, disposta a suprir carências dos outros, que muitas vezes nem mesmo desconfiam do tamanho dessas carências e não estão minimamente interessados em supri-las – mas nem por isso elas são menores ou menos trágicas. E se é verdade que, na maioria das vezes, tal entusiasmo é recebido por um público ávido por esse encontro e voraz por mais conhecimentos, e também é verdade que a formação de novos leitores por si só se constitui num prêmio à abnegação dedicada e numa fonte de alegria que aquece por dentro o peito de quem está querendo compartilhar o acesso a um patrimônio cultural que é uma herança da humanidade, a sinceridade manda reconhecer que também ocorre algo bem diferente em grande número de casos. Com mais frequência do que se desconfia, ou se poderia imaginar, os projetos são recebidos com indiferença ou incompreensão, quando não abertamente com alguma forma de agressividade. E, o que é mais preocupante, quase sempre, no decorrer do processo em que eles se desenvolvem, as distorções que se acumulam são tantas que se termina por chegar a um desvirtuamento considerável dos propósitos iniciais, e o resultado acaba muito distante do que se pretendeu, num triste exemplo de desperdício de esforço, tempo e dinheiro. Como se as urgências brasileiras nessa área pudessem nos permitir tais luxos ou a nossa ignorância coletiva fosse invencível, obrigando-nos a aceitar essa condenação a algum suplício mitológico, de estarmos sempre recomeçando do zero, reinventando a roda e descobrindo a pólvora.

De qualquer modo, ultimamente ando pensando em discutir publicamente alguns desses equívocos, com a esperança de que o debate possa contribuir para dissipar zonas de sombra e nos ajudar a refletir e lançar algumas luzes sobre possíveis obstáculos. Talvez até mesmo funcionar como uma espécie de roteiro para um exame de consciência coletivo. Quem sabe até colaborar em certos momentos para eventuais correções de rumo que uma análise revele que possam ser necessárias? Não estou sozinha. Agora mesmo, quando faço a revisão deste texto, acabo de receber um *e-mail* do escritor Ricardo Azevedo, que me manda uma cópia da palestra que fez no Cole recentemente e na qual denuncia o que chama de "armadilhas na escolarização da literatura e na formação de leitores no Brasil". São reflexões que completam e aprofundam estas minhas observações sobre o que estou chamando de "equívocos". Sejam equívocos, armadilhas, arapucas, não importa o nome. Importa é estarmos atentos para o mal que podem causar. Apesar de todas as boas intenções que forram paredes, piso e teto daquele lugar para o qual não queremos ir.

Sentindo que estou em boa companhia e outros colegas estão tendo preocupações semelhantes, fico mais confiante na intuição que tive quando decidi escolher este tema para nossa conversa aqui, agora. Resolvo aproveitar esta oportunidade que hoje nos congrega e começar por algo bem concreto. Relato a experiência.

Em março de 2005, fui convidada para um encontro muito seleto da Unesco em Santiago do Chile. Era um grupo bem pequeno, todos especialistas altamente gabaritados – menos eu, apenas uma escritora, peixe fora d'água naquela turma – reunidos para alguns dias de diálogo sobre formulação de políticas de leitura no continente.

Antes de nos encontrarmos, cada um de nós enviou um texto escrito, distribuído entre os participantes, para funcionar como ponto de partida. Ao chegarmos, o primeiro dia foi dedicado a uma sessão pública na universidade, quando esses textos foram apresentados e discutidos, num debate aberto, com muita qualidade e riquíssimo em ensinamentos. Consulto agora minhas anotações e trago alguns desses pontos para compartilhar com vocês.

O ministro da Cultura do Chile, José Weinstein, levantou um aspecto muito interessante e capaz de fazer pensar, ao identificar um elemento pernicioso e perigoso, sempre prestes a atrapalhar e prejudicar os esforços nesse setor: a tendência à autorreferência, dominante entre os que pensam a educação. Segundo Weinstein, essa é uma distorção que precisaria ser rompida, para que seja possível abrir a educação à cultura e incorporar a contribuição das artes, por exemplo, aos processos pedagógicos. Dessa forma, se evitaria a manutenção de sistemas de ensino fechados em si mesmos, tecnicistas, repetitivos, com dificuldade de criação, e afastados do humanismo.

Por sua vez, o ex-ministro da Educação de Portugal, Roberto Carneiro, fez questão de dar grande ênfase à necessidade absoluta de que os adultos leiam. Centrou sua fala nessa recomendação veemente da leitura dos cidadãos, a fim de que se possa realmente ter condições para o exercício pleno da democracia numa sociedade cognocrática (ou seja, em que o conhecimento faça parte do governo, e não se delegue a governância à ignorância).

O espanhol Álvaro Marchesi, de certo modo, completou esse apelo. Insistiu na importância da leitura na escola, propondo que se descubra e desenvolva a estratégia de um tempo de leitura em todas as matérias. Deu também muita ênfase a uma ideia fecunda e preciosa: a valorização do ambiente escolar como o lugar único e imprescindível de encontro de todos numa sociedade. Daí decorre, segundo ele, a importância fundamental desse mergulho comum na leitura durante o período de educação formal – aquela fase da vida dos cidadãos em que todos se encontram num mesmo ambiente, com oportunidades iguais e com todas as diferenças lado a lado, se complementando.

Quando chegou a minha vez, ainda que eu não fosse formuladora de políticas, já estava me sentindo menos peixe fora d'água. É que depois de ouvir todas essas intervenções entendi que ao lado dessas manifestações ficava natural o ponto que eu escolhera destacar: a insistente sugestão para que se inclua a leitura de narrativas (de história e literatura) na formação de todos os professores. Pelo menos, já que a poesia costuma assustar muito. Mas ali, ouvindo os outros, ficava evidente que nossos pensamentos dialogavam entre si e se complementavam. E minha proposta não era apenas uma esquisitice de artista, maníaca pela leitura, mas um corolário natural das premissas apresentadas pelos outros.

Depois, à tarde, tivemos uma videoconferência com o espanhol Fernando Savater – filósofo, escritor e professor –, sempre brilhante, um dos mais instigantes pensadores da atualidade. Lembrou ele que, na verdade, não se nasce humano. Humanidade se aprende por convívio e por contágio. O papel do outro é fundamental nesse processo. Portanto, a educação pressupõe a presença do outro (ainda que eventualmente a distância, em videoconferência ou em texto escrito), uma presença que possibilite diálogo, perguntas, discussões. Mas frisou que a leitura é também uma forma de estar presente, uma superação dos limites da presença física, uma ampliação de oportunidades de diálogo. Segundo Savater, é fundamental que todos sejamos educados para sermos governantes, mesmo quando não exercemos cargo algum nem somos funcionários públicos. É que numa democracia o governo, necessariamente, é de todos, por todos e para todos. Então, cada um de nós tem de ter preparo para governar. Temos que ser educados para viver na pólis – essa palavrinha que, lembro eu agora, com seus sinônimos e derivados, nos recorda várias outras que se referem a aspectos essenciais dessa forma humana de viver em conjunto a que chamamos de "civilização": política, cidade, cidadania, urbanidade, civismo, civilidade, civilização. Educar-se é poder conviver com nossos semelhantes e com nossos diferentes, é convencer os outros e ser convencido pelas ideias alheias, é poder mudar de opinião após encontrar bons argumentos racionais que mostrem outros ângulos da questão. E isso se exercita com leituras que fundamentem essas ideias e opiniões e permitam aprofundar os diálogos orais.

A educação pressupõe a presença do outro (ainda que eventualmente a distância, em videoconferência ou texto escrito), uma presença que possibilite diálogo, perguntas, discussões.

Uma das ideias mais fecundas e polêmicas de Savater é a ênfase que ele dá à universalidade, ao constatar que, por mais que a diversidade seja importante, ela não é nossa maior riqueza, diferentemente do que muitas vezes nos ocorre como primeiro pensamento. Para ele, o nosso grande tesouro é a semelhança, aquilo que temos em comum, igual, apesar de toda a diversidade individual que deve ser respeitada. Por isso dialogamos – porque reconhecemos no outro nosso semelhante. Por isso nos traduzimos –

porque acreditamos que a linguagem é capaz de expressar o mundo, como lembra George Steiner. Para Fernando Savater, a diversidade é maravilhosa, rica, sedutora, mas é apenas um tempero que dá sabor ao substancial. E a substância que nos serve de essência é o tanto que temos em comum e nos une, acima e além das discrepâncias e dos detalhes, apesar de todas as diferenças acidentais, visíveis e explícitas, em que estamos imersos.

A leitura e o diálogo tornam-se fundamentais dentro dessa perspectiva, pois permitem que nos penetremos da humanidade comum a todos e fiquemos embebidos desse caldo de semelhança. São essenciais para que se possam evitar os fanatismos que cultuam o impenetrável de cada um e para não permitir o surgimento ou o crescimento de distorções capazes de sugerir que fiquemos nos olhando como se fôssemos enigmas uns para os outros. A diferença é ótima, respeitável e atraente – como no amor, diz ele –, mas o encontro só é possível no terreno humano da semelhança.

Desenvolvendo ainda mais essas ideias e trazendo-as para o terreno específico da educação, Savater lembra que o processo educativo tem de mostrar essas coisas, como forma de transmissão de valores. Tem de mostrar também que a liberdade é o verso da moeda da responsabilidade. Toda vez que uma diminui, a outra também se encolhe, e vice-versa. Ou seja: quanto mais livres formos, mais responsáveis teremos de ser. Respondendo mais. Ao direito dos outros, às exigências de nossos próprios deveres, à consciência de nossos limites diante dos espaços alheios. Submetidos a uma ditadura, somos menos responsáveis. Vivendo numa democracia, temos uma responsabilidade imensa e inescapável em relação a nós mesmos e aos outros.

Uma ideia linda que ele tem a esse respeito é dizer que a cidadania é uma obra de arte social, construída pela educação. Que educar é romper a fatalidade social. É capacitar a sociedade para poder enfrentar o maior perigo que ronda toda a democracia contemporânea, como lembrava Galbraith: a ameaça permanente da ignorância. É desenvolver a tolerância. E tolerância consiste em conviver com o que me desagrada, entender que meu mundo de símbolos é diferente do seu, mas nossa humanidade é comum, por isso dialogamos. E com isso ganhamos todos.

Bom, isso tudo foi no primeiro dia do encontro de Santiago que estou relatando, bem amplo e aberto, para debater e arejar as ideias. A partir do segundo dia, ficamos praticamente trancados num lugar mais isolado, em Valparaíso, apenas o grupo pequeno de convidados, trabalhando em cima de coisas práticas e documentos, tentando apresentar propostas concretas.

E aí surgiram várias outras coisas interessantíssimas. Por exemplo, o testemunho de Luc Ferry, ex-ministro da Educação da França e pensador instigante, que sustenta que o sentido do belo e a busca da beleza estão na origem da cultura contemporânea, alimentando a noção de que a experiência artística deve fazer parte da vida de todos os seres humanos. Ferry nos trouxe alguns dados ótimos, logo de saída, ao lançar na discussão os relatos de duas experiências em seu país:

1. Desde 2004 toda escola francesa é obrigada por lei a reservar ao menos duas horas e meia diárias para a leitura – faz parte do programa.
2. Estava em estudos finais, para entrar em vigor no ano letivo seguinte, em 2006, um programa/currículo de literatura infantil na escola primária francesa. Até mesmo como uma forma de conhecimento do outro, ao introduzir o aluno no mundo da literatura estrangeira.

A essa altura, estávamos sentados numa sala, em volta de uma mesa. Ao redor, em duas fileiras de cadeiras, estavam altos funcionários do setor de educação de diferentes países latino-americanos, formuladores de política, representantes de seus governos. Iriam entrar na discussão apenas no dia seguinte. Ouviam tudo em silêncio, anotando. Nesse dia, houve apenas uma manifestação, isolada e não identificada, de uma voz que surgiu atrás de mim quando apresentei minha proposta. Disse apenas uma frase, que todos ouvimos com nitidez na pequena sala: "Não estou de acordo". Só daí a vinte e quatro horas eu iria perceber a extensão desse desacordo.

E qual foi minha proposta, tão esdrúxula a ponto de suscitar a reação que despertou? Do meu ponto de vista, não tinha nada de mais. Era um prolongamento natural do que vinha sendo dito pelos outros. Na verdade, era mais que isso. Consistia na continuação óbvia de outros encontros de que venho participando no continente. Em outubro de 2000, por exemplo, no Panamá, como preparação para o Encontro de Cúpula Ibero-Americano – que reuniu chefes de Estado de todos os países latino-americanos e de Portugal, além do rei da Espanha –, houve uma série de reuniões setoriais. E eu tinha representado o Brasil na Comissão de Educação e Cultura. Essa reunião deixara uma recomendação escrita, assinada por unanimidade, que depois foi aceita por todos e incorporada ao documento final do encontro dos chefes de Estado. Apenas uma página. Algo objetivo, direto, preciso e conciso, afirmando três pontos:

1. uma declaração do direito de todas as crianças do continente à literatura e à informação;

2. o incentivo à circulação de livros entre nossos países;
3. a recomendação da inclusão de literatura infantil na formação dos professores.

Agora, cinco anos depois, eu tinha ido a Santiago com o firme propósito de não me dispersar, de fechar o foco sobre esse único aspecto, para ver se conseguia que a recomendação anterior, já então velha de cinco anos, mas ainda no papel, começasse a ficar mais perto de ser posta em prática. E, se conhecer literatura infantil estava sendo considerado complicado demais no preparo do magistério, se a poesia parecia assustadora com suas ambiguidades, então que ao menos os docentes tivessem a oportunidade de ler histórias. E se incluísse a leitura de narrativas (história e literatura) na formação dos nossos professores.

Achando inconcebível que se possa delegar a função educativa em nossos países a quem não está acostumado com a leitura de relatos e não teve contato com eles nem mesmo em sua formação profissional, resolvi defender com veemência a necessidade de professores leitores. A quem estiver interessado nessa minha argumentação, remeto à leitura do texto da palestra, publicado pela Nova Fronteira em *Balaio*, meu mais recente livro de ensaios. Aqui, hoje, quero apenas mencioná-lo e passar a falar da reação desses burocratas da área – todos altos funcionários de ministérios de educação de alguns países latino-americanos (cumpre esclarecer que nenhum era brasileiro, mas não sei se faria muita diferença; a única brasileira presente além de mim, altamente gabaritada, era alta funcionária da Unesco e me deu um precioso apoio). Enfim, o que estou querendo contar é que na hora em que falei o que se ouviu foi apenas um débil protesto desses funcionários especialistas. Mas no outro dia, quando chegou a vez de eles comentar o encontro, ficou claro que não se tratava de uma voz isolada.

Não chegaram ao ponto de classificar literatura de "elitista", como já ouvi mais de uma vez de autoridades nossas, ou como frequentemente textos jornalísticos chegam a sugerir abertamente em nosso país. Mas a soma de objeções sutis, numa unanimidade uníssona, confirma minha sensação de que a burocracia educacional não tem a mais leve intimidade com literatura, morre de medo de se ver diante de um texto de poesia, ficção ou ensaio, e fica se sentindo insegura e perdida diante de uma linguagem que não se reduz a palavras de ordem, fórmulas ou receitas. Se não se tratar disso, a alternativa é pior ainda, ou seja, conhecem o valor da literatura, mas querem manter o magistério distante dela e do deslumbramento que é sua fruição, porque temem perder poder e controle se os professores começarem a ler e pensar por conta própria, se conhecerem história, se aprenderem a discordar e argumentar de forma convincente. À medida que falavam, fui anotando o que diziam, sob a forma de itens, destacados com letras, em ordem alfabética. Foram tantas restrições que, quando acabaram seus reparos, eu já tinha esgotado o alfabeto e passado aos números.

Não vou repetir tudo o que disseram, mas creio que vale a pena compartilhar com a plateia as minhas primeiras anotações, pois isso nos dá uma ideia de como funciona essa engrenagem meio esquizofrênica que, por um lado, se multiplica em discursos entusiasmados e vazios de incentivo à leitura e, por outro, desconfia profundamente das consequências de uma situação em que professor se aproxime de verdade da literatura, com ela passando a conviver de forma duradoura, por meio de um estímulo racional, planejado e consequente de oportunidades de leitura crítica e de qualidade em sua formação docente. Com toda a certeza vocês reconhecerão alguns desses pseudoargumentos, pois os encontramos, com pequenas variantes, em todo canto. Eles se alastram, são contagiosos e proliferam por toda parte, para manter o magistério na docilidade obediente. Por tabela, perpetua-se uma educação deficiente e garante-se a supremacia da ignorância, aquela tal ameaça à democracia que denunciavam os pensadores citados há pouco.

Pois, quando se manifestaram os burocratas formuladores de políticas educacionais no continente, ninguém disse que era contra a proposta de estimular a leitura de narrativas literárias ou de história por parte dos professores. São todos espertos demais para isso. É tudo muito mais sutil. A estratégia é outra e vem dando certo há muito, muito tempo: cobrir de penduricalhos a leitura de literatura até que ela suma ou fique irreconhecível. Ou diluí-la até que desapareça. Durante muito tempo, os penduricalhos tradicionais foram a gramática, a análise sintática, as regras de ortografia, a preocupação didática com o uso da língua. Os textos literários vinham apenas como pretexto para as lições de gramática. Hoje, não. Agora todo mundo ficou muito moderno e combate essas práticas. No máximo, admite-se usá-la com os alunos, coitados, também esmagados sob o peso de cobranças de interpretações do texto ou busca de mensagens do autor. Mas na formação dos professores? Não, ninguém faria isso. A burocracia dos ministérios e secretarias é muito mais capaz e sofisticada. Há maneiras muito mais sutis de afogar a literatura em considerações gerais e sufocá-la sob os tais penduricalhos diversos. Nesse sentido, falou-se em:

a. "… desenvolver também a escrita, estimulando os professores a serem autores de seus próprios textos."
b. "… desde que se entenda leitura por leitura do mundo."
c. "Por que privilegiar a palavra escrita? Afinal, uma imagem vale mil palavras."
d. "… nossos povos se expressam melhor pelos gestos e pela dança."
e. "Isso é um perigo. Quem vai decidir o que eles leem e como leem?"
f. "O tempo já é escasso para aprender os conteúdos e ter noções de ciências da educação."
g. "Antes de poderem ler, precisam desenvolver uma atitude crítica diante do mundo."
h. "Mais importante é lerem todas as formas de comunicação contemporânea."
i. "Nosso continente teve várias civilizações notáveis, sem escrita. Muita importância ao livro pode levar o aluno a se envergonhar delas."
j. "Criança está mais perto do período sensório-motor, é isso que os docentes precisam conhecer."
k. "Linguagem não são as palavras, é todo um modo de convivência."
l. "Por que privilegiar a linguagem, se somos seres multidimensionais?"
m. "É preciso ter muito cuidado para que isso não nos afaste da cultura popular."
n. "A palavra escrita já domina a educação, é preciso agora abrir novos canais."
o. "A quem serve essa insistência em aumentar mercados de livros? Precisamos estar atentos para não sermos manipulados pelas multinacionais do setor."
p. "Mais importante do que o contato com a linguagem rebuscada da literatura é o conhecimento de textos correntes, como jornais, publicidade, quadrinhos."
q. "Os alunos vêm de um mundo sem livros. Se os professores ficarem lendo, podem se afastar da realidade deles."

E por aí afora etc., etc. Variantes disso. Esse fenômeno tão avassalador de nossos tempos em nosso continente, o elogio da ignorância, se refina. Caminha no sentido de ampliar a tal ponto sua abrangência, fazendo questão de incluir lado a lado tantas manifestações díspares, com tanta sutileza, que nem parece estar reacionariamente consagrando um universo de não leitura e não conhecimento. Até se disfarça de uma visão muito moderna, de uma pedagogia muito atualizada. Mas o resultado é que a força da palavra vai sendo pressionada, no sentido de ser reduzida, ser submetida a uma diluição assombrosa, até que a leitura de bons textos e a literatura em si sejam vistas como um resquício do passado, um bagaço sem substância, ou apenas uma coisa turva, rala e aguada, totalmente dispensável porque não faz falta e não acrescenta nada à vida das pessoas.

Apesar de tudo isso a Unesco encampou a proposta e fez essa recomendação para toda a América Latina: a de que se procure incluir leitura de narrativas (história e/ou literatura) na formação dos professores, em todos os níveis. Não sei se isso fez diferença ou se teve algum efeito prático.

Por aqui, a experiência mais recente nos mostra que estamos caminhando num sentido inverso e mais "esperto", em termos de eficiência corrosiva do valor da leitura: chegamos ao ponto de tirar a literatura do currículo escolar. Assim, a pseudológica da argumentação ganha nova justificativa: sem que os alunos precisem ler, para que os professores precisariam encontrar a leitura de bons livros em sua própria formação profissional? Seria perda de tempo. Dispense-se a leitura logo de uma vez.

Uma farta soma de equívocos. Estou plenamente disposta a reconhecer que muitas vezes isso ocorre com base em premissas bem intencionadas – mas nem por isso menos equivocadas. De saída, salta aos olhos que a tal "leitura do mundo", por exemplo, tem a ver com referências a um Paulo Freire mal lido. Da mesma forma que o "prazer de ler" eventualmente se vincula a um Roland Barthes não lido, do qual só se ouviu falar e se cita de boca cheia e nariz em pé.

E, como estamos num encontro que nos reúne sob o nome geral de "Prazer em ler", acho que vale a pena examinar mais de perto esse conceito, para podermos tentar escapar aos costumeiros equívocos relacionados com o termo.

Há prazeres e prazeres. Gozos diversos. Alguns são biológicos, e os compartilhamos com os animais: comer quando se tem fome, beber quando se tem sede, tomar sol para se aquecer no frio, entrar n'água para se refrescar no calor, aconchegar-se. Há também os prazeres físicos e sensoriais mais requintados, do erotismo à degustação *gourmet* e à apreciação de tecidos macios ou cheiros gostosos. E os prazeres mais lentos e sutis, da criação, de se completar algo trabalhoso com bom resultado, de participar da beleza, de resolver um problema difícil, de fazer boas ações, do altruísmo, da espiritualidade, da decifração, do convívio agradável com os amigos...

Da mesma forma, quando falamos em prazer associado à leitura, podemos nos referir a coisas muito diferentes. Umas são óbvias – como ler um texto divertido, engraçado, que faz rir. Outras são um pouco mais elaboradas – como ler uma história cheia de peripécias, como um bom folhetim, que nos surpreende e prende a atenção para tentar adivinhar o que vem depois. Outras são ainda mais elaboradas e sutis – como a alegria intelectual de ir decifrando uma linguagem simbólica, apreciando rupturas inesperadas e novas construções, mergulhando em ambiguidades e múltiplos sentidos, entendendo significados inesperados, descobrindo relações entre sons ou conceitos, deixando que surjam novas ideias. Vão muito além do utilitário ou do necessário. Relacionam-se com um espaço de liberdade, um movimento de entrega, de recusa ao jogo de dominar ou ser dominado, de se deixar ir à deriva. Como diz Barthes no parágrafo inicial de seu livro sobre o prazer do texto, tem a ver com "não se explicar jamais, não se desculpar"[1].

Essa noção é fundamental, e todo leitor a reconhece. No fundo, é a grande curtição de ler. A gente lê, se deixa levar, e aprecia. Lê o que quer, como quer, quando quer. Sem cobrança. Muito diferente do que se institucionalizou como sistema de leitura nas escolas, onde se lê apenas para uma cobrança, para explicações, para interpretações, para descobrir mensagens. Para fazer uma prova valendo nota. Esquecem que a literatura na escola pode até ser uma aliada da educação, mas não pode nunca ser utilizada como ferramenta – conforme distingue, com sabedoria, Teresa Colomer. Assim, com essa distorção, o sistema de ensino acaba no descalabro de permitir ao professor que use a literatura para separar e classificar as diferenças entre os alunos, jamais enfatizando a tal semelhança na humanidade comum, de que falava Savater e nos permite chegar realmente à diversidade e à diferença real, entender um autor de outra cultura, comover-se com um livro de outro tempo, compartilhar uma experiência emocional imaginária muito distinta da realidade circundante ou entender em profundidade essa própria realidade ao vê-la refletida no espelho de uma escrita alheia.

O prazer de ler anda em outra esfera, diversa da satisfação de responder corretamente às perguntas do professor ou da ficha de leitura. O texto literário, como lembra Freud, faz da arte poética um jogo de sedução e tenta atrair o leitor, que então tem o prazer de se sentir desejado e querer corresponder a esse desejo. Por sua vez, também desejando o texto. Isso se desenvolve com a prática, não se ensina com fórmulas ou receitas.

---

[1] E aqui cabe um comentário. Eu já estava com este texto redigido quando, inesperadamente, em seu discurso de posse, como ministro da Defesa, em 2007, Nelson Jobim fez justamente a citação dessa frase de Disraeli lembrada por Barthes (e também já mencionada em outros contextos por referências famosas, de Mark Twain a Henry Ford II). Limito-me a registrar a coincidência. Sem me explicar nem me desculpar.

Não há nenhuma incompatibilidade entre os diferentes prazeres da leitura. Um texto pode ser muito engraçado e divertido e dar também outros prazeres bem mais sutis – como comprovam obras de Mark Twain, Eça de Queiroz ou Machado de Assis. Pode ser cheio de surpresas e peripécias sem perder a sutileza – como nos acostumamos a ver em diferentes medidas em Alexandre Dumas, Jorge Amado, Érico Veríssimo, Rubem Fonseca ou García Márquez. Pode tratar de uma ação muito lenta, em que parece que não acontece nada, e ainda assim trazer imenso prazer na leitura – como alguns do próprio Machado, já citado, ou de Clarice Lispector, Proust, Paul Auster (para dar exemplos de autores bem diferentes entre si). O cardápio de prazeres e leituras é variadíssimo. O que não pode é ser reduzido a um único tipo de prazer: o da preguiça, de não ter trabalho, de buscar sempre a segurança do enredo movimentado, dos personagens simplificados, das situações conhecidas, da linguagem direta, da mensagem com conselhos evidentes. Ou ser confundido com outro tipo de fruição: o de prender a curiosidade para se querer saber o que vai acontecer depois. Se fosse esse o prazer de ler, as histórias conhecidas já teriam morrido faz tempo, nenhuma criança viveria pedindo que alguém contasse de novo a mesma narrativa que já conhece, e a tragédia não seria um gênero literário, pois quando ela começa já se sabe que o herói vai morrer no final. Aliás, ninguém assistiria a novelas, porque no domingo a *Revista da TV* já contou tudo o que vai acontecer na semana.

Em outras palavras, esse prazer da leitura não precisa necessariamente estar associado ao divertido, ao leve, ao engraçado, ao empolgante – e essa confusão é um dos maiores equívocos com que nos deparamos quando se usa essa expressão no caso da literatura infantil e juvenil. Pode ser encontrado em textos assim, claro – e entre nós os exemplos são inúmeros e excelentes, de Sílvia Orthof a Pedro Bandeira, de Ruth Rocha e Ziraldo a João Carlos Marinho. Mas não é exclusivo deles. Pode estar na fruição deliciada de realidades literárias bem diversas. Num livro denso como um pesadelo, de atmosfera meio soturna e quase desagradável, falando de experiências dolorosas e angustiantes, de Lygia Bojunga. Na abstração exigente da linguagem poética de uma obra de Bartolomeu Campos de Queirós. No estranhamento sutil propiciado pelo clima onírico de um conto de Marina Colasanti. Ou em Monteiro Lobato, que tinha um pouco disso tudo e muito mais. Em clássicos como os contos de fadas, Peter Pan, Alice, Pinóquio, Tom Sawyer ou o ursinho Puff, todos em ótimas traduções no mercado brasileiro. A escolha é ampla. O que dá pena é que ela seja ignorada tantas

O prazer de ler anda em outra esfera, diversa da satisfação de responder corretamente às perguntas do professor ou da ficha de leitura.

vezes, por causa de um equívoco docente que se limita a achar que o prazer de ler está num livro-jogo ou numa coletânea de piadas, como tantas vezes se vê por aí.

O prazer em ler – também é Barthes quem nos lembra isso – tem a ver com a alegria de nos encontrarmos à vontade numa ilha, sem obrigações, mas podendo sair no momento em que quisermos, justamente como nos recordava aquele poema de Drummond citado no começo deste texto. Ou boiando numa balsa em água tranquila (como Huckleberry Finn e Jim descendo o Mississipi, olhando as estrelas e conversando), imóveis, mas em movimento. É como estar em silêncio ao lado de uma pessoa amada, satisfeito, mas livre para deixar o pensamento voar e se ocupar de outras coisas – compara Barthes, ainda. Uma situação que se caracteriza por conjugar muito estímulo intelectual e muita liberdade, ao mesmo tempo. São os melhores momentos para se ter ideias novas, nessa espécie de súbito apagamento relativo em que o imaginário se acende, nas lembranças circulares de outros textos e outras leituras que acorrem, se juntam e penetram pelas invisíveis ranhuras do texto, sempre presentes e ativas, e então seguem desenhos irregulares a partir de suas frestas, brincam com a língua, provocam a inteligência.

Constatando que em nossa sociedade tanta gente alfabetizada não lê e se priva do prazer do texto, Barthes diagnostica uma frigidez nesta sociedade contemporânea e a relaciona à tensão, à rigidez e à violência. Ainda mais se considerarmos que, também em seu diagnóstico, mesmo os que têm capacidade de ler textos literários tantas vezes se privam dessa experiência – seja pela superficialidade de preferir escolher a platitude, menos trabalhosa, seja pelos rigores deformados de uma visão política ou científica que se pretende exata e superior. Ambas prenhes de equívocos, como o de não reconhecer que o prazer também é uma construção e dá um certo trabalho, no primeiro caso. Ou, no segundo, o de pretender ser tão metido a tecnológico ou tão engajado, a ponto de imaginar que só os números é que dão conta da experiência humana ou que um livro deve, obrigatoriamente, "ter a ver com a realidade" direta do leitor para poder ter alguma serventia. Não vou me aprofundar na análise de tais confusões. Já tenho escrito bastante sobre isso. Basta-nos indicar sua ocorrência também aqui, entre nós. Principalmente porque Barthes estava se referindo à realidade de seu país no início dos anos 1970 e jamais poderia imaginar que suas observações cairiam como uma luva trinta e cinco anos depois, numa terra tropical do outro lado do Atlântico. Numa sociedade que levou a níveis inimagináveis a recusa do prazer de ler e suas consequentes tensões e violência. Constatação que, por si só, seria razão para nos fazer pensar. Aí, sim, politicamente ou levando em consideração os números de estatísticas.

Antes de terminar, porém, desejo ainda mencionar outros equívocos, bem nossos e muito corriqueiros. Um deles, por exemplo, associado ao culto contemporâneo das celebridades e ao que se convencionou chamar de "desmistificação" do autor. Consiste em imaginar que a criança pode precisar da presença física do escritor numa visita à escola para poder gostar dos livros dele ou ser estimulada à leitura em geral. Leitor de verdade, gente acostumada a ler, sabe que não há a menor relação. Não vou entrar na polêmica com a corrente que garante que o autor precisa do contato direto com os leitores e por isso pode se afastar de sua atividade de ler e escrever para seguir horários alheios, ver um mural de trabalhos escolares e responder às mesmas perguntas de sempre, naquele tal de "se explicar" que lá no início mencionamos como incompatível com o prazer na leitura. Ou imagina que o fato de encontrar um marmanjo que a professora garante que é importante vai afetar de alguma forma a maneira com que o aluno apreciará o que leu ou está lendo. Isso é muito mais uma vontade de adulto do que de criança. De qualquer maneira, pode haver ocasiões em que isso funcione, outras em que não funcione, para ambas as partes. As variantes que condicionam esse resultado são quase infinitas – por si só, mereceriam uma boa mesa-redonda um dia, com vários autores dispostos a falar em público sobre o assunto com a mesma franqueza com que comentam entre si tais atividades.

Não há dúvida de que, para qualquer brasileiro adulto, é muito bom poder ter contato com a situação real da educação brasileira e a variedade de práticas culturais em nossa sociedade. E, nessa sucessão de viagens, a gente acaba tendo uma boa visão do país e se emocionando com a força de nossa gente. Mas a escrita criativa não depende disso, e, na maioria das vezes, a sucessão de visitas acaba dispersando a disciplina, invadindo o recolhimento e o silêncio necessários à criação e atrapalhando – e muito – a atividade literária. Quanto aos alunos, além de alimentar o culto à celebridade, que é um dos aspectos da descartabilidade humana nesta sociedade de consumo, essa prática acaba por concentrar mais o foco na figura ou na biografia do autor do que nas entrelinhas da obra, que deveriam ser mais importantes do que qualquer autógrafo ou foto ao lado de alguém cuja única importância está nos livros que escreveu, e não em sua presença na sala de aulas, onde o lugar de relevo deve ser do professor. Levar as crianças a uma palestra ou a uma feira do livro, sim, faz sentido. Favorecer sua frequência a bibliotecas e livrarias, sim. Conversar e desenvolver atividades sobre leituras feitas, sim. Procurar acesso a informações ou entrevistas de escritores na mídia, em vídeos ou na internet, sim, até mesmo pedindo às editoras que os propiciem como parte de seu trabalho de divulgação. Mas nada disso precisa de um autor em carne e osso ali, ao vivo.

Ligado a esse engano há outro bastante frequente, que, em geral, parte dos divulgadores de editoras, prometendo presença de autores e várias outras vantagens em troca da adoção de um livro. Atitude que levanta, antes de tudo, um problema ético: como pode dar certo uma educação que relega decisões dessa relevância a um contexto de toma-lá-dá-cá? E deixa no ar um desagradável cheiro de chantagem, que não deveria, em hipótese alguma, ser associado ao processo educativo. Além do mais, pode ter consequências tristes. Quando eu era dona de uma livraria infantil, há alguns anos, vi um grande colégio deixar de adotar *A casa da madrinha* de Lygia Bojunga porque ela não ia mesmo visitar as turmas. Por isso preferiram um livro de piadas do Castrinho, aquele comediante que na televisão fazia o bordão de "Ai, meu paipai" (lembram?), porque ele iria à escola conversar com as crianças.

Esse é um caso extremo e exemplar. Tomara que não seja tão comum quanto me parece. Mas ilustra bem o que quero apontar. Há autores que, por temperamento ou formação profissional (quem trabalhou em teatro, por exemplo, ou foi professor), têm excelente comunicação com as crianças, ótima *performance*, são capazes de ser um sucesso no encontro com a garotada. Alguns podem ser – e são – também excelentes escritores; outros, não. Um bom contato performático não pressupõe necessariamente talento narrativo ou poético. E há também quem escreva muito bem, mas seja tímido, irritadiço, ou simplesmente esteja com problemas naquele dia e passe uma imagem desastrosa na hora de representar o papel de adulto bonzinho, paciente, simpático e gentil. Sei de exemplos dolorosos nesse caso, de gente que escreve maravilhosamente (de Mário Quintana a Edy Lima), mas, com um humor algo sarcástico e pavio curto, acabou sofrendo as consequências de não passar bem numa prova em que alguns medíocres tiram notas ótimas e passaram a dominar a cena por estarem sempre disponíveis e de plantão. No fundo, porém, uma prova que não prova nada a respeito da qualidade literária ou de encontro com o verdadeiro prazer que um leitor tem em ler. Além do mais, tais práticas pseudopedagógicas acabam por promover a leitura apenas de livros de autores vivos, sadios, para viajar, que não tenham horários de trabalho que cumprir para ganhar o pão etc. Levam a que se leia menos quem já morreu – mesmo quando são autores excelentes, indispensáveis, e que fizeram muito sucesso, como Monteiro Lobato, Vinicius de Moraes, Cecília Meireles, Mário Quintana, José Carlos Paes, Orígenes Lessa, Marcos Rey ou Silvia Orthof, entre tantos outros, alguns deles até começando a ficar fora do catálogo de editoras por causa desse impedimento. Também deixam em segundo plano quem mora longe, quem tem dificuldades de locomoção, quem tem de sustentar família e precisa cumprir suas obrigações profissionais para garantir um dinheiro no fim do mês.

Outro equívoco ainda ligado a essa área são as práticas do tipo "escreva a um escritor", em que a professora manda a turma toda enviar uma carta a um autor. Em geral, os alunos, obedientes, se apresentam brevemente, dizem que leram o livro *x*, às vezes afirmam que gostaram, outras sugerem variantes para a história ou perguntam alguma coisa sobre o enredo ou a biografia do autor, e, quase sempre, no final, pedem um livro autografado e afirmam que estão esperando ansiosamente uma resposta. Com frequência as cartas chegam maciçamente, juntas e iguais, num envelope que a professora entregou ao divulgador, que passou para a editora. E se espera que o autor interrompa sua atividade, pare de escrever (ou de visitar colégios se ele estiver se dedicando mais a isso do que à escrita) e responda. Sem demora, é claro. Porque o remetente está ansioso, como toda criança, à espera de um presente prometido (promessa da professora a ser cumprida pelo autor, mas criança nem quer saber). E a carta já terá levado algumas semanas para chegar, passou por várias instâncias, foi classificada dentro da editora, reenviada. E porque lá dentro, na folhinha de caderno escrita com tanto capricho, carinho e expectativa, muitas vezes há a informação de que a criança precisa de uma resposta para a nota do grupo ou uma gincana. Ora, autor de livro em geral não tem secretária, por mais ocupado que seja. As cartas vão para uma pilha, esperar sua vez na fila de respostas. As mais antigas têm prioridade. Houve tempo em que só consegui chegar a elas no ano seguinte – quando até o endereço de resposta já não serve porque a criança já mudou de série e, às vezes, de escola. E será que realmente cada professora acredita que foi a única do Brasil a ter essa ideia brilhante de contatar um autor? Ou o escritor vive à toa, à beira da piscina, de papo para o ar, sem fazer nada, e fica felicíssimo de ser lembrado por alguém, tão bonitinho e original, acreditando mesmo em sua santa ingenuidade que esse foi um gesto espontâneo de um leitor comovido com seu texto?

Um bom contato performático não pressupõe necessariamente talento narrativo ou poético.

E então ele estala os dedos e manda seu mordomo ir ao depósito onde guarda centenas de livros disponíveis para serem distribuídos de graça a quem escreve as cartas, porque, afinal de contas, é só um milionário diletante e não um profissional que depende das vendas de seus livros para sobreviver, pagar o supermercado, o seguro-saúde, o colégio das crianças? A verdadeira desmitificação do escritor poderia começar por aí, pela quebra dessa imagem saída das páginas da revista *Caras* – em que, aliás, jamais se viu um autor de literatura.

Como não é nada disso, abrir esses envelopes faz a gente sofrer. Lá vamos nós desapontar mais uma criança que está há meses esperando e não vamos poder satisfazê-la. Houve um tempo em que, para desafogar o acumulado, a partir de novembro eu começava a mandar cartões de Natal, bem bonitos e simpáticos, mas curtinhos, até que recebi uma carta desaforada de volta, de um menino reclamando que pediu um livro e não um cartãozinho. Mesmo que responda e mesmo que responda logo, não dá para enviar o que pedem – e já não falo dos que pedem bicicletas ou tênis novos, que também existem (mas esses pertencem à categoria espontânea, não ao trabalho escolar massificado), mas dos que pedem livros. Ora, há anos passo meus exemplares que recebo dos editores (e são poucos) para instituições que possam encaminhá-los a bibliotecas ou locais de leitura coletiva – como a Fundação do Livro Infantil, por exemplo. Não tenho livro sobrando para mandar. E o remetente ainda quer resposta logo? Para quê? Para satisfazer a curiosidade, sentir que entrou em contato com um autor? Então, tudo bem, mas nesse caso não faz mal se a resposta for atrasadíssima. E por que não usar a internet? Tenho um *site* muito bem feito, com uma equipe que responde, com uma lista das perguntas mais frequentes já respondidas. Por que não usá-la se hoje temos essa ferramenta? Se os que podem ter acesso à internet passassem a recorrer a esse caminho, diminuiria muito esse equívoco e haveria oportunidade de responder com mais atenção àqueles que escrevem por si mesmos – alunos ou professores –, sem a obrigação do dever escolar, e nos tocam de modo comovente, muitas vezes abrindo sua alma numa confirmação do quanto pode a palavra escrita. Mas que precisam ficar um tempão com sua cartinha na pilha, esperando a vez da resposta, porque o caminho está entupido de cartas iguaizinhas.

Na verdade, esse incentivo docente ao contato epistolar com os autores tem ligação com outro equívoco – não dos mais graves, mas também comum e sinal das distorções com que a leitura é vista pela escola. Refiro-me à ideia de que a leitura não passa de um pretexto para que se desenvolva a escrita. E tome concurso de redação, pesado de tanta carga de boas intenções. Ih, a gente fica até sem jeito de discutir o assunto. Mas vamos lá. O prazer que se tem em ler está em ler por ler, à toa, à deriva, e sem cobrança; não em ler para ficar apto a escrever em seguida. O escrever bem vem naturalmente depois, é inevitável, não dá para segurar (como todo crescimento natural), transborda de tanta leitura acumulada, quando o leitor já constituiu para si um bom estoque de textos lidos. E, hoje em dia, em tempos de internet, o melhor estímulo à escrita de uma criança é colocá-la diante de um teclado para se comunicar com o mundo. Até mesmo com escritores ou especialistas em leitura – nos portais específicos que se ocupam disso. Se o menino ou menina tiver lido bastante e sentir vontade de entrar em contato com um autor, saberá fazê-lo sem nenhuma necessidade de mediação de divulgador, editora ou professor – em minutos. Se não o fizer, é porque essa proposta é artificial, não corresponde a uma necessidade infantil real. Se o responsável por um programa de estímulo à leitura quiser também estimular a escrita, arrume um computador para as crianças. Se a escola não tiver computador, os Correios da cidade também não, e a impossibilidade de acesso à internet for total, é muito mais útil que então a turma inteira escreva para o secretário da Educação ou o deputado local exigindo sua inclusão digital. Não precisa misturar essa reivindicação com o prazer da leitura. Garanto que ele será muito mais sensível a receber quarenta cartinhas lindas e reivindicativas (dentro do mesmo envelope ou não) do que um escritor. De quebra, a criança ainda aprende a reivindicar seus direitos, como futuro cidadão. Um político tem obrigação de ouvir quem ele representa. Um autor não tem condições de mandar livro de presente para todos os leitores que o procuram, por mais comoventes que sejam suas histórias. E o sistema escolar deve incentivar uma atitude de lutar pelos direitos do cidadão, que paga imposto e merece receber certas coisas em troca. Como dizia outro dia um escritor amigo meu que não estou autorizada a citar, a escola não pode trocar essa oportunidade pelo estímulo à construção de uma geração de coitadinhos pidões.

Enfim, em matéria de leitura, o que importa são outras coisas. O encontro entre um leitor e um texto é que merece ser respeitado. Um momento íntimo e privilegiado. Se as políticas de leitura se preocuparem em garantir um acervo de qualidade, por pequeno que seja, e um tempo e um espaço na escola para que esse encontro possa ocorrer, já estarão cumprindo sua missão. E, enquanto as crianças estiverem lendo, quem sabe o professor não se anima a abrir um livro também, em silêncio, ao lado delas?

Talvez até descubra seu próprio prazer nessa área. Aquele prazer que alimenta uma vida, para sempre, ninguém tira nunca, e pode ser evocado quando ela está terminando. Prazer que deita raízes e dura, que se revive e não se acaba. Como no outro poema de Drummond com que encerro estas considerações, com os meus mais sinceros votos de que cada um de nós possa se livrar dos equívocos acumulados para entender, pelo menos um pouquinho, a emoção que ele evoca e o real prazer em ler que tinha aquele menino, um século atrás, numa Itabira à luz de velas ou lampiões, sem livrarias. Simplesmente mergulhando nos livros de que ouvira alguém falar. Por mais difíceis que fossem. Sem ninguém para cobrar, sem visita de escritor, sem ter de escrever carta para autor, sem concurso de redação, sem campanha alguma para estimular a desenvolver a lectoescrita, seja isso o que for.

BIBLIOTECA VERDE

Papai, me compra a Biblioteca Internacional de Obras Célebres.
São só 24 volumes encadernados
Em percalina verde.
Meu filho, é livro demais para uma criança.
Compra assim mesmo, meu pai, eu cresço logo.
Quando crescer eu compro. Agora não.
Papai, me compra agora. É em percalina verde,
Só 24 volumes. Compra, compra, compra.
Fica quieto, menino, eu vou comprar.

Rio de Janeiro? Aqui é o Coronel.
Me mande urgente sua Biblioteca
Bem acondicionada, não quero defeito.
Se vier com arranhão recuso, já sabe:
Quero devolução do meu dinheiro.
Está bem Coronel, ordens são ordens.
Segue a Biblioteca pelo trem de ferro,
Fino caixote de alumínio e pinho.
Termina o ramal, o burro de carga
Vai levando tamanho universo.

Chega cheirando a papel novo, mata
De pinheiros toda verde. Sou

O mais rico menino destas redondezas.
(Orgulho, não; inveja de mim mesmo.)
Ninguém mais aqui possui a coleção
Das Obras Célebres. Tenho de ler tudo.
Antes de ler, que bom passar a mão
No som da percalina, esse cristal
De fluida transparência: verde, verde.
Amanhã começo a ler. Agora não.

Agora quero ver figuras. Todas.
Templo de Tebas. Osíris. Medusa,
Apolo nu, Vênus nua... Nossa
Senhora, tem disso nos livros?
Depressa, as letras. Careço ler tudo.

A mãe se queixa: não dorme este menino.
O irmão reclama: Apaga a luz, cretino!
Espermacete cai na cama, queima
A perna, o sono. Olha que eu tomo e rasgo
Essa Biblioteca antes que pegue fogo
Na casa. Vai dormir, menino, antes que eu perca
A paciência e te dê uma sova. Dorme,
Filhinho meu, tão doido, tão fraquinho.

Mas leio, leio. Em filosofias
Tropeço e caio, cavalgo de novo
Meu verde livro, em cavalarias
Me perco, medioevo; em contos, poemas
Me vejo viver. Como te devoro,
Verde pastagem. Ou antes carruagem
De fugir de mim e me trazer de volta
à casa a qualquer hora num fechar de páginas?

Tudo que sei é que ela me ensina.
O que saberei, o que não saberei
Nunca, está na Biblioteca em verde murmúrio
De flauta-percalina eternamente.

Bibliografia

A audácia desta mulher. Rio de Janeiro: Nova Fronteira, 1999.
A grande aventura de Maria Fumaça. São Paulo: Global, 2003.
A velha misteriosa. São Paulo: Salamandra, 1994. (Coleção Batutinha)
Ah, Cambaxirra, se eu pudesse... São Paulo: FTD, 2003. (Coleção Conta de novo)
Alguns medos e seus segredos. Rio de Janeiro: Nova Fronteira, 1984.
Banho sem chuva. São Paulo: Salamandra, 1988. (Coleção Mico Maneco)
Bento que Bento é o frade. 2ª ed. São Paulo: Salamandra, 2003.
Bisa Bia, Bisa Bel. 2ª ed. São Paulo: Salamandra, 2000.
Cadê meu travesseiro? São Paulo: Moderna, 2004. (Coleção Gato escondido)
Camilão, o comilão. 2ª ed. São Paulo: Salamandra, 2006. (Coleção Batutinha)
Dia de chuva. São Paulo: Salamandra, 2002.
Do outro lado tem segredos. 3ª ed. Rio de Janeiro: Nova Fronteira, 2005.
Doroteia, a centopeia. 7ª ed. São Paulo: Salamandra, 1993. (Coleção Batutinha)
Histórias meio ao contrário. São Paulo: Ática, 1979.
Ilhas no tempo. Rio de Janeiro: Nova Fronteira, 2004.
Menina bonita do laço de fita. São Paulo: Ática, 2000. (Coleção Barquinho de papel)
Menino Poti. São Paulo: Salamandra, 1988. (Coleção Mico Maneco)
O mistério da ilha – Mandingas da ilha Quilomba. São Paulo: Ática, 2002. (Coleção Ana Maria Machado)
Palavras, palavrinhas, palavrões. São Paulo: Quinteto, 1998. (Coleção Camaleão)
Passarinho me contou. 9ª ed. Rio de Janeiro: Nova Fronteira, 1983.
Portinholas. São Paulo: Mercuryo Jovem, 2003.
Quem perde ganha. 6ª ed. Rio de Janeiro: Nova Fronteira, 1985.

Recado do nome. São Paulo: Martins Fontes, 1991. (Coleção Leituras)
Severino faz chover. São Paulo: Salamandra, 1994. (Coleção Batutinha)
Tudo ao mesmo tempo agora. São Paulo: Ática, 2004. (Coleção Sinal aberto)
Um dia desses. 3ª ed. São Paulo: Ática, 1999. (Coleção Barquinho de papel)
Vira-vira. São Paulo: FTD, 1995.

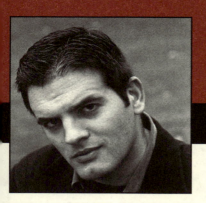

Xosé Antonio Neira Cruz

Biografia

Xosé Antonio Neira Cruz nasceu em Santiago de Compostela em 1968. Escritor, jornalista e professor da Faculdade de Ciências da Comunicação da Universidade de Santiago de Compostela, formado em filologia italiana e jornalismo e doutor em ciências da comunicação pela mesma universidade, ampliou seus estudos nas universidades de Bologna (Itália) e Paris 8 (França). Entre as responsabilidades acadêmicas que tem desempenhado na Universidade de Santiago pode ser destacado o seu trabalho como diretor dos cursos de doutorado da Faculdade de Ciências da Comunicação e como coordenador do Programa de Intercâmbio Europeu Sócrates-Eramus.

No âmbito literário, deu-se a conhecer como narrador em 1988, quando ganhou o prêmio Merlín. Desde então, ganhou outros galardões: o Barco de Vapor em 1997 e 1999, novamente o Merlín em 2000, o prêmio Raíña Lupa em 2002 e o prêmio Lazarillo, que lhe foi outorgado em 2004. A sua obra recebeu também dois prêmios Lecturas (concedidos pelos leitores das bibliotecas da Galícia) e foi selecionada pela Biblioteca Internacional da Juventude de Munique para a Lista de White Ravens, pela Fundação Germán Sánchez Ruipérez de Salamanca (Espanha), como uma das melhores obras espanholas para jovens de 2003, e pelo Banco del Libro da Venezuela, que considerou, em 2006, que o seu romance *O armiño dorme* era uma das dez melhores obras juvenis do mundo. Embora a maior parte da sua obra contemple a narrativa para crianças e jovens, também cultivou o gênero teatral, tendo sido montadas duas obras da sua autoria: *Cando a noite cae*, representada em 2007 pela companhia Teatro da Falúa, e *Valdemuller*, adaptação teatral de um romance seu realizada pelo Centro Dramático Galego. No campo da poesia, foi galardoado em 2007 com o prêmio Fiz Vergara Vilariño pelo livro de poemas para adultos *De esparto e seda*. A sua obra foi publicada em vários idiomas e em breve será traduzida para o português no Brasil.

LER E ESCREVER: OS PRAZERES DA INTIMIDADE COM O LIVRO

De modo geral, entendemos a leitura como um exercício que nos permite uma vida melhor, ou, no mínimo, a possibilidade de melhorar na vida. De ler depende a aquisição de conhecimentos, tão necessários para se desenvolver e progredir. Na leitura está a possibilidade de estarmos informados, que é um jeito – talvez um dos mais eficazes no nível psicológico – de nos sentirmos protegidos. Quem lê tem, em princípio – e já sabemos que isso não é necessariamente verdade –, os ases que o acreditem como pessoa culta aos olhos dos outros. E dessa vivência da cultura que oferece a leitura podem derivar, depois, outras muitas vivências, experiências e realizações culturais, criativas, sentimentais e pessoais, que contribuam para equipar a bagagem com a qual viajar no contexto que tenhamos que viver. Quem vai com as malas cheias de alguns livros (também depende de que tipo de livros) recebe uma consideração que em geral não recebem os que andam de malas vazias. Porém, também é verdade que aquele que só carrega livros e mais livros (voltamos a repetir: sobretudo se se trata de alguns tipos de livros) semeia suspeita ou menosprezo. Vêm-me à cabeça as histórias tantas vezes ouvidas de amigos e amigas escritores, os quais, no momento fatídico de uma mudança de casa, tiveram que enfrentar o juízo espontâneo e sincero dos encarregados das mudanças diante das caixas abarrotadas de livros, ou de estantes que tinham de desmontar e voltar a montar, pois, definitivamente, já não tinham nenhuma utilidade senão servir de suporte aos livros.

"Você sabe a quantidade de dinheiro que está enterrada aqui?", diz um desses funcionários, sem a menor sombra de malícia, a um dos meus amigos, que não teve outro remédio senão abaixar instintivamente a cabeça, como quem se vê surpreendido em um vício nefando ou em um erro de cálculo grave. Outra das perguntas habituais – que eu também tenho ouvido algumas vezes, e realmente tem a sua lógica – é a seguinte: "E você leu de verdade todos esses livros?" Digo que é lógico e razoável perguntar-se isso diante de uma biblioteca bem nutrida, já que nem todos os livros vendidos são lidos. No ano passado foram vendidos na Espanha, país de onde eu procedo, 276.012.843 livros. Porém, o número de espanhóis que confessam ler não chega a 50%, dos quais 36% dizem que o fazem com certa frequência e 18%, só ocasionalmente. Então, parece claro que aqueles milhões de livros vendidos não representam nem de longe a quantidade semelhante de livros efetivamente lidos. Daí que seja pertinente perguntar ao colecionador de livros se costuma ler a maior parte dos exemplares com os quais divide a casa. E também nessa circunstância – a de morar rodeado de livros – há vantagens e desvantagens. Ter livros em casa, ou mesmo decorar com livros a mobília da sala ou as estantes do escritório, parece ser sinal de distinção e certa cultura. Abarrotar os cômodos de livros é, por outro lado, deselegante, muito mal visto pelas revistas de decoração atuais (essas que põem um livro entre os lençóis da cama, ou montículos de volumes perfeitamente escalonados em mesinhas impolutas) e também chega a atrapalhar as visitas que, diante desse oceano de papel impresso, costumam perguntar o mesmo que os funcionários das mudanças – embora eles não precisem carregar caixas até a saída: "Você leu todos esses livros?"

Ler e viver lendo é uma escolha pessoal. Como quando você escolhe se vai casar, com quem vai casar e quando vai casar, quer dizer, com quem, a princípio, vai desenvolver um projeto de vida em comum, do mesmo jeito que opta, ou não, por compartilhar sua vida com os livros. Não é uma decisão espontânea, nem casual, nem inofensiva. Pelo contrário, ela vai determinar muitas outras formas de ser que derivarão da condição de leitor. Optar por ler é expor-se a caminhar pelo gume das palavras ou, o que dá no mesmo, pelo gume cortante, afiado, mas também afortunadamente curador, das ideias. Se, como dizia Nietzsche, "as grandes ideias são os grandes acontecimentos", viver lendo pode considerar-se a oportunidade de existir assistindo à descoberta constante de acontecimentos fundamentais para a nossa vida. E isso, mesmo sendo maravilhoso, nem sempre é reconfortante e consolador. Já dizia a Bíblia, o livro dos livros, no Eclesiastes: "Onde abunda sabedoria abundam as penas, e quem acumula ciência acumula dor".

Uma advertência talvez não inocente, em absoluto desprovida de intenção que, longe de animar a não ler, adverte-nos, segundo meu entendimento, da necessidade de fazê-lo, conscientes de que não se trata de um exercício banal na nossa vida. Correr o risco de ler é animar-se a viver de outra maneira, abrindo os olhos onde a maioria das pessoas ficam com eles fechados. Assim, a leitura ofereceria ao leitor uma espécie de segunda visão sobre a realidade, que, além de fazê-lo mais consciente, e um tanto mais sábio, o despojaria da alegria desmesurada da inconsciência. Aprender a relativizar – alegrias e penas, fracassos e sucessos – é algo consubstancial a aquele que sabe. Por isso, aprender a ler é, talvez, aprender a relativizar. Mas essa segunda visão sobre a realidade, ou sobre as distintas e confluentes camadas com as quais se pode apresentar revestida a realidade, não é só um exercício pessoal.

Leitura é comunicação. A forma de comunicação mais clara e direta que existe, pois nela não interfere a aparência, nem o tom de voz, nem o contexto em que o nosso interlocutor fala. Foi ele quem nos contou umas ideias, uns pensamentos, para que transitemos de pés descalços, sem medo do gume afiado que às vezes oferecem as palavras. Mas somos nós que elegemos o momento do encontro, o lugar, o tempo, o ritmo com que queremos que essas ideias cheguem a nós.

Diz Emerson que "em cada obra de um gênio reconhecemos os nossos pensamentos descartados: regressam a nós com certa majestade alheia", e é efetivamente desse modo – na procura do que pensamos ou podemos pensar, também do que não ousamos pensar, mas, porém, necessitamos levar em conta – que aparece a primeira amostra da vivência da intimidade que o livro permite. Conceder-nos o luxo de procurar em nós mesmos para encontrar pepitas de ouro, lampejos de grandeza que não percebêramos antes, é uma atividade que só pode nascer da introspecção. Ter a capacidade de mergulhar em si mesmo para nadar as águas que nos configuram é difícil no barulho de uma sociedade como a atual, cada vez mais cheia de impactos de interesse, mais cheia de pontos de informação.

Saturar de informação é uma forma de desinformar. Encher a realidade de ruídos é uma forma de inabilitar, retardar a nossa capacidade real de audição. Daí que a leitura, nesta sociedade cada vez mais rica em impactos de conteúdo (não propriamente em conteúdos completos), supõe de alguma maneira nadar contra a corrente. A leitura e a pressa conformam um casamento destinado ao desentendimento. A leitura e o ruído não podem partilhar espaços de convivência. Ler é ficar só, no silêncio de si mesmo, e aí, nessa necessidade de silêncio e solidão, é que a leitura se realiza plenamente. Mas é também aí, nesse terreno perigoso, onde a leitura tem que se debater – com dificuldades manifestas e grandes possibilidades de fracasso – com um dos grandes medos criados pela sociedade atual. Porque resulta que nesta sociedade que habitamos, cada vez mais isolados em andares e apartamentos separados, cada vez mais intercomunicados por redes virtuais, que, além de nos permitir falar com pessoas situadas do outro lado do mundo, talvez nos estejam roubando tempo para falar com o vizinho do lado, estar só virou uma realidade temível. Viver a solidão, viver em solidão se conta entre as desgraças atuais. Tristeza e solidão se apresentam com frequência de mãos dadas nas mensagens publicitárias, nos meios de comunicação. A mídia, que é um espelho de comportamentos e tendências de comportamento humano, mas também, cada vez mais, escola, ela mesma, de comportamentos que os espectadores aprendem, apresenta uma sociedade cada vez mais intercomunicada e, ao mesmo tempo, muito isolada, onde a essência dos fatos parece prevalecer sobre a aparência dos fatos mesmos.

No mundo midiático não importa tanto a realidade dos fatos como a aparência de realidade; a mídia está construída sobre essa reconstrução e desconstrução da realidade, coisa, por outra parte, muito interessante do ponto de vista semiótico. Mas levar essas dinâmicas estritamente midiáticas – e talvez válidas dentro dos limites da mídia – aos comportamentos humanos supõe riscos nos quais corre perigo não só a essência da realidade, mas a essência da vida humana como experiência individual, não coletiva, com um valor intrínseco pela sua originalidade e diferença.

Além desse risco de uniformização de comportamentos – uma das bases da globalização –, há outros, que têm a ver com a mudança de valores, com a disseminação do sentido do pudor e com a incapacidade cada vez mais manifesta por parte de muitas pessoas de viver a solidão e o silêncio como realidades também enriquecedoras. O encontro consigo mesmo, na solidão e no silêncio de si mesmo, êxtase revelado como inaceitável para muitas pessoas – e isso está na base da redefinição dos espaços da intimidade pessoal nos quais o livro, a leitura não parecem encontrar fácil guarida.

Por isso, porque estar sós ou oferecer a imagem de sermos pasto da solidão não é bem considerado na sociedade atual, corremos para mergulhar em atividades de lazer nas quais a companhia muitas vezes mais que desejada ou procurada de forma voluntária é imposta. Assim, o divertimento não parece ser completo se não conta com o concurso e presença de milhares de desconhecidos com os quais não vamos compartilhar mais que o mesmo espaço, os mesmos ritmos, as mesmas músicas, nenhum tipo de comunicação que não seja a epidérmica, se é que mesmo essa chega a se produzir.

Mas não estamos sós. Aos olhos da sociedade, ficamos salvos. Mas isso sucede também no íntimo do nosso entendimento e percepção? Sentimo-nos menos sós pelo simples fato de estarmos mais acompanhados? Bacon tratou disso em sua obra *Ensaios* e conselhos, civis e morais, livro que em 1625 já falava das dificuldades do ser humano para lidar bem com a solidão. Diz Bacon:

Os homens temem a solidão porque temem a morte, reflexo da suprema solidão, e, como as crianças que temem adentrar na escuridão, eles temem ficar sós. As crianças precisam dos contos para enfrentar a escuridão, e esse medo natural que elas sentem é aumentado pelas histórias que lhes contam. Outro tanto pode suceder aos adultos com os livros.

Nos dias de hoje, outro autor, também muito conhecido, o crítico e estudioso Harold Bloom, exprime uma ideia semelhante: "Acho que lemos para reparar nossa solidão, ainda que na prática quanto melhor lemos mais solitários nos tornamos".

É, pois, necessário resolver esse conflito entre espaços e ritmos atuais e o sentido do indivíduo e a vivência de sua intimidade para fazer ou manter um lugar estável para a leitura na nossa vida. Quando falo de intimidade, me refiro à possibilidade de encontro e reencontro consigo mesmo, o qual tem a ver com o desenvolvimento e ativação da reflexão, do aprofundamento sensorial, com a descoberta das capacidades de si mesmo, com a linguagem do corpo, com a sensibilidade. Trata-se de uma dimensão que nasce do ser humano, e, se descuidamos o cultivo do íntimo, o diálogo consigo mesmo – prática, de outra parte, tão propiciada pela leitura – desaparece ou se mantém em um segundo plano.

Acho que um dos problemas para a difusão da leitura como um valor importante, essencial para o progresso social e individual, é o fato de a nossa sociedade ter renunciado, e de renunciar cada vez mais, ao tempo, ao espaço e à necessidade da vivência do íntimo. A difusão tecnológica cada vez mais ampla e presente na nossa vida, com todas as consequências positivas que oferece, e a limitação dos tempos do privado, pelo tanto da privacidade, faz com que comportamentos e hábitos que requerem essencialmente a vivência do privado e do íntimo – como é a leitura – simplesmente não contem com as circunstâncias propícias, além de outras dificuldades que afastam cada vez mais o ser humano do livro e da leitura.

Talvez isso se deva, ultimamente, ao fato de a humanidade se dedicar mais a ganhar batalhas e submeter Estados, e não tanto a reger a ordem e a tranquilidade do nosso proceder, como assinala Michel de Montaigne, uma das grandes figuras do pensamento europeu: "Nossa obra de arte grande e gloriosa é viver convenientemente. Todas as demais coisas – reinar, acumular, construir – não são mais do que apêndices e adminículos, no máximo". Viver convenientemente e com ritmo e tempo adequados, acrescentaria eu, pois, já aponta o *Cântico dos Cânticos* – essa pequena maravilha

É, pois, necessário resolver esse conflito entre espaços e ritmos atuais e o sentido do indivíduo e a vivência de sua intimidade para fazer ou manter um lugar estável para a leitura na nossa vida.

literária inserida na Bíblia –, "há um tempo para tudo, e cada coisa tem, sob o céu, seu tempo".

Aprender a viver é, portanto, uma tarefa concomitante à de aprender a ler, e realmente há muitos pontos de conexão entre uma e outra aprendizagem. Mais uma vez o binômio vida-leitura! Talvez porque, como assinala a crítica italiana Anna Maria Alignani, "ler não quer dizer somente decodificar os signos traçados sobre o papel [...] [ler] significa viver infinitas vidas e histórias".

Mas até para essa mensagem existe uma contramensagem. Até expor-se a viver muitas vidas literárias pode resultar perigoso.

Assim, não podemos esquecer, por exemplo, o que ocorreu ao coitado do dom Alonso Quijano, que, como já nos adverte o narrador de *Dom Quixote de La Mancha* no começo do primeiro capítulo, "era dado a ler livros de cavalaria" como quem se entrega à bebida, que até mesmo vendeu os restos do seu patrimônio para comprar mais livros e, no final, acabou como acabou por amor da maluquice que inspira a leitura descontrolada, ainda mais quando se trata de livros de cavalaria, quer dizer, de literatura, a classe de leituras com que convivemos unicamente pelo prazer de ler (e por esse atrevimento meu de casar o substantivo "prazer" com o verbo "ler" já tenho eu visto mais de uma cara de censura, o que me permitiu entender um pouco melhor as coitas da ama e da sobrinha de dom Alonso, e a resposta geral da vizinhança desse lugar de La Mancha de cujo nome Cervantes não queria se lembrar).

Não só o livro por antonomásia para os espanhóis adverte dos problemas que derivam de ler muito, que seguramente foram entendidos ao pé da letra durante séculos pelos que seguiram a linha reta do texto sem reparar nas curvas da ironia cervantina. Ao lado do Quixote, está, é claro, a Bíblia, durante ainda mais séculos, em poder exclusivo do clero – o único suficientemente instruído para interpretá-la –, e, é claro, toda ela dotada dessa condição secreta e inacessível que acompanha o sagrado, nesse caso materializado em forma de objeto volumoso, pesado, de capa preta, letra premeditadamente miúda e, ainda por cima, escrita em latim, língua mágica unicamente acessível para os iniciados. Nesse ponto, e somente como indicação rápida que só pretende chamar a atenção para os fatos históricos, cumpre ter em conta que, enquanto a Bíblia era traduzida para o alemão (em 1521, por Martinho Lutero) e aparecia em 1526 em inglês (em versão de William Tyndale), e também em dinamarquês, cuja versão só poderia por certo ser lida na Dinamarca (estava proibida a leitura de qualquer outra versão que não fosse na língua vernácula), na Espanha e em Portugal estava vedada a utilização de versão que não fosse a latina, exceto o *Cântico dos Cânticos*, que se difundiu em espanhol, traduzido pelo grande literato frei Luis de León.

Por causa dessa circunstância, cabe começar a perguntar-se de onde nascem os hábitos de leitura das distintas sociedades e onde se devem procurar as razões que expliquem os baixos índices de leitura de jornais e livros em algumas regiões (por exemplo, na Europa meridional e católica, da Bíblia em latim) se comparados com outras, as do norte (protestantes, com a Bíblia em sua língua natal), onde se registram os índices mais altos das estatísticas mundiais sobre o consumo de letra impressa.

Para ajudar-nos a aprofundar essa reflexão, podemos acrescentar o que escreveu em 1796 o reverendo Johann Rudolf Gottlieb Beyer, de Erfurt, na Alemanha, que, em um informe enviado a seus superiores diocesanos, retrata a realidade de uma sociedade de

> leitores e leitoras que acordam e deitam com um livro na mão, sentam com ele à mesa, tem-no ao lado no lugar de trabalho, levam-no com eles a passeio, e já não sabem se separar da leitura, uma vez iniciada, até que não a terminam. E bem não devoraram a última página de um livro já olham ao redor com avidez, em busca de outro; e se sobre uma mesa, sobre uma prateleira, ou onde quer que seja, encontram algum que atenda ao campo deles ou que lhes pareça legível, pegam-no e devoram-no. Nenhum viciado em tabaco, café, vinho ou jogo pode estar tão apegado ao cachimbo, à garrafa, à mesa do café ou ao jogo como alguns famélicos de livros às suas contínuas leituras[1 e 2].

No mesmo ano – 1796 –, um documento anônimo austríaco redigido por alguém que, como o reverendo Beyer, não vê boa coisa nas práticas leitoras incontroladas, dá conta da paixão pela narrativa das moças das casas de almoço vienenses:

> Não contentes com isso, se fazem de mulheres sensíveis e tentam parecer amantes das boas letras, leem diligentemente comédias, romances, poemas, decoram cenas inteiras, parágrafos e estrofes, e refletem mesmo sobre as dores do jovem Werther[3].

Aprender a viver é, portanto, uma tarefa concomitante à de aprender a ler, e realmente há muitos pontos de conexão entre uma e outra aprendizagem.

---

[1] J. G. Beyer, Üeber das Lesen, insofern es zum Luxus unserer Zeiten gehört, Acta Academiae Electoralis Maguntinae Scientiarum Utilium, XII (Erfurt, 1794), p. 7.

[2] Tradução para português da citação do autor já traduzida. (N. T.)

[3] Tradução para português da citação do autor já traduzida. (N. T.)

Ao lado dessas amostras de sociedades ou coletivos particularmente animados para a leitura encontramos movimentos de contra-animação, alguns deles especialmente duradouros e eficazes. Sublinhavam eles o possível efeito pernicioso da leitura habitual. Pernicioso para a alma, que se afastava da retidão da ortodoxia. E pernicioso também para o corpo, para a saúde física. Hoje podem chamar-nos muito a atenção comentários ou apreciações nesse sentido, como o que segue:

> A posição obrigada e a ausência de qualquer movimento físico durante a leitura [...] provocam efeitos sobre os órgãos sexuais, estancamentos e corrupções do sangue, tensões excitantes e relaxamentos do sistema nervoso, languidez e debilidade no corpo todo[4 e 5].

Nesse ataque ao prazer de ler, além do desejo de afastar o indivíduo de determinados conhecimentos ou aberturas mentais que em nada convinham às situações de controle político ou religioso, está latente também, segundo meu entendimento, um ataque direto à própria experiência gozosa que comporta uma leitura prazerosa e derrotada. É como se sentir prazer (em qualquer âmbito e pelos meios que forem: com os livros, com o sexo, com a comida) fosse o que verdadeiramente é: objeto da persecução e censura.

Porém, os livros nos acompanham e nos acompanharam ao longo da história da humanidade por este mundo, e, entre as personagens mais influentes dessa história, não foram poucas as que escolheram o livro como companheiro para a imortalidade, presença que, só no nível simbólico, tinha efeitos consideráveis. Se repararmos nas pinturas, esculturas ou representações icônicas nas quais o livro também toma parte da galeria de retratados e, portanto, aparece exaltado com a pátina benfeitora da arte, teremos não poucas surpresas e, sobretudo, comprovaremos similitudes entre essas personagens afastadas no tempo e nós mesmos, cidadãos do século XXI.

Assim, sabemos que o leitor mais antigo tem cinco mil anos. Trata-se da pequena estátua do escriba sumério Dudu, sentado, coberto com uma espécie de túnica de escamas e amorosamente abraçado à sua tabuinha. Eis outra representação curiosa de um leitor entregue ao prazer: a que representa o primeiro leitor equipado com óculos para seguir melhor a leitura. Encontra-se ela na Provença, em uma tela pintada por Tommaso da Módena,

---

[4] K. G. Bauer, Über die Mittel, dem Geschlechtstrieb eine unschädliche Richtung zu geben, Leipzig, 1791, p. 190.
[5] Tradução para português da citação do autor já traduzida. (N. T.)

que representa o cardeal Hugo de Saint Cher, de chapéu, sobrancelha contraída e o dedo cuidadosamente pousado na parte do documento que lê com total deleite.

Santos, como Domingos ou Jerônimo, por exemplo, aparecem igualmente entregues a leituras extasiantes nas pinturas renascentistas de Fra Angelico e Giovanni Bellini. O primeiro lê sentado ao lado da cama, em uma postura corporal que, apesar das convenções da época que regiam a contratação de personagens beatíficas, resulta familiar aos que costumam desfrutar o prazer de utilizar a cama também como espaço para a leitura. De outra parte, Bellini apresenta o santo eremita em pleno deserto, com o olhar atento ao seu único companheiro e companhia: um livro aberto. Até no maior dos desertos, parece querer nos dizer o pintor com essa representação de São Jerônimo, pode ser encontrada a semente do paraíso. E, se falarmos de paraísos, talvez seja bom lembrar a santidade conseguida por personagens que encarnaram a criação literária do seu tempo e, elevadas aos olimpos da cultura, passaram também a ocupar os altares da Igreja rodeadas da aura dos beatos. Eis o paradoxo, a contradição.

Como em tantas outras práticas – e só temos que lembrar as dúzias de avocações marianas que remetem a cultos pré-cristãos ao sol, ao mar, às fontes... –, a Igreja, sábia e hábil, lançou mão do prestígio do livro, em princípio proscrito por eles mesmos, para povoar os seus particulares paraísos. Assim, não deixa de surpreender que um poeta tão mundano como Dante Alighieri apareça entre os santos que enchem um mural da catedral de Florença, pintado no século XV. Nesse afresco, o divino Dante – e agora entenderemos melhor o clássico adjetivo que costuma acompanhar o poeta por antonomásia da língua italiana – aparece com a sua *Comédia* aberta na mão, segundo a versão do pintor Domenico di Michelino, comédia em que, aliás, Galícia e Compostela já contavam com um lugar. Ao lado disso, o outro lado da moeda: uma casula de padre do século XV, também florentina, expõe na parte das costas (eram os tempos da missa trentina, rezada de costas para o povo, quer dizer, o povo podia "ler", nesse outro suporte, as costas do oficiante) uma curiosa representação do juízo final, em que até três dos condenados ao inferno caem aos avernos, acompanhados dos seus livros favoritos. Sem falar da famosa fogueira das vaidades, por meio da qual o visionário Girolamo de Savonarola representou a renúncia ao pecado e a todas as suas artes; entre as fauces do lume purificador, em plena Piazza della Signoria, pereceram não poucos livros, imagem que nos leva de volta às páginas do Quixote já citadas. Lembranças históricas tecidas de idas e vindas por um mundo, de um jeito ou de outro, povoado de livros benditos ou proscritos.

As mulheres, em menos medida, também foram representadas como cultivadoras da leitura nas referências artísticas históricas. Curiosamente, as que passaram aos anais como donas de caráter, *mujeres viriles*, em expressão espanhola da época, varoas, donas de si, poderíamos dizer agora, mais apropriadamente, portam o livro no lugar do inapropriado e pouco feminino sabre. Assim, Leonor de Aquitânia (duquesa e rainha que conseguiu fazer valer seus direitos mesmo sobre os privilégios do seu marido e dos seus filhos varões) é perpétua leitora de um livro eternamente aberto entre as mãos da estátua jacente que cobre seu sepulcro. Leonor, vestida do jeito medieval e de cabeça ligeiramente elevada sobre um travesseiro (que se intui muito confortável apesar de ser de pedra), sorri, e esse sorriso, à vista dos séculos passados, parece a representação perfeita não só da mulher reivindicadora e reivindicativa, mas da que sabe que sabe. Quer dizer: da que, em uma sociedade de não leitoras, lê.

Nem todas as mulheres ilustres tiveram a mesma sorte e ousadia. Bartholomeus Van der Helst pinta no século XVII o retrato de uma nobre holandesa enlutada, Mathilda von der Leven, que olha para o espectador enquanto um dos seus dedos faz o papel de marcador de um livro diminuto. A dona lê, porém, pouco, o justo, o permitido. E, com pudor não disfarçado, intenta esconder o livro dos olhos do pintor. E em uma página ilustrada da Bíblia pauperum de Heidelberg um grupo de damas fiam sem descanso enquanto, em um canto, a chama de uma vela devora as páginas do único livro que as acompanha. Descuidam a cultura em benefício do lavor próprio das mulheres. Eis, talvez, a mensagem implícita. Não há imagem inocente.

Não são frequentes – ou melhor, poder-se-ia dizer que são muito infrequentes – as representações artísticas de época de crianças em ato de leitura. Porém, eis um dos poucos episódios conhecidos da infância de Jesus – criança perdida e achada no templo dissertando entre os sábios do momento – que reiteradamente foi representado pelos artistas com uma imagem infantil rodeada de livros. O livro, nesses casos, exalta o leitor criança, feito adulto, transforma-o em pessoa autorizada e destacada no conjunto social a que pertence, como nos faz ver o quadro de Martin Schongauer. Contudo, o menino Jesus, além de ser criança, também é homem, isto é, guia e instrutor de leituras apropriadas, daí que em uma pintura de Rogier Van der Weyden, realizada em 1450, apareça selecionando as páginas de uma Bíblia e marcando aquelas que sua mãe, como mulher, não deve ler. A Virgem, de cabeça inclinada e gesto resignado, contempla a cena e aceita. Isabela de Médicis, a filha poeta de Cósimo I, duque de Florença, porta o seu talismã identificador, na frente das suas irmãs e irmãos, na galeria de retratos principescos pintados por Bronzino. Se as suas irmãs Lucrécia e Maria portam joias e flores, respectivamente, e seus irmãos Giovanni, Francesco e Pietro exibem um passarinho, um medalhão e uma pequena adaga, Isabela, a poeta, leva um livro: um livro aberto do qual parece mal ter levantado os olhos para olhar para o espectador. Outra dama, então, que sabe que sabe. Porque lê.

O bom é que, nessa galeria de retratos históricos de leitores e leitoras, há também o exemplo dos retratados anônimos, leitores e leitoras dos quais não conhecemos o nome, mas nos transmitem a sensação mais bela e genuína de uma leitura evidentemente prazerosa, devotada e livre. Cito só três exemplos para não me perder na barafunda de referências: um monge francês de um manuscrito do século XIII lê sentado na cama, em uma fria noite de inverno. Compenetrado na leitura de um livro que tem entre as mãos, outros seis volumes abertos esperam sua vez sobre um atril e sobre as pernas, cobertas com uma manta, do monge. Três damas japonesas da corte imperial, retratadas em um gracioso redemoinho de quimonos e longas cabeleiras, aparecem entregues a um exercício voraz de leitura em uma xilogravura de Hishikawa Moronobu realizada em 1681. E quatro meninos pobres de uma escola que, por não ter nem sequer bancos, afadigavam-se na leitura dos seus livrinhos em pé, diante do olhar atento do mestre, em um cartaz pintado em 1518 por Ambrosius Holbein. Eis o poder dos livros e dos leitores, tímidos, porém conscientes de que, graças aos livros, o mundo é ou pode parecer melhor.

Instalados no presente em que vivemos, e deixando os exemplos indicados no baú da bagagem com que inconscientemente seguimos viajando em tantos temas – até mesmo nesse da leitura –, cabe fazer-se a pergunta seguinte: a quem nos referimos quando falamos da necessidade de ler e, portanto, do prazer de ler?

Hoje está falando com vocês sobre esse tema uma pessoa que, não por acaso, trabalha no âmbito da criação literária dirigida aos leitores mais jovens. Não é, portanto, muito forçado supor que, automaticamente, se estabelece o binômio leitura e promoção da leitura com leitores jovens, o que não deixa de ser um grande erro. Em primeiro lugar, porque as crianças e os jovens são filhos de uma sociedade, reproduzem na sua medida e dentro das suas possibilidades o que veem e vivenciam. Então, se os meninos não leem, provavelmente é porque os adultos com os quais convivem e estudam também não encontram nos livros, na leitura, nada especial. Pelo contrário, se uma criança cresce rodeada de livros, vendo sua mãe ler o jornal ou o pai devorar um romance (e não o contrário, como acertadamente tem apontado Adele Turin em seus estudos de gênero sobre as ilustrações de álbuns infantis europeus, nas quais, com mais frequência do que a devida, quem lê jornal é o pai – representação da autoridade e da seriedade – e quem lê romances é a mãe: eis outro clichê com conteúdo subliminar), é muito provável que, por simples mimetismo inicial, também a criança goste de ter entre as mãos um livro.

Junto com essa referência, vem à minha cabeça um artigo publicado ano passado por Víctor Freixanes nas páginas do jornal *La Voz de Galicia*, em que o conhecido escritor e editor galego reflete sobre a seca leitora atual e recupera o elo inicial da sua história como leitor nos domingos matinais compartilhados na cama com seu pai, um taxista que gostava de ler jornal com seu filho, os dois aconchegados entre os lençóis. Esse contato físico, corporal, cheio de carinho, em que se lê o jornal a quatro mãos, é, segundo entendimento de Víctor Freixanes, e meu também, a melhor imagem de uma experiência de animação à leitura certeira, simples e efetiva.

De outra parte, do meu ponto de vista, é igualmente errônea a consideração geral sobre os baixos níveis de leitura de crianças e jovens, ou, no mínimo, é uma consideração parcial e fácil. Entre outras coisas porque crianças e jovens compõem o grosso da população que tem que ler porque não lhes resta outra solução, porque alguém lhes põe um livro nas mãos e, gostem ou não, devem olhar para ele para saírem airosos de determinadas provas, ou para não ficarem em evidência, ou simplesmente para obterem outros benefícios que pouco têm a ver com a prática leitora.

Então, as crianças e os jovens leem. E, segundo meu entender, chegam até a ler muito mais do que o fazem proporcionalmente os adultos. Sempre digo que na adolescência os que chegam a essa etapa sendo bons leitores leem mais que em outros momentos da vida. Deve ser porque eu li muito na minha adolescência e porque o exercício de ler e a paixão pela leitura me salvaram de não poucos pratos amargos que costuma servir essa não idade que temos que passar como quem passa o sarampo. E não só pela necessidade de se evadir lê um adolescente. Os livros, nessa idade – sobretudo os livros protagonizados por personagens da sua idade, que vivem situações semelhantes às que eles podem estar experimentando –, podem se tornar

Eis o poder dos livros e dos leitores, tímidos, porém conscientes de que, graças aos livros, o mundo é ou pode parecer melhor.

verdadeiros guias de conduta, manuais de respostas para tantas perguntas que o adolescente se faz, mapas para aprender a conhecer tantas e tantas sensibilidades ou sensações que nesse momento começam a experimentar.

Por outro lado, os leitores mais jovens – especialmente as crianças – não carregam ainda o jugo da hipocrisia. Não precisam fingir que leem para se tornar parte de uma elite seleta ou para ter mais ou menos sucesso social. Pelo contrário, hoje em dia uma criança que lê (provavelmente como os adultos que leem muito e têm a casa cheia de livros) costuma ser apontada pelos outros meninos, sem que esse apontamento implique rejeição, porém, é claro, sem revelar traços que identificam o líder do grupo ou da turma. "Esse aí lê", tenho a impressão de ouvir dos pequenininhos que olham de esguelha para o colega surpreendido em flagrante, e não posso deixar de lembrar uma situação parecida na qual eu, moço universitário, ouvi do meu lado o comentário de duas crianças que estranhavam me ver com um lápis entre os dedos escrevendo em um caderno: "Esse ainda escreve com lápis", diziam.

Por tudo isso volto a repetir que acabo não entendendo o fato de relacionar leitura e estímulo à leitura exclusivamente aos leitores jovens. É toda a sociedade que está carente de livros. É a sociedade que não lê, que esqueceu o prazer de ler. E somos todos, em uma medida ou outra, os que estamos carentes de estímulos – interiores ou externos – que nos façam entender a leitura como uma dimensão da vida importante para ser e estar no mundo.

Claro que, indo um passo além, acabo não entendendo também a relação que pode ter um exercício de animação à leitura (que costuma ser direcionado a um coletivo, isto é, funcionar em grupo) com a leitura, que sempre é uma decisão, uma escolha e uma prática individual. Daí que também não acredito muito em fórmulas para animar a ler, nem nos livros que ganham novos adeptos para o universo leitor, nem na necessidade de fomentar, nos livros, temáticas, personagens e gêneros literários ou estilos narrativos particularmente atrativos para os aprendizes de leitor.

Do mesmo jeito, devo confessar que desconfio dos espetáculos ou das representações parateatrais que se articulam ao redor do livro e da leitura. Posso curtir muito – e de fato assim ocorre – um espetáculo desse tipo, porém, com toda a certeza, isso não é ler. Também podemos cair na perversão de que isso chegue a substituir o lugar do livro para alguns. E lembro aqui o que ouvi de uma criança uma vez. Todo entusiasmado depois de um espetáculo de animação em que o livro não apareceu em lugar nenhum, exclamou: "Gosto muito quando me animam a ler, mas não de ler". Instalado no consumo cultural em grupo, no lazer necessariamente compartilhado, esse menino ainda não tinha descoberto o prazer de se encontrar a sós com um livro. E não parece que o fosse conseguir por essas vias.

Então, o que entendo por animação à leitura?

Vou tentar responder a essa pergunta voltando à minha origem de leitor, e não precisamente leitor em suporte livro, mas em outros suportes alternativos que, porém, respeitavam a experiência individual que supõe o livro e a leitura, quando assisti ao vivo – e sem que me correspondesse por corte geracional, filho como sou já da sociedade da televisão – à vivência fascinante da oralidade. Oralidade que, no meu caso, esteve representada pelas minhas avós, ambas particularmente dotadas para o canto ou para o conto, e responsáveis diretas, sem pretendê-lo, por que hoje eu siga brincando com as palavras e com as histórias, sem medo de andar descalço sobre o seu gume. Minhas avós, duas camponesas galegas, não leram livro nenhum que não fosse um breviário de orações ou, no máximo, um livro sobre a vida dos santos. Mais nada. Porém, as duas amavam as histórias e sabiam dos ingredientes que transformam um comentário qualquer no melhor dos parágrafos literários.

Talvez seja por isso que entendi logo por que Xerezade foi capaz de engaiolar o seu tirano tecendo-lhe uma eternidade de histórias. Porque fiquei cativado pela paixão de quem se entusiasma com as palavras. Eis uma das coisas que, segundo meu entender, faltam especialmente na atualidade. A força de um predecessor na cadeia leitora que convide os mais jovens a ler sem necessidade de recorrer a fórmulas feitas, mas com a surpresa e a maravilha refletida nos olhos enquanto conta uma história que leu.

Do mesmo jeito de uma hábil Xerezade, minha avó paterna contava para mim, cada final de semana de visita, uma história que, partindo da realidade, do que ocorria no núcleo familiar ou social mais próximo (primos que deveriam fazer o serviço militar, vizinhos que casavam, uma vaca que inchara ao comer trevo ou a ninhada de pintinhos que acabara de quebrar o ovo), se perdia logo no nebuloso território da ficção. Era então que apareciam aquelas histórias de Cristo ou São Pedro, defensores dos pobres, dos pedintes e das criadas com filhos do mundo, ou que a Santa Compaña, o Urco ou o Marelo tornavam-se seres tão próximos e temíveis como o cheiro penetrante do medo.

Minha avó Sinda, sem querer, envenenou-me até o fundo dos ossos com cada uma daquelas histórias que ia tecendo no seu galego de Chapa, uma aldeia de Silleda. Ela não pretendia outra coisa senão entreter-me e, ao mesmo tempo, lembrar. Lembrar entre quatro paredes que já não podia abandonar – a velhice imobilizara suas pernas, deixando-a tolheita até a morte – a vida de trabalhos contínuos e divertimentos espontâneos que vivera desde a infância. Com poucas palavras me fazia subir à cerejeira na qual María de Cans, uma vizinha dela, vira um dia a Nossa Senhora de Fátima antes de esta aparecer em Portugal, com uma rosa branca em cada pé. E com outras poucas palavras – estas adubadas de risos e brincadeiras – fazia crescer para mim, na sala de uma casa em plena cidade, a erva da Agra até a minha cintura, para logo me convidar a descer rolando ladeira abaixo, até o recanto dos Sapos, onde a finada da sua irmã Estelita (que depois virou freira e deixou de crer em outras fantasias que não fossem as certificadas pela Santa Igreja) ouviu o canto da moura, dona de cabelos longos e pente de prata.

Aquelas tardes de prazer que minha avó improvisava para mim tinham um duplo atrativo. Terminavam como começavam: voltando à realidade, em uma espécie de roda na qual eu nunca conseguia saber até onde chegara a lembrança e onde começara a invenção. E, como remate, sempre um final aberto, com continuação futura, seguido do comentário da minha avó a modo de sentença: "Mas essas histórias que eu conto não são nada em comparação com as que contam os livros". Dizia isso com o mesmo entusiasmo de quem leu uma biblioteca inteira, ela que só tivera acesso, quando era muito pequenininha, à literatura de cordel que seu pai trazia às vezes das feiras.

Na visita do final de semana seguinte continuava a história sem fim, uma história interminável que, muito antes de Michael Ende, minha avó Sinda já escreveu no ar para mim.

Mas houve uma sexta-feira que não foi seguida de final de semana para minha avó Sinda. E uma história ficou sem remate para sempre.

A partir daquele momento fui eu que comecei a brincar com os contos já relatados, retomando-os uma e outra vez e recorrendo aos livros que, como tinha dito a minha avó, efetivamente estavam cheios de muito mais histórias.

Durante a semana, era a outra avó, a mãe da minha mãe, sempre mais próxima de mim por morarmos porta com porta, que se encarregava de me encher a cabeça de histórias, também sem intenção explícita, é claro, e não porque fosse consciente de que aquilo me estava animando a nada. O caminho escolhido pela avó Elvira era o dos romances e dos cantares de

Minhas avós, duas camponesas galegas, não leram livro nenhum que não fosse um breviário de orações ou, no máximo, um livro sobre a vida dos santos. Mais nada. Porém, as duas amavam as histórias e sabiam dos ingredientes que transformam um comentário qualquer no melhor dos parágrafos literários.

cego, que sempre cantou e ainda canta com uma voz cristalina que, quando jovem, lhe valeu certa fama. Por ela soube de dona Aldara, do conde Olinos, de Santa Irene ou da Samaritana...

Madrugada de San Xoán
cando o sol alboreaba
camiño da fonte fría
ía unha samaritana.
Ao chegar cabo da fonte
con Xesucristo encontraba:
-"Da iagua do teu xarriño
dame unha pinga, Rubiana".
"Do meu xarriño non podo,
que o meu amo se enfadara

PASTORA FIEL
Estando na miña porta
fiando na roca ao sol
vira vir un cabaleiro
cabaleiro cazador.
Preguntou se era casada,
díxenlle que si señor;
preguntoume que con quen,
díxenlle que cun pastor.
-Malo seia o crego, nena,
que cun pastor te casou.
Vente comigo casada
faremos vida de amor.
E terás castelos fortes
con ventás todo ao redor.
Vaite con Deus, cabaleiro,
que eu non quero o teu amor.
Raios partan a pastora
e volvan polo pastor
e as pernas lle queden tortas
de pasar os barrancós.
E os ombreiros encertados

das correas do zurrón.
Vaite con Deus, cabaleiro,
meu marido é un señor
e o primeiro río d'agua
que barra co cazador.[6]

Não pretendo que todo leitor adentre na leitura pelos caminhos que eu segui. Provavelmente há outros muito melhores. Também não digo que tenham que ser as avós as encarregadas da animação à leitura. Não. Somente exponho o que para mim foi o começo de tudo. Um começo ligado à oralidade que, em tempos de livros de contos, de bate-papos na internet, volta... Eis a justificativa para a animação, outra volta do torniquete, na verdade.

Porque ler na internet páginas intermináveis que, se quiséssemos, jamais se rematariam, é, segundo aponta Cavallo na sua história da leitura, recuperar o texto contínuo dos romanos, quando os romanos liam em rolos, e não em livros. Andamos para trás? Não, simplesmente abrimos portas que talvez, no fundo, estivessem sempre abertas. A inspiração, o estímulo e a sugestão habitam o nosso entorno, eles formam parte do nosso ser humano. E dentro delas a palavra, a história – e não importa por quais meios nos for transmitida – é semente de humanidade. Como são sementes de humanidade, de vidas e de formas de viver todas e cada uma das personagens que povoam as histórias, alter egos de nós mesmos com os que começamos a saborear a vida antes que o sabor da vida entre de fato em contato com o nosso paladar.

Como em quase tudo na vida, a pessoa pode se postar perante a literatura de diversas maneiras. Entendo que nessa diversidade radica a verdade, e provavelmente da combinação de todas as opções nasce a resposta que possa satisfazer perguntas tão amplas, difusas, complexas ou simples como a que podemos nos fazer em um dia tão bom como hoje: para que serve ler? Por que preciso ler? Como e onde posso ler?

Não vou tentar fazer um catálogo de opções, porque não conheço todas as opções, porque as opções são como as pessoas que as escolhem – às vezes completamente abertas; com mais frequência ocultas ou escorregadias – e porque, como quase sempre acontece, as pessoas, no fundo, não se interessam mais do que pelas suas próprias opções, aqueles argumentos pessoais e intransferíveis que estão porque estão (sem mais explicações) e graças

---

[6] Poemas originais em galego. (N. T.)

aos quais – ou por culpa dos quais – as rodas de nossa maquinaria interna giram e dão lugar ao movimento...

Vou tentar, então, pôr sobre a mesa, perante todos vocês, algumas, ou melhor, poucas, mesmo as mais contadas razões que me levam a ler e, de fato, me servem como justificativa pessoal – no caso de precisar – para crer que ler, e também dar para ler, isto é, escrever, serve para alguma coisa. Mas é claro que vai haver razões – inocentes ou não e, em todo caso, inconfessáveis – que não vou despir aqui, por senso de pudor ou, talvez mais exatamente, por desconhecimento. Afinal de contas, passamos a vida fazendo coisas sem questionar, pelas quais ninguém pergunta e, se nos perguntassem, não encontraríamos resposta certa, e com as que chegamos ao fim provavelmente tão perplexos como estávamos no início. Entre essas opções pessoais e livres – ou supostamente livres e pessoais – a opção pelo prazer de ler e de escrever pode ocupar todo um continente, uma lagoa ou uma ilha.

Por que ler, e não simplesmente ou somente viver?, como diria o já citado Montaigne. Por que se apaixonar imaginando um mundo quando o mundo está aqui, sem necessidade de páginas intermediárias nem de cronistas intermediários? Por que gastar as horas – que são poucas – e a vida – que não dá para tudo – na solidão de si mesmo, diante de palavras que dançam caprichosamente, de histórias que, como nasceram, podem morrer sem deixar mais rastro que o que deixa o caracol no caminho?

Se me permitem, para tentar propor respostas a algumas dessas incógnitas, vou continuar recorrendo às palavras de predecessores bem mais equipados (na literatura e provavelmente na vida) aos quais recorro quando a necessidade imperiosa de encontrar respostas se transforma em dor.

Desse jeito, por palavras e vidas alheias, reconheço que já não faço mais do que aquilo que é feito pela humanidade inteira desde que existimos, isto é, desde que narramos. Desde o momento em que em lugar de sair para caçar bisões começamos a pintá-los nas paredes de cavernas para mostrar não só como se caça, mas também como é o mundo. Para tentar demonstrar, sim, que o mundo pode caber em uma parede. Ou em um teto.

"Escrevo com o pincel, e o ar transforma meu poema em pintura. Não sei o que faço realmente aqui, tombado sobre mim mesmo, sob esse teto que é meu castigo. Mas sei que há uma história que devo contar." Assim escreve em julho de 1510 Michelangelo Buonarroti ao seu amigo Giovanni da Pistoia. Ele está há quatro anos confinado sob os tetos da Capela Sistina, pintando sem parar, e sua debilitada vista somente é capaz de ver com claridade quando olha para cima.

Como todas as distâncias que separam os gênios do resto dos mortais, confesso que a minha necessidade de ler, e também de escrever, está também relacionada ao fato de crer que há uma história que tenho que receber, e tenho que entregar. Há algo dessa soberba do criador – que diz por onde corre a vida, ou por onde deve correr – e também algo dessa humildade daquele que pretendia surpreender e fica surpreso. Adivinho a surpresa de Michelangelo quando, enquanto pinta mais um pedaço do seu maravilhoso poema visual, todas as conjecturas mentais ficam fixadas naquela parede como um vestido sobre um corpo.

[Provavelmente, como diz Apollinaire, a grande força primeira é o desejo (me atrevo a dizer que, segundo meu entender, provavelmente seja a grande força primeira de absolutamente tudo), e como aponta seu companheiro Rimbaud, no que tange à literatura, trata-se do desejo de "mudarmos a vida". Acredito também, como acreditava Breton, que escrevo para alongar o tempo, porque, como clamava Anaïs Nin, "não tolero as coisas efêmeras. Tudo o que corre, passa e se mexe me sufoca de angústia".]

Acreditamos então em algo que perdure, que não mude, que seja capaz de viver até sobreviver-nos. Eis o risco primeiro, a tentação que segue. E o começo do nada. Porque, já dizia Cavafis (e eu não faço mais do que concordar com ele), é um grande erro pretender "interromper a obra dos deuses, nós, seres do instante, atordoados e inexperientes".

Por isso, reconheço que não me sentir como parte dos verdadeiramente eleitos me dá um grande alívio. Deve ser tremendamente árduo e cansativo tentar inventar-se para acabar, um dia, por não reconhecer-se. Ao mesmo tempo em que sinto esse grande alívio, essa certeza de que posso escrever, mas também posso deixar de fazê-lo e não vai passar absolutamente nada, semeia em mim uma terrível dúvida.

Porque é verdade que "*las musas se han desencadenado*", como diz a poetisa Rosalía de Castro à sua amiga Eduarda Pondal. E é igualmente verdade que "*hay más libros que arenas tiene el mar, más genios que estrellas tiene el cielo y más críticos que hierbas hay en los campos [...] ¿Qué falta hacemos, pues, tú y yo entre ese tumulto devastador?*".

Você, querida Rosalía, não sei; eu, absolutamente nenhuma, permito-me responder com base na minha vivência de grão de areia. E a decisão parece estar tomada, então. Abandonarei a escrita. Não tenho talento nem paciência nem grandes desejos para mergulhar em um trabalho tão titânico. Não quero viver olhando o mundo na vertical, contra um teto imutável de papel. Também me abruma a ideia de sobreviver, porque, no fundo,

Por que ler, e não simplesmente ou somente viver?, como diria o já citado Montaigne. Por que se apaixonar imaginando um mundo quando o mundo está aqui, sem necessidade de páginas intermediárias nem de cronistas intermediários?

acho que nascemos para ser esquecidos, e a todos nós chega o momento de desaparecermos da vida dos que amamos, e não só necessariamente por causa da morte.

Mas há uma coisa que pode mais em mim do que a batida de escrever. Esse algo é, sem dúvida, a necessidade de ler. O prazer de ler. Não sei se sou escritor. Nem sequer sei se escrevo. Mas me reconheço absolutamente na pele suave do leitor. Então abro um livro e leio:

> Quando escrevo alguma coisa, tenho a sensação de que esse algo já preexiste. Parto de um conceito geral; sei mais ou menos o início e o fim, e aos poucos vou descobrindo as partes intermédias, mas não tenho a sensação de estar inventando-as, não tenho a sensação de que dependam do meu arbítrio; as coisas são assim.[7]

As coisas são assim, é verdade, e Borges tinha razão.

A gente pode se disfarçar por fora, mentir até não se reconhecer no espelho, virar um camaleão diante da mídia, essa fábrica maravilhosa e perversa de realidades sob medida. Mas, por baixo da pele trocada, o camaleão, queira ou não, sabe quem é.

E sabe que, antes de se trair, de pôr preço à sua pele na loja das vaidades, de começar a publicar livros que já foram vendidos, de responder às chamadas tentadoras dos editores, e de aceitar participar das tertúlias radiofônicas e televisivas (também antes de subir a um estrado com a ousadia de pretender explicar aos demais para o que serve ler); antes de tudo isso, dizia, o camaleão sabe por que começou a escrever, como provavelmente também sabe por que começou a amar uma mulher. E, se não sabe, ele sente, que é outra forma de entender.

Por isso, porque, como dizia Borges, "as coisas são assim e não podem ser mudadas", no final da sua jornada de artista de circo, pendura o disfarce no armário, tira a roupa sem medo ou pudor dos olhares alheios e começa a ser. E vive, talvez mais intensamente do que jamais viveu. Sem sair das quatro paredes do seu escritório, sem deixar de olhar e digitar no computador.

Eis o meu plano fragmentado da literatura, do qual, segundo penso, pode valer a pena encontrar todas as peças. Ainda que somente seja para

---

[7] Tradução do original, citado em espanhol. (N. T.)

poder montar o plano e, ato contínuo, guardá-lo em uma gaveta. Ou para, no texto final, antes do ponto final da vida, poder escrever, como fez Xabier P. Docampo:

Querida:
Não penso que seja um disparate que lhe envie uma carta, porque tudo o que escrevi sempre foi uma longa carta dirigida a você. [...] Você sabe que dizem que contar uma história é o ato de amor mais sublime que pode ser oferecido a um ser querido. Os amantes se contam histórias para que o amor more entre eles e nunca os abandone. É o conjuro mais poderoso para afastar qualquer feitiço que possa ser preparado para destruir o amor.[8]

Com essa aposta na autenticidade do conto, das histórias ou do canto de amor que, no fundo, é sempre a literatura, encerro este premeditado encontro de citações que quis que fosse hoje a minha intervenção diante de vocês sobre o prazer de ler.

Porque, pela autenticidade, chega a arte. A qualquer canto da vida. E também da morte.

Morrer
é uma arte, como tudo.
Eu faço isso excepcionalmente bem.

Sylvia Plath

A gente pode se disfarçar por fora, mentir até não se reconhecer no espelho, virar um camaleão diante da mídia, essa fábrica maravilhosa e perversa de realidades sob medida.

---

[8] Tradução do original, citado em galego. (N. T)

Bibliografia

Bibliografia (de criação literária) – seleção:

Ó outro lado do sumidoiro. 3ª ed. Vigo: Xerais de Galicia, 1993.
Melanio e os paxaros. 2ª ed. Santiago: Sotelo Blanco Edicións, 1992.
Un somnífero moi particular. Santiago: Consellería de Cultura, 1992.
Os gatos de Venecia. Edelvives, Zaragoza, 1993 (Publicado em catalão por Edicions Baula, com o título *Els gats de Venècia*).
O plumífero de Xurxo. Santiago: Consellería de Cultura, 1993.
Así viviu Rosalía. Vigo: Xerais de Galicia, 1997.
Así viviu Castelao. Vigo: Xerais de Galicia, 1997.
Así viviu Paio Gómez Chariño. Vigo: Xerais de Galicia, 1997.
Así viviu Ánxel Fole. Vigo: Xerais de Galicia, 1997.
Xograr Cangas e Asociados. Santiago: Consellería de Educación, 1997.
Caramelos Martín Codax. Santiago: Consellería de Educación, 1997.
Rumbo á illa de San Simón. Santiago: Consellería de Educación, 1997.
Valdemuller. Edicións SM. Madri: 1998 (Traduzido para o português por Editorial Ambar, de Oporto, com o título *Vale de mulher*; traduzido para o castelhano com o título *La estrella de siete puntas*, Anaya; traduzido para o catalão com o título *La val de les bruixes*, La Galera.)
María está a pinta-lo mar. Santiago: Consellería de Cultura, 1998; reeditado em 2001 por Everest-Galicia como parte da coleção "Montaña encantada".
Orellas de podengo em Imos xuntos camiñar (AA.VV.). Santiago: Consellería de Cultura, 1999.
A memoria das árbores. Pontevedra: Kalandraka Editora, 2000. (Existe edição em castelhano pela mesma editora).
Os ollos do Tangaleirón. Madri: Ediciones SM, 2000. (Publicado em castellano por SM, dentro da coleção "Barco de vapor", com o título *Los ojos sin párpados*.)
As cousas claras. Vigo: Xerais de Galicia, 2000. (Publicado em castelhano por Ediciones SM, dentro da coleção "Alerta roja", com o título *Las cosas claras*; publicado em catalão com o título *Les coses clares*, La Galera; publicado em português com o título *As coisas claras*, Ed. Ambar.)
Guía dos oficios nos camiños de Santiago. A Coruña: Serviguide-Xunta de Galicia, 2001.

92

O home máis rico do mundo. Pontevedra: Kalandraka Editora, 2001.
A caixa do tesouro. Pontevedra: Kalandraka Editora, 2002.
O armiño dorme. Editorial Galaxia, 2003. (Publicado em castelhano por Ediciones SM, dentro da coleção "Gran angular", com o *El armiño duerme*; publicado em catalão por Ediciones Proa-La Galera, com o título *L'ermini dorm*; encontram-se em preparação as edições em português, francês e italiano.)

Soy adoptada, ¿y qué? (Publicado em 2004 em castelhano, catalão, galego, basco, asturiano e aragonês pela Editores Asociados, consórcio das editoras La Galera, Elkarlanean, Llibres del Pexe, Xordica, Tamdem e Editorial Galaxia). Recentemente os direitos foram vendidos para edição em coreano.
A viaxe a Compostela de Renato Ratoni, rato de compañía de Cosme III de Médicis, S. A. de Xestión do Plan Xacobeo, Santiago de Compostela, 2004. (Existe edição em galego, castelhano e italiano.)
A noite da raíña Berenguela. Barcelona: Planeta-Oxford, 2005. (Existe edição em galego e em castelhano.)
Gatos e leóns. Barcelona: Planeta-Oxford, 2006. (Existe edição em galego e em fevereiro de 2007 foi lançada edição em castelhano pela mesma editora.)
Los libros de la almohada. Madri: Anaya, 2007.

Luiz Percival Leme Britto

Biografia

Luiz Percival Leme Britto nasceu em São Paulo, onde reside até hoje.

Ainda adolescente, sob a mágica inspiração de Che Guevara, decidiu fazer medicina, com o desejo de contribuir para a radical transformação da sociedade. Como tinha alma de poeta, sempre que lhe ponderavam que havia uma distância enorme entre a medicina e a literatura respondia listando os escritores e poetas médicos, como o dr. Macedinho, Guimarães Rosa, Jorge de Lima, Pedro Nava, Moacyr Scliar... Mas não teve jeito. Depois de três anos de curso, decidiu fazer letras e trabalhar com aquilo que sempre o fascinou: as palavras.

Doutor em linguística pelo Instituto de Estudo da Linguagem da Unicamp, atua no campo da educação e linguagem. Foi presidente da Associação de Leitura do Brasil entre 1994 e 2006, tendo nesse período atuado em várias instâncias de políticas de promoção de leitura, tais como o Proler e o PNBE, sempre pela perspectiva da defesa do direito de ler como um fundamento de cidadania.

Atualmente é professor da Universidade de Sorocaba no curso de letras e no programa de pós-graduação em educação. Publicou os livros *Contra o consenso, cultura escrita, educação e participação* e *A sombra do caos – Ensino de língua x tradição gramatical* e diversos artigos sobre ensino de língua, cultura escrita, educação e formação universitária.

LITERATURA, CONHECIMENTO E LIBERDADE

Ao amigo Bartolomeu

CIÊNCIA
(Carlos Drummond de Andrade)

Começo a ver no escuro
um novo tom
de escuro.

Começo a ver o visto
e me incluo
no muro.

Começo a distinguir
um sonilho, se tanto,
de ruga.

E a esmerilhar a graça
da vida, em sua
fuga.

CONHECIMENTO OU ENTRETENIMENTO: AFINAL, O QUE FAZ A LITERATURA?

Formular a pergunta assim no título, com esse "afinal", faz com que pareça que entro em um antigo debate que não se resolve. De fato, não há novidade por aí e talvez também não haja solução definitiva. Na história ocidental, pelo menos, a literatura sempre serviu para deleitar e instruir.

Mas a motivação de ser da pergunta em tempos atuais, pelo menos do ponto de vista político-pedagógico, aparece-me quando examino os discursos correntes sobre formação de leitor. Seja no âmbito específico da educação escolar, seja no âmbito social mais geral, observo sempre um forte vínculo entre a divulgação e a promoção da leitura (em especial da leitura literária, ainda que raramente se explicite esse aspecto) e o entretenimento.

Pois quero aqui fazer a defesa da literatura – no que se refere à produção e à fruição – como uma forma única, e fundamental, de conhecimento. Não se trata de dizer que ela não se presta ao entretenimento (isso não dependeria de mim) ou de que tal uso do texto literário é indevido, mas sim de reconhecer o que ela tem de mais significativo e como isso se conforma no mundo atual.

Para tanto, explicito de saída que tomo "conhecimento" como procedimentos compreensivos por meio dos quais o pensamento percebe representativamente um objeto, utilizando recursos investigativos diversos (como a intuição, a contemplação, a classificação, a mensuração, a analogia, a observação), os quais, sendo historicamente produzidos, dependem dos modelos filosóficos e científicos que os originaram. O conhecimento se produziu na – e com a – história humana e permitiu aos seres humanos que se fizessem – enquanto indivíduos e enquanto grupo – e moldassem o lugar de sua existência.

Terá havido um momento da história humana em que a busca por conhecer o mundo estava diretamente relacionada à urgência da sobrevivência. Os homens e as mulheres tinham de agir sobre o meio, dominá-lo no limite de suas capacidades e criar espaços e modos para produzir sua existência. Havia, sobre todo raciocínio, uma determinação pragmática. Muito provavelmente assim foi nos primórdios da humanidade e, em certa medida, continua sendo.

Mas garantidas as condições de sobrevivência e dominado o território, o conhecimento se desprende do imediato e ganha caráter especulativo, indagando os fundamentos da existência: "por que as coisas são como são?", e, também, caráter contemplativo: "que sentidos têm as coisas?"

Se naquele tempo primeiro forjava-se o conhecimento para sobreviver, agora (mas este agora já tem milhares de anos) a criança já nasce imersa em um mundo de conhecimento e de experimentação de uma vida que se sabe vida e que se baseia nas condições de sobrevivência. Nesse sentido, seu espírito pode se desprender das necessidades imediatas e especular sobre si e sobre os outros, imaginar outras vidas, confrontar destinos.

Essa é a condição humana e implica a consciência de si, da vida e do mundo.

No entanto, se a disponibilidade técnica e cultural libera potencialmente os indivíduos para indagar a vida, os imperativos práticos e os ideológicos nos constrangem continuamente, esvaziando essa mesma possibilidade. Oprimidos, por ter que dar conta de nossa sobrevivência (não pela natureza, mas pela própria condição histórica), não podemos fruir plenamente o conhecimento, qualquer que seja sua forma de manifestar-se.

Imersos no que-fazer cotidiano, agimos em muitas circunstâncias sem considerar os sentidos e os valores de nossas ações e dos instrumentos que usamos para realizá-las. Podemos dizer que "agimos sem pensar". Simplesmente reconhecemos as coisas como elementos definitivos, que parecem ser como se só pudessem ser da maneira como aparecem. Com isso, não nos apercebemos de que somos agidos pelas coisas, alienando-nos nelas. "As coisas. Que tristes são as coisas consideradas sem ênfase", poetiza Drummond.

Para Agnes Heller, a alienação resulta de "um abismo entre o desenvolvimento humano-genérico e as possibilidades de desenvolvimento dos indivíduos humanos, entre a produção humano-genérica e a participação consciente do indivíduo nessa produção"[1].

Experimentamos, então, um grande paradoxo: a humanidade produz continuamente o conhecimento – tanto para saber da matéria, agir sobre ela e criar novas condições de vida, como para indagar a própria existência da matéria e dos mistérios da vida, mas a constituição dessa mesma humanidade faz com que a ordem social e material da existência se realize não pela produção da vida, mas pela lógica da acumulação e da desigualdade.

Nessa relação paradoxal em que a vida humana se produz criaram-se formas mais estruturadas de pôr em questão as coisas – formas mais constitutivas dos modos de ser e de produzir conhecimento que tensionam continuamente o cotidiano e a história: a filosofia, a ciência, a política e a arte. (Mas cabe a advertência: não se veja nesse movimento algum apelo a uma ordem superior; nenhuma dessas possibilidades está acima do bem e do mal, imune às armadilhas da reprodução e do exercício do poder; todas podem ser não mais que outra forma de alienação.)

A filosofia se produz sobre o princípio da indagação da existência: sua pergunta é, sempre e de muitas formas: por que a vida é como é, que sentidos lhe podemos dar ou nela encontrar? Nesse indagar, ela produz seus métodos e seus modelos, necessários até mesmo para constantemente fazer com que sua pergunta fundamental siga produtiva, dinâmica, intensa, não se perdendo num discurso que se enreda em si mesmo.

A ciência, por sua vez, se constitui sobre a indagação da materialidade da existência. Sua pergunta, portanto, é: como são as coisas, como se organiza a matéria? Pergunta infinita, na medida em que há sempre um que que não

---

[1] Agnes Heller, *Cotidiano e história*, 2004, p. 40.

alcança a compreensão. Haverá constantemente indagações e descobertas e explicações, e sempre provisórias serão as respostas. Os métodos de fazer ciência implicam o deslocamento da subjetividade, de maneira que faça com que a materialidade se ponha em evidência. Mas a subjetividade, constitutiva do humano, encontra formas de sobrevida, de modo que o método científico mantém-se em contínua tensão, sob a ameaça de ser tragado por um olhar que já distorce a matéria. Por isso, também ele precisa, ao fazer-se, pôr-se imediatamente sob suspeição. O "erro" pode estar não na explicação que se produziu, mas no próprio método que a constrói.

A política se faz da reflexão sobre as formas de ser e de organizar a sociedade e de produzir uma dimensão social em que se constitua a vida coletiva. Sua pergunta, nesse sentido, é: como, no espaço concreto da sociedade, pôr em funcionamento um modo de geri-la que traga o bem--estar coletivo?

A arte, por fim, se faz no pleno espanto do viver. Mais que indagar, mostra a condição da existência humana, não em sua forma imediata, mas em todas as suas formas possíveis. Se a experiência do fazer científico se pauta pela tentativa de controlar a subjetividade, a arte alimenta-se dessa mesma subjetividade e só se realiza em função dela. Mas não se trata de uma subjetividade imanente, de uma condição que resulte da ordem natural das coisas: o sujeito é histórico, só existe e se reconhece enquanto fruto de sua própria historicidade, qualidade que nenhum outro animal encontra em sua condição de máquina biológica. Assim, o espanto estético é produto de si mesmo, da mesma condição humana que constantemente expressa e indaga.

Umberto Eco, num ensaio em que defende a pertinência e a prevalência das grandes obras da literatura clássica para a sociedade contemporânea, em um tempo em que se multiplicam possibilidades de criação e experimentação estética e de interação entre o leitor e o texto, em especial as narrativas hipertextuais, conclui afirmando que "a educação para o fado e para a morte é uma das principais funções da literatura. Talvez existam outras, mas agora me escapam"[2].

Sua advertência sobre o caráter efêmero das histórias sem fim que se produzem nos meios eletrônicos, nas quais o leitor dispõe do poder de decidir o resultado, fundamenta-se na compreensão aguda do sentido da existência.

A política se faz da reflexão sobre as formas de ser e de organizar a sociedade e de produzir uma dimensão social em que se constitua a vida coletiva.

---

[2] Umberto Eco, "A literatura contra o efêmero". *Folha de S.Paulo*, de 18/2/2001.

A dolorosa maravilha que cada releitura de um grande clássico nos proporciona – argumenta o crítico e ficcionista italiano – se deve a que seus heróis, que poderiam fugir de um fim atroz, por debilidade ou por cegueira, não entendem contra o que se debatem e se precipitam no abismo que cavaram com os próprios pés. [...] A função das narrativas imodificáveis é justamente essa: contrariando nosso desejo de mudar o destino, nos fazem experimentar a impossibilidade de mudá-lo[3].

O que põe em relevo nesse movimento é a razão de ser da literatura na vida humana. Eco tem plena consciência de que ela se presta a muitas coisas, mas no momento em que escrevia o ensaio preferia esquecer-se delas e apenas reconhecer o que há de mais doloroso e significativo em nossa vida: o conhecimento da vida – o que, inevitavelmente, significa o reconhecimento da morte.

Na lógica da existência moderna o tempo do entretenimento é o tempo de consumo ligeiro, o tempo em que, supõe-se, ficamos sem responsabilidades. Tempo de distração, evasão e gozo imediato. Há, portanto, um conflito indissolúvel entre a literatura que se faz para conhecer a vida e a literatura para o simples entretenimento, sem compromisso existencial, em que se busca a satisfação e, em certa medida, o esquecimento.

A arte alienada, assim como o entretenimento – de cuja produção ela é parte –, se faz pelo abandono da crítica, correspondendo à condição de quem, imerso num mar de banalidades, encontra-se sem condição de produzir indagações filosóficas e de tomar consciência dessa condição; alguém que, prisioneiro do pragmatismo das explicações ligeiras, não põe em questão seu modo de viver e o funcionamento do mundo que o cerca; alguém que, embotado pela inflação informativa e imagética do mundo tecnológico, do convite ao consumo e ao prazer ligeiro, não pode fruir a arte nem se espantar diante da existência.

A imersão no cotidiano alienado se impõe na sociedade de classes como condição de sobrevivência do poder. É preciso acreditar que as coisas devem ser como são e esse é o destino da humanidade e de cada pessoa, e não a sua dimensão maior histórica de fazer-se humana. Por isso, é preciso esquecer...

E para isso servem as múltiplas formas de convite para ficar sem pensar, para não ver a vida nem indagar sobre. Hoje, escrevia Italo Calvino quando produzia suas seis propostas para este milênio, "somos bombardeados por

---

[3] *Ibidem.*

uma tal quantidade de imagens a ponto de não podermos distinguir mais a experiência direta daquilo que vimos há poucos segundos na televisão".[4] É certo que trago Calvino para outro contexto, mas o cerne da questão permanece: trata-se de indagar o que nos faz deixar de ver. Diz o escritor italiano: "Vivemos sob uma chuva ininterrupta de imagens; os *media* todo--poderosos não fazem outra coisa senão transformar o mundo em imagens, multiplicando-o numa fantasmagoria de jogos de espelho". Em sua percepção, seu mal-estar advinha da perda de forma que constatava na vida, e à qual procurava "opor a única defesa que consigo imaginar: uma ideia de literatura"[5].

A literatura constitui a possibilidade, pela convivência com a contínua produção e com a circulação de percepções e indagações inusitadas, de uma pessoa ou de um coletivo de pessoas de pensar a vida delas, os modos de ser e estar no mundo; enfim, de viver e fazer a condição humana.

Em outras palavras, a literatura, como para Umberto Eco, representa, para Calvino, uma forma de (re)conhecer-se no mundo, na vida. Nesse sentido, ela se opõe à indústria do entretenimento, o que não significa dizer que não deva ser leve, exata, múltipla.

Na mesma esteira crítica, Jean-Paul Sartre defendia a necessidade de a literatura comprometer-se com a humanidade. Para ele, a literatura redescobre sua função na sociedade quando a sua percepção da realidade passa a ser constituída pela consciência da historicidade. Isso significa um mergulho brutal na atualidade de cada um. É por essa perspectiva libertária que faz sentido. É por essa perspectiva que se pode falar em liberdade:

> É bem esta a finalidade última da arte: recuperar este mundo, mostrando tal como é, mas como se tivesse origem na liberdade humana. [...] O escritor pode apelar para a liberdade dos outros homens para que, através das implicações recíprocas das suas exigências, eles reapropriem a totalidade do ser para o homem e fechem a humanidade sobre o universo[6].

Ao reproduzir pragmaticamente as determinações da cultura de massa, ao reproduzir obedientemente o que estabelece o sistema, ao acreditar que formar-se é incorporar informações supostamente úteis e se ajustar ao que é solicitado, nada mais se faz que se manter preso ao universo alienado do

A imersão pura e simples no cotidiano, a orientação da vida restrita pelo senso comum implica a mais profunda alienação.

---

[4] Italo Calvino, *Seis propostas para o próximo milênio*. São Paulo: Companhia das Letras, 1993. p. 73.
[5] *Ibidem*, p. 107.
[6] Jean-Paul Sartre, *Que é a literatura*. São Paulo: Ática, 2003. p. 47.

senso comum, por mais complexa que se manifeste a emoção ou a razão. Isso explica por que a dinâmica de um sistema regido pela competitividade desumana seja a de *agir certo*. Um "certo" absoluto, sem origem ou autoria, preso ao princípio de que importa dominar a técnica e cumprir o que se determinou em outra instância, inacessível e inonimável.

A verdade, neste momento, se manifesta universal, conclusa, absoluta, e, por isso mesmo, anti-histórica, sem beleza e sem dor. A vida está completa, sem nada para fazer, senão reproduzi-la em sua materialidade informe. Ler – como ouvir, tocar e ver – pode ser cegueira, se se torna uma atividade sem criticidade, sem espanto, sem indagação.

Romper com o embotamento consequente da "fantasmagoria de jogos de espelho", que resulta do apelo contínuo de esquecer-se da morte e do fado, vivendo as histórias como fantasia alucinógena, supõe um movimento de deslocamento do lugar onde costumamos nos encontrar, para, desde um novo ponto de observação, tomar como estranho o que é familiar e, dessa forma, perceber o real.

Essa é sensação que nos causa Gilberto Gil quando canta que *é sempre bom lembrar que um copo vazio está cheio de ar*. Deslocando-se do referencial comum de cheio e vazio, o compositor instiga o ouvinte a pensar por outra lógica, a realizar a ideia de que há mais formas de ocupar o espaço que supunha quando imerso, ele mesmo, no copo vazio. Seguindo a provocação do poeta, advirto que há matéria que não se vê, que a água que enche o copo o esvazia do ar que ali estava; que óbvio não é óbvio e, usando as palavras de Riobaldo, *viver é perigoso*.

Bibliografia

Letramento no Brasil. Curitiba: Iesde, 2006.
Contra o consenso – Cultura escrita, educação e participação. Campinas: Mercado de Letras, 2003.
A sombra do caos – Ensino de língua x tradição gramatical. Campinas: Mercado de Letras / Associação de Leitura do Brasil. 2ª reimpressão (2002).
Fugindo da norma – Questões do ensino de português. Campinas: Átomo, 1992.
Relatório Pinotti e a doença de Tancredo: medicina e discurso. Campinas: Papirus, 1987.
Imagens e leituras do cotidiano, junto com Marisa Fortunato e José Carlos Cacau Lopes. São Paulo: Programar Integrar, 2002.

Daniel Munduruku
Biografia

Escritor de literatura infantil e juvenil com mais de trinta obras publicadas no Brasil e no exterior. Está concluindo o doutorado em educação na Universidade de São Paulo. É comendador da Ordem do Mérito Cultural da Presidência da República, diretor-presidente do Instituto Indígena Brasileiro para Propriedade Intelectual (Inbrapi) e pesquisador do CNPq.

Educação indígena:
Do corpo, da mente e do espírito

UM PAÍS MULTIÉTNICO

O Brasil é um país multiétnico desde seu princípio. Neste solo moravam muitas e diferentes culturas no século XVI, quando aqui aportaram os invasores trazendo ganância e cruz. Eram mais de mil povos, segundo alguns, mais de cinco milhões de pessoas, de acordo com outros. Falavam-se cerca de novecentas línguas diferentes.

Muitos dos povos daquele tempo já não existem. Foram devorados pela espada, pela ganância e pelo preconceito. Alguns povos se esconderam no meio da multidão que se formou pelo encontro, nem sempre amoroso, entre homens e mulheres de diferentes cores. Outros tantos fugiram para a floresta e guardaram, enquanto puderam, sua memória e suas tradições.

Hoje, ainda há uma diversidade cultural e linguística no Brasil. Há ainda 230 povos e 180 línguas que teimam em manter-se vivos para desespero daqueles que pretendem depredar ou piratear a riqueza contida no solo e subsolo desta nossa pátria mãe gentil. São povos que querem sobreviver com dignidade, procurando assegurar uma vida plena para seus filhos. São povos que desejam para si o mesmo que seus avós desejavam: paz para andar sobre a terra, sem deixar marcas de sua passagem.

Essa diversidade traz uma riqueza e beleza inerente à sua própria concepção de mundo que foi sendo construída ao longo de um processo delicado e contínuo chamado educação. É disso que trata este texto: uma concepção de homem, de cosmos, de divindade, que tem escapado às lentes ocidentais ou – o que é mais grave – que tem sido ignorada, ocultada, marginalizada.

Ele foi escrito apenas para seu deleite.

EDUCAR É FAZER SONHAR

Educar é fazer sonhar. Essa forma de falar sobre a educação indígena foi sendo construída à medida que fui refletindo sobre minha infância e adolescência no interior da cultura Munduruku.

[...] Minha compreensão aumentou quando em grupo deitávamos sob a luz das estrelas para contemplá-las procurando imaginar o universo imenso diante de nós, que nossos pajés tinham visitado em sonhos. Educação para nós se dava no silêncio. Nossos pais nos ensinavam a sonhar com aquilo que desejávamos. [...] Aprendi a ser índio, pois aprendi a sonhar. Ia para outras paragens. Passeava nelas. Aprendia com elas. Percebi que na sociedade indígena educar é arrancar de dentro para fora, fazer brotar os sonhos e, às vezes, rir do mistério da vida. (Munduruku, 1996)

A educação indígena é muito concreta, mas ao mesmo tempo mágica. Ela se realiza em distintos espaços sociais que nos lembram sempre que não pode haver distinção entre o concreto dos afazeres e aprendizados e a mágica da própria existência que se concretiza pelos sonhos e pela busca da harmonia cotidiana. O que pode parecer contraditório à primeira vista segue uma lógica bastante compreensível para nossos povos, e não é uma negação dos diferentes modos de coexistência como se tudo fosse uma coisa única, mas um modo de a mente operacionalizar o que temos que pensar e viver.

Já disse em *O banquete dos deuses* (2000) que não é hábito de nossa gente fazer conjecturas filosóficas a respeito da vida. Segundo os princípios que regem nosso existir, a vida é feita para ser vivida com toda a intensidade que o momento nos oferece. Essa filosofia se baseia na ideia do *presente como um presente* que recebemos de nossos ancestrais e na certeza de que somos "seres de passagem" neste planeta, portanto desejosos de viver o momento como ele se nos apresenta. Nessa visão está implícita uma noção de tempo alicerçada no passado memorial, mas nunca numa ideia vazia de futuro. O futuro é, pois, um tempo que ainda não se materializou, ainda não se tornou presente e, por isso, impensável para a lógica que rege a nossa existência.

Claro está que pensar assim dentro de um mundo marcado pela especulação – esta, sim, uma visão utilitarista do tempo – nos leva a uma compreensão dos motivos que marcaram a relação do Ocidente com os povos originários. Foi uma relação impositiva, regida pela secular violência do Estado colonial e do cristianismo. Ambos os olhares negavam humanidade à humanidade dos povos indígenas. Negavam a possibilidade de esses povos terem construído uma cosmovisão baseada na unidade corpo-mente-espírito, pois isso jogava por terra a doutrina do poder cristão do rei e da igreja. Daí a cruz ser trazida para ser carregada pelos originários da terra, e nunca pelos que a trouxeram; daí a espada que atravessou não apenas o corpo dos antepassados, mas também o seu espírito (Gambini, 2000).

Ainda que ignorado, negado ou transformado pelos colonizadores do corpo e da alma, o saber que sempre alimentou nossas tradições se manteve fiel aos seus princípios fundadores. Isso desnorteou os colonizadores-invasores nos idos de 1500 e continua desnorteando os invasores de nosso tempo que teimam em destruir as tradições que permanecem resistindo, não sem muitas baixas, ao "canto da sereia" do capitalismo, cujo olhar frio concentra-se na fragilidade humana que é capaz de vender sua dignidade e ancestralidade em troca de conforto e bem-estar ilusórios.

Essa resistência permanece viva até nossos dias. Tais tradições se mantêm especialmente por meio de uma prática regida por uma tríplice concepção que, se não é uma teoria elaborada pela academia ocidental – embora ela também já a tenha descrito, mas sem proveito real como se pode ver na bibliografia citada –, o é pela experiência de vida, pela observação meticulosa dos fenômenos naturais e pela certeza de que somos fios na teia da vida. A educação indígena só pode, pois, ser compreendida pela tríade *corpo-mente-espírito*, cada um desses polos sendo o responsável pelo desabrochar dos sentidos, da experiência da vida e dos sonhos.

EDUCAÇÃO DO CORPO. EDUCAÇÃO DOS SENTIDOS

Aprendemos na aldeia, desde muito pequenos, que nosso corpo é sagrado. Por isso temos obrigação de cuidar dele com carinho para que ele cuide de nossas necessidades básicas. Aprendemos que nosso corpo é habitado por ausências e essas ausências precisam ser preenchidas com sentidos construídos por nós. Aprender é, portanto, conhecer as coisas que podem preencher os vazios que moram em nosso corpo. É fazer uso dos sentidos, de todos eles.

É, portanto, necessário valorizar o próprio corpo, oferecendo a ele os instrumentos para que possa cuidar da gente. Assim, é de extrema importância que cada um aprenda a conviver com seu grupo de idade por ser ele que nos vai "guiar", dar um norte para as descobertas que um corpo infantil precisa fazer. É nessa convivência que a criança indígena vai treinar a vida comunitária como uma necessidade ímpar para sua realização e compreensão do todo. Além disso, a vida comunitária vai oferecer à criança o olhar para seu entorno e ajudá-la a descobrir que os sentidos, junto com os comportamentos que eles vão criando, representam sua única segurança e garantia de sobrevivência contra os perigos que a natureza traz.

Ao descobrir esses vazios que o corpo possui, a criança indígena não vê com desprezo a necessidade de adquirir conhecimentos complementares.

Pelo contrário, ela percebe como é importante deleitar-se com eles num processo de aprendizagem que passa pela leitura do entorno ambiental. Vai compreendendo, então, que o ambiente a ser observado deixa marcas que dão sentido ao seu ser criança e à sua própria vida. Entende, então, que o uso dos sentidos confere sentido às suas ações: ganha sentido a leitura das pegadas dos animais, do voo dos pássaros, dos sons do vento nas árvores, do criptar do fogo, das vozes da floresta em suas diferentes manifestações. Conscientiza-se de que andar pela mata é mais que um passeio de distração ou diversão, subir na árvore é mais que um exercício físico, nadar no rio é mais que brincadeira, produzir seus brinquedos é mais que um desejo de satisfação, ficar horas confeccionando utensílios e objetos é mais que uma necessidade. A criança vai, aos poucos, entendendo que no seu corpo o sentido ganha vida. Suas ações são norteadas pela ausência que mora em seu corpo e precisam ser preenchidas por aquilo que constrói razões para sua existência.

Por isso ela tem que crescer. Cresce para dar espaço às outras ausências que se fazem presentes e precisam ser preenchidas também. Agora, no entanto, já não podem ser preenchidas apenas de modo informal. Será preciso formalizar e, se antes ela apenas imitava os mais velhos, agora precisará mostrar que seu corpo está amadurecido para o novo que pede passagem. É nesse momento que a criança, já não tratada assim, vai viver conscientemente seus rituais de maioridade: é a forma encontrada pelo corpo para construir o passo seguinte.

Não vou me ater às outras etapas do crescimento, pois não é esse meu objetivo. Basta dizer que até o momento em que um(a) indígena se torna adulto(a) – entre 13 e 15 anos –, seu corpo já estará todo preenchido e saberá encontrar caminhos para sua sobrevivência física. Vai surgir, então, outro alimento que também foi sendo ministrado ao longo do mesmo processo para que seu corpo não fosse seduzido pelo vazio da existência: a educação da mente.

EDUCAÇÃO DA MENTE. EDUCAÇÃO PARA A VIDA

Se educar o corpo é fundamental para dar importância ao seu estar no mundo, a educação da mente é indispensável para dar sentido a esse estar no mundo. Se no corpo o sentido ganha vida, é na educação da mente que o corpo o elabora.

Disse há pouco que na concepção do tempo indígena o presente é o único tempo real. O passado é memorial e o futuro, uma especulação que

Aprendemos na aldeia, desde muito pequenos, que nosso corpo é sagrado. Por isso temos obrigação de cuidar dele com carinho para que ele cuide de nossas necessidades básicas.

quase não entra na esfera mental dos povos indígenas. Disse isso para refletir como essa cosmovisão se choca frontalmente com a concepção linear e histórica que o Ocidente desenvolveu sobre o tempo. Para o indígena o tempo é circular, holístico, de modo que vez ou outra os acontecimentos se encontram sem, no entanto, se chocar. O passado e o presente ganham dimensões semelhantes e se reforçam mutuamente. Por isso o discurso indígena se apossa de elementos aparentemente distantes entre si, mas perfeitamente compreensíveis no contexto em que se encontram. É a lógica da ressignificação dos símbolos que permite às gentes indígenas passear pelo passado utilizando instrumentos do presente, e vice-versa.

Ora, a educação da mente para compreender essa concepção passa pela existência dos contadores de histórias. Quem são eles? São os que trazem para o presente o passado memorial. São aquelas pessoas, homens e mulheres, que assumiram o papel relevante de "manter o céu suspenso", conforme compreensão Guarani. São os que leem e releem o tempo, tornando-o circular. São os responsáveis pela educação da mente.

Quase sempre são velhos que já sentiram a passagem do tempo pelo corpo. São os guardiões da memória. Para muitos dos povos originários, esses velhos são como uma enorme biblioteca onde está guardada a memória ancestral. Daí sua importância para a manutenção da vida e do sentido.

Lembro que para o povo Munduruku ter sorte na vida é morrer velho. Daí por que todos querem morrer velhos. O motivo é simples: cabe a ele ou ela o privilégio de manter a memória viva por meio das histórias que carregam consigo, contadas, elas também, por outros antepassados, numa teia sem fim que se une ao princípio de tudo. Morrer velho é a garantia de que nosso povo não morrerá. Aos pais cabe a educação do corpo. Aos anciãos, a educação da mente e, consequentemente, do espírito.

É, pois, pelo ato de ouvir histórias, contadas pelos guardiões da memória, que nossa gente autoeduca sua mente de modo que o indígena vive no corpo aquilo que sua mente elabora pela silenciosa e constante atenção aos símbolos que as histórias nos trazem. O corpo que vive o tempo presente alimenta-se, preenche seu vazio com os alimentos do sentido que a memória evoca do tempo imemorial. Não é, portanto, uma vida sem sentido, próxima ao reino animal, como queriam os colonizadores de antigamente. Pelo contrário, é uma vivência plena de significações que reverberam pelo corpo. Nossos povos são, assim, leitores assíduos dos sentidos da existência. Educa-se, portanto, para a compreensão do mundo tal qual ele nos foi presenteado pelos espíritos ancestrais. Educa-se para viver esta verdade, que para nossa gente é plena e nos mostra o caminho do bem-estar, da alegria, da liberdade e do sentido.

EDUCAÇÃO DO ESPÍRITO. EDUCAÇÃO PARA SONHAR

Outro aspecto relevante da vida indígena é o sonho. Ele faz parte da crença de que há mundos possíveis de serem encontrados. O sonho é a linguagem do universo para nos lembrar que somos parentes de todos os seres vivos que coabitam conosco este planeta. Pelo aprendizado do sonho instalamos em nós uma espécie de *software* que atualiza a memória que nos torna pertencentes a uma coletividade universal e nos faz sair da prisão que o corpo nos impõe. Daí entendermos como o saber de um povo é ao mesmo tempo local e universal, mesmo que ele não tenha consciência disso.

Para muitos povos indígenas brasileiros existe uma crença no outro mundo. Este outro mundo é onde moram os espíritos criadores. Acredita-se também que todas as coisas estão vivas porque possuem uma alma que as torna nossas parentas e companheiras em nossa passagem pela vida. Essa compreensão faz com que nossos povos ritualizem suas ações, especialmente quando elas têm relação com esses seres que, como nós, possuem também uma alma. Dessa forma a derrubada de uma área para o cultivo da roça é acompanhada de rituais que nos recordam que nada pode brotar senão pela atuação dos ancestrais e pela gratidão que se dispensa a Eles e aos seres que criaram por meio do mesmo gesto primordial que nos deu vida.

A mesma coisa ocorre nos rituais da caça e da pesca, nos quais se envolvem os vivos e os encantados. O fato é que a crença no parentesco entre homens e outros seres vivos é uma mola propulsora eficaz, uma vez que, criando relações íntimas entre eles, não permite que esses povos explorem, além da necessidade, o ambiente onde vivem.

O fio condutor dessa relação está no sonho. Meu avô diz que é a linguagem que nos permite falar com nós mesmos. Dizia também que não dormimos para descansar, mas para sonhar e conhecer os desejos deles, desses seres que nos habitam. Para ele, o sonho era nossa garantia da verdade. Para mim o sonho sempre será o *locus* onde as histórias ganham realidade.

Resumindo: o corpo é o lugar onde reverberam os saberes da mente (intelectual) e os saberes do espírito (emocional). Educar é, portanto, preparar o corpo para sentir, apreender e sonhar. Pode ser também para sonhar, apreender e sentir. Ou, ainda, apreender, sentir e sonhar. Não importa. É um mesmo movimento. É o movimento da circularidade, do encontro, do sentido.

Lembro que para o povo Munduruku ter sorte na vida é morrer velho.

Talvez nada disso faça sentido para o ocidental, acostumado com o pensamento linear, quadrado, senhorial, possessivo. Não importa. Nunca fomos entendidos mesmo. E ainda assim sobrevivemos. Mas, mesmo assim, é importante destacar que, apesar da incompreensão por parte do pensamento ocidental – excessivamente linear-quantitativo e utilitarista –, estamos hoje vivendo um momento em que a diversidade de experiências culturais é o nosso valor maior. Daí por que, apesar de incompreendidas, as culturas indígenas têm um papel importante a cumprir nessa grande *Ágora*, onde cada um precisa contar a sua história. De resto, a incompreensão e negação dessas culturas redundam, como mostra bem Vandana Shiva, na pilhagem e usurpação dos saberes tradicionais que sempre tiveram, e ainda têm, o que dizer e o que ensinar. Na educação, ensinar a sonhar certamente é uma grande lição.

BIBLIOGRAFIA DO TEXTO

ALBERT, Bruce & RAMOS, Alcida (orgs.). *Pacificando o branco: cosmologias do contato no norte amazônico*. São Paulo: Editora Unesp, 2000.

CLASTRES, Pierre. *A fala sagrada: mitos e cantos sagrados dos índios Guarani*. São Paulo: Papirus, 1974.

GAMBINI, Roberto. *Espelho índio: formação da alma brasileira*. São Paulo: Axis Mundi/Terceiro Nome, 2000.

LOPES DA SILVA, Aracy; MACEDO, Ana Vera Lopes da Silva & NUNES, Ângela (orgs.). *Crianças indígenas: ensaios antropológicos*. São Paulo: Global, 2002.

_____. *O banquete dos deuses*. São Paulo: Angra, 2000.

SHIVA, Vandana. *Biopirataria: a pilhagem da natureza e do conhecimento*. São Paulo: Vozes, 1997.

_____. *Monoculturas da mente*. São Paulo: Global, 2002.

TASSINARI, Antonella Maria Imperatriz. *No bom da festa: o processo de construção cultural das famílias Karipuna do Amapá*. São Paulo: Edusp, 2002.

Bibliografia

Histórias de índio. São Paulo: Companhia das Letrinhas, 1996.
Coisas de índio. São Paulo: Callis, 2000.
O banquete dos deuses. São Paulo: Angra, 2000.
Meu vô Apolinário. São Paulo: Studio Nobel, 2000.
Diário de Kaxi – Um curumim descobre o Brasil. São Paulo: Salesiana, 2001.
Kabá Darebu. São Paulo: Brinque-Book, 2001.
As serpentes que roubaram a noite e outros mitos. São Paulo: Peirópolis, 2001.
A velha árvore. São Paulo: Salesiana, 2002.
Coisas de índio – Versão infantil. São Paulo: Callis, 2003.
O sinal do pajé. São Paulo: Peirópolis, 2003.
Você lembra, pai? São Paulo: Global, 2003.
Um estranho sonho de futuro. São Paulo: FTD, 2004.
O segredo da chuva. São Paulo: Ática, 2004.
Histórias que ouvi e gosto de contar. São Paulo: Callis, 2004.
Sabedoria das águas. São Paulo: Global, 2004.
Contos indígenas brasileiros. São Paulo: Global, 2004.
Crônicas de São Paulo. São Paulo: Callis, 2004.
Os filhos do sangue do céu e outros mitos de origem. São Paulo: Landy, 2005.
Tempo de histórias. São Paulo: Salamandra, 2005.
Sobre piolhos e outros afagos. São Paulo: Callis, 2005. (Palavra de Índio).
Catando piolhos, contando histórias. São Paulo: Brinque-Book, 2006.
Histórias que vivi e gosto de contar. São Paulo: Callis, 2006.
Parece que foi ontem. São Paulo: Global, 2006.
Caçadores de aventura. São Paulo: Caramelo, 2006.
O onça. São Paulo: Caramelo, 2006.
O sumiço da noite. São Paulo: Caramelo, 2006.
Um sonho que não parecia sonho. São Paulo: Caramelo, 2007.
As perícias do jabuti. São Paulo: Mercuryo Jovem, 2007.
O homem que roubava horas. São Paulo: Brinque-Book, 2007.

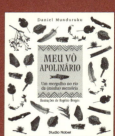

Regina Zilberman
Biografia

Regina Zilberman, nascida em Porto Alegre, licenciou-se em letras pela Universidade Federal do Rio Grande do Sul e doutorou-se em romanística pela Universidade de Heidelberg, na Alemanha. Foi professora titular da Pontifícia Universidade Católica do Rio Grande do Sul, onde lecionou teoria da literatura e literatura brasileira, coordenou o programa de pós-graduação em letras, entre 1985 e 2004, e dirigiu a Faculdade de Letras, entre 2002 e 2004. Entre 1987 e 1991 e entre 2005 e 2006, dirigiu o Instituto Estadual do Livro, da Secretaria de Cultura do Governo do Estado do Rio Grande do Sul. Foi *Honorary Research Fellow* no Spanish & Latin American Department, da Universidade de Londres, no ano escolar de 1980-1981. Lecionou, no inverno de 1983, no Department of Spanish & Latin American Studies, da Universidade de Bristol, na Inglaterra. Realizou o pós-doutoramento no Center for Portuguese & Brazilian Studies, da Brown University, nos Estados Unidos. É pesquisadora 1A do Conselho Nacional de Desenvolvimento Científico e Tecnológico (CNPq). Foi assessora científica da Fapergs, entre 1988 e 1993. Coordenou a área de letras e linguística entre 1991-1992 e 1993-1995 da Fundação Capes, fazendo parte de seu Conselho Técnico-Científico. Pertenceu ao Conselho Estadual de Ciência e Tecnologia do Estado do Rio Grande do Sul entre 1995 e 1999. Participou, entre 1999 e 2001 e entre 2004 e 2007, do Comitê Assessor para a área de letras e linguística do CNPq. Recebeu, em 2000, na Universidade Federal de Santa Maria, o título de doutor *honoris causa*. Preside a Associação Internacional de Lusitanistas, com sede em Coimbra, em Portugal. Atualmente, é professora colaboradora do Programa de Pós-Graduação em Letras, da Universidade Federal do Rio Grande do Sul, e professora-pesquisadora da Faculdade Porto-Alegrense de Educação, Ciências e Letras.

O ENSINO MÉDIO E A FORMAÇÃO DO LEITOR

Uma das questões do vestibular de uma prestigiosa universidade brasileira está assim formulada:

"Morte e _____ são temas presentes tanto na poesia de _____ quanto na de _____, considerados as duas principais matrizes do _____ no Brasil, movimento do final do século XIX, de inspiração francesa."

Para preencher as lacunas, apresentam-se ao vestibulando as seguintes alternativas:

A) mitologia – Cruz e Souza – Eduardo Guimaraens – Parnasianismo
B) melancolia – Alphonsus de Guimaraens – Raimundo Correa – Simbolismo
C) religiosidade – Cruz e Souza – Alphonsus de Guimaraens – Simbolismo
D) amor – Olavo Bilac – Raimundo Correa – Parnasianismo
E) natureza – Cruz e Souza – Eduardo Guimaraens – Simbolismo

O estudante logo percebe que as opções oscilam entre o Parnasianismo e o Simbolismo, não por dominar o assunto, mas porque as respostas revezam-se entre as duas escolas literárias, ambas de "inspiração francesa". Assim, conclui que a resposta certa localiza-se no grupo A-D ou no grupo B-C-E. A segunda operação leva-o a excluir mais algumas alternativas, que supõem o conhecimento de que Cruz e Souza e Eduardo Guimaraens não se alinham ao Parnasianismo, assim como Raimundo Correia não era julgado simbolista. Caem, assim, as respostas contidas nos itens A e B.

Daí para a frente o estudante já não tem ao que recorrer, uma vez que as escolhas oferecidas apresentam alguma margem de acerto: a presença da natureza pode ser menos evidente no Simbolismo, mas não está excluída, até porque a questão não especifica o que entende pelo termo "natureza" (corresponde ao espaço circundante? às matas brasileiras? à índole de um ser?); da mesma maneira, temas como morte e amor convivem na lírica parnasiana, que se enraizou na cultura brasileira para além do século XIX.

A alternativa C não é, pois, muito mais correta que as demais, mas é a que precisa ser escolhida, porque é a que mais se avizinha aos chavões que circulam com o saber sobre a literatura brasileira no ensino médio, alimentados e consagrados pelas provas vestibulares.

Uma segunda questão reitera o processo de verificação do conhecimento que o vestibulando pode ter da literatura:

Clarice Lispector ocupa um lugar destacado na Literatura Brasileira. Em sua obra estão presentes as seguintes características:

A) intimismo, introspecção, temática urbana
B) temática urbana, folclore, moralidade
C) subjetividade, temática agrária, religiosidade
D) psicologismo, regionalismo, ruralismo
E) tradicionalismo, romantismo, intimismo.

Até que ponto as alternativas propostas estão excludentes, considerando as diferentes facetas da obra de Clarice Lispector, que se estendem da ficção ao correio sentimental impresso em páginas femininas de jornais cariocas, da crônica à literatura infantil, do confessionalismo à crítica social?

As questões reproduzidas aqui não são piores ou melhores que as encontráveis na maioria das provas de ingresso ao ensino superior. Por isso, representam uma tomada de posição quanto ao ensino da literatura no nível médio, marcado pelo reducionismo e simplificação com que são encarados autores, obras, épocas históricas e tendências literárias.

O mal maior não é esse, porém; é que, para responder a perguntas do tipo das aqui exemplificadas, não é preciso ler os livros dos escritores, muito menos apreciá-los. Basta saber quais são as convenções adotadas para falar deles, porque essas é que suscitam as questões dos examinadores. Se está previamente estabelecido que "intimismo, introspecção, temática urbana" sintetizam a obra de Clarice Lispector, raros estudantes preocupar-se-ão em ler os romances, o conto e a crônica dessa autora para conhecer suas personagens, as situações em que as figuras ficcionais foram colocadas, o modo como apresentou, discutiu e solucionou problemas, temas que, eventualmente, podem se relacionar à vida e à experiência e ao gosto do leitor.

Pode-se facilmente replicar com o argumento de que não compete ao nível médio preparar o estudante para o vestibular. Portanto, não caberia discutir o tipo de leitor que forma com base no ângulo pelo qual o ingressante ao ensino superior é avaliado em provas preparadas não por professores daquele nível, mas por docentes que atuam na universidade. Com efeito, a documentação oficial relativa ao ensino médio, representada pelos Parâmetros Curriculares Nacionais (PCN), é omissa no que diz respeito ao vestibular, a não ser quando aborda a aprendizagem de língua estrangeira[1].

Os PCN, contudo, referem-se à leitura da literatura, chamando a atenção para os efeitos que pode produzir sobre o leitor decorrentes da "representação simbólica das experiências humanas"[2]. Contudo, o documento prefere lidar com a noção de *discurso* e de *texto*, conceitos que facilitam a exposição por serem genéricos e terem condições de abranger diferentes manifestações verbais, sejam expostas oralmente ou por escrito. A opção é moderna e atualizada, por se alinhar à análise do discurso, corrente de pensamento em voga nos estudos linguísticos; além disso, é prática e confortável, pois prescinde de uma discussão sobre a materialidade do produto em que os discursos se alojam, como o livro, o jornal, o papel, o CD, o disco rígido, entre outros. Desfibram-se assim as expressões da linguagem, que, enfraquecidas, não são reconhecidas como inerentes à vida do estudante e à do professor[3].

De um lado, a literatura reduz-se a uma chave de convenções, a ser dominada por meio da memorização, para se alcançar bons resultados em concursos, de que o vestibular é, até agora, o representante mais credenciado. De outro, ela é substituída pelo discurso ou pelo texto, deixando de corresponder a um objeto concreto, inserido no cotidiano das pessoas. Por esses aspectos, parece improvável que o ensino médio vá formar um "leitor, no sentido pleno da palavra", conforme almejam os PCN[4].

No entanto, seria desejável que o ensino médio estivesse plenamente envolvido na política de formação de leitores jovens. Afinal, é durante esse período, vivenciado sobretudo entre os 14 e os 18 anos, que se forma a consciência de cidadania, isto é, a pertença de um sujeito a uma sociedade, a um grupo e a um tempo. O acesso à leitura e ao conhecimento da literatura é um direito desse cidadão em formação, porque a linguagem

---

[1] Cf. http://portal.mec.gov.br/seb/arquivos/pdf/linguagens02.pdf. p. 94. Acessado em 31 de outubro de 2007.

[2] *Ibid*, p. 58.

[3] Cf. Regina Zilberman. "Letramento literário: não ao texto, sim ao livro". In: Aparecida Paiva, Aracy Martins, Graça Paulino & Zélia Versiani (orgs). *Literatura e letramento. Espaços, suportes e interfaces. O jogo do livro*. Belo Horizonte: Autêntica, 2003.

[4] http://portal.mec.gov.br/seb/arquivos/pdf/linguagens02.pdf. p. 62.

é o principal mediador entre o homem e o mundo. Se a escrita não é a única expressão da linguagem, é a mais prestigiada, à qual todos precisam ter trânsito livre, desembaraçado de preconceitos e dificuldade. Privar o indivíduo dessa relação com o universo da escrita e da leitura é formar um cidadão pela metade, ou nem formá-lo, razão por que a presença e a circulação de objetos a serem lidos na sala de aula são tão importantes nessa faixa de estudo.

Observe-se que, nesse nível de ensino, a leitura pode ser mais importante que a literatura. Dificilmente um aluno que chega ao ensino médio desconhece inteiramente textos escritos; logo, ele traz alguma bagagem de leitura, que pode constituir o ponto de partida do professor. Nesse sentido, as escolas poderiam valorizar a cultura trazida pelo aluno, qualquer que ela seja, e, a partir daí, fazê-lo entender a diversidade cultural. O ensino médio nem sempre leva em conta a experiência de seu alunado, obrigando-o a absorver conhecimentos científicos e técnicos de que ele abrirá mão assim que abandonar essa etapa de sua educação formal.

A experiência dos alunos é, às vezes, mais diversificada que a do professor, já que emprega diferentes formas de comunicação, que se estendem dos grafites em muros e paredes à escrita digital, enquanto usuários de *sites* de relacionamento, *chats* e *blogs*, leitores e criadores de *fanfiction*. Dominam igualmente recursos variados, desde o *spray* até processos tecnológicos sofisticados, como o PC, o iPod e o MP3, além de se moverem com facilidade entre gêneros musicais diversos (*rap*, *funk*, pagode) e viajarem sem limites na internet.

A variedade cultural trazida pelo estudante para a sala de aula coloca o professor diante da necessidade de escolher o material mais indicado para trabalhar. Em vez do texto avulso e, pelas razões antes indicadas, abstraído de suas condições materiais de produção, ele poderá eleger o CD de uma banda popular entre o grupo ou um clássico da literatura brasileira, publicado em livro ou disponibilizado pela internet. Pode também dividir-se entre os gêneros da cultura de massa, já que o aluno frequenta cinemas, assiste à televisão, curte histórias em quadrinhos, lê revistas e jornais. Por sua vez, se os estudantes forem ainda muito jovens, ele poderá eleger obras da literatura juvenil, cuja oferta cresceu notavelmente nos últimos anos, na esteira da popularidade de Harry Potter, protagonista dos livros de J. K. Rowling, mas também de inúmeros *fanfiction* que circulam na internet. *Bestsellers* como os romances de Marian Keyes, autora de *Melancia*, *Férias* e *Sushi*, entre outros, ou de Meg Cabot, criadora do *Diário da princesa* e suas sequências, periodicamente

A variedade cultural trazida pelo estudante para a sala de aula coloca o professor diante da necessidade de escolher o material mais indicado para trabalhar.

publicadas, constituem leitura preferida entre as mocinhas, material que o professor não precisa necessariamente ignorar na sala de aula, se deseja valorizar a leitura enquanto prática responsável pela formação de cidadãos conscientes de suas escolhas e projetos existenciais.

Valorizando a leitura, ao acolher diversas modalidades de expressão que se estendem para além do livro, ou alargando o conceito de literatura, ao deixar de limitá-lo à noção do conjunto de obras clássicas consagradas pela tradição e matéria de exame de concursos, o ensino médio pode abrir perspectivas renovadoras, acolhendo e valorizando o cabedal cultural importado pelos alunos para o ambiente estudantil. Considerando que a frequência a esse nível de ensino vem aumentando exponencialmente no Brasil do século XXI, a escola terá condições de corresponder às expectativas dos novos contingentes de usuários que buscam nela uma alternativa de inserção legítima na sociedade nacional. Como resultado, a literatura deixa de ser um produto elitizado e distante, mas, em compensação – o que vem a seu favor –, a convivência com ela fica mais fácil, menos obstruída por instâncias intermediárias, cobranças e provas.

Nas atuais condições com que se desenvolve o ensino médio, compete ao professor fazer essas escolhas, e sua posição não é confortável, pois uma opção poderá representar a exclusão de tantas outras. A falta de transparência da política de formação de leitores no ensino médio deixa o professor à deriva, situação que se evidencia quando ele trabalha em mais de uma escola. Se uma delas for pública, e a outra, particular, na primeira ele dificilmente levará em conta a literatura exigida nos concursos de ingresso ao ensino superior, enquanto, na segunda, as listas de livros de leitura obrigatória, estipulados pelos concursos vestibulares, constituirão seu inevitável horizonte de atuação. Tendo de duplicar o modo de se posicionar diante do material a ser lido pelos alunos, ele nem sempre está suficientemente preparado para os encargos que lhe são atribuídos[5].

Uma política de leitura direcionada para o ensino médio não pode ignorar a bagagem de leitura que o aluno desse nível traz consigo, ao chegar à escola e entrar na sala de aula. Mas cabe igualmente pensar as tarefas possíveis colocadas ao professor, sem deixá-lo ao desamparo, ou apelar para o espontaneísmo e à boa vontade enquanto instrumentos para solução de graves problemas sociais e culturais.

---

[5] Claudete Amália Segalin de Andrade, *Dez livros e uma vaga. A leitura da literatura no vestibular.* Florianópolis: UFSC, 2003.

Bibliografia

A invenção, o mito e a mentira. Porto Alegre: Movimento, 1973.
São Bernardo e os processos da comunicação. Porto Alegre: Movimento, 1975.
Do mito ao romance: tipologia da ficção brasileira contemporânea. Porto Alegre: UCS, 1977.
A literatura no Rio Grande do Sul. Porto Alegre: Mercado Aberto, 1980.
A literatura infantil na escola. São Paulo: Global, 1981.
Literatura infantil: autoritarismo e emancipação. São Paulo: Ática, 1982.
Literatura infantil brasileira: história & histórias. São Paulo: Ática, 1984.
Literatura gaúcha: temas e figuras da ficção e poesia do Rio Grande do Sul. Porto Alegre: LPM, 1985.
Um Brasil para crianças. São Paulo: Global, 1986.
Alvaro Moreyra. Porto Alegre: IEL, 1986.
Leitura: perspectivas interdisciplinares. São Paulo: Ática, 1998.
A leitura e o ensino da literatura. São Paulo: Contexto, 1988.

Estética da recepção e história da literatura. São Paulo: Ática, 1989.
Literatura e pedagogia: ponto & contraponto. Porto Alegre: Mercado Aberto, 1990.
A leitura rarefeita. São Paulo: Brasiliense, 1991.
Roteiro de uma literatura singular. Porto Alegre: Editora da UFRGS, 1992.
A terra em que nasceste: imagens do Brasil na literatura. Porto Alegre: Editora da UFRGS, 1994.
A formação da leitura no Brasil. Com Marisa Lajolo. São Paulo: Ática, 1996.
O berço do cânone. Porto Alegre: Mercado Aberto, 1998.
Pequeno dicionário da literatura do Rio Grande do Sul. São Paulo: Novo Século, 1999.

Fim do livro, fim dos leitores? São Paulo: Senac, 2001.
O preço da leitura. São Paulo: Ática, 2001.
O tempo e o vento: história, invenção e metamorfose. Porto Alegre: Edipuc, 2001.
O viajante transcultural: leituras da obra de Moacyr Scliar. Porto Alegre: Edipuc, 2004.

As pedras e o arco: fontes primárias, teoria e história da literatura. Belo Horizonte: UFMG, 2004.
Retratos do Brasil. Porto Alegre: Edipuc, 2004.
Como e por que ler a literatura infantil brasileira. Rio de Janeiro: Objetiva, 2005.
Crítica do tempo presente: estudo, difusão e ensino de literaturas de língua portuguesa. Porto Alegre: Nova Prova, 2005.

COLETÂNEAS:
Os melhores contos de 1974. Porto Alegre: Globo, 1975.
Masculino, feminino, neutro: ensaios de semiótica narrativa. Porto Alegre: Globo, 1976.
O signo teatral. Porto Alegre: Globo, 1977.
Linguagem e motivação. Porto Alegre: Globo, 1977.
O Partenon literário: poesia e prosa. Porto Alegre: Instituto Cultural Português, 1980.
Mário Quintana. São Paulo: Abril, 1982.
Os melhores contos de Moacyr Scliar. São Paulo: Global, 1984.
Geração 80. Porto Alegre: Mercado Aberto, 1984.
Mel & girassóis. Porto Alegre: Mercado Aberto, 1988.
Este seu olhar. São Paulo: Moderna, 2006.

MARISA LAJOLO
BIOBIBLIOGRAFIA

Marisa Lajolo é professora titular (aposentada) do Departamento de Teoria Literária da Unicamp e professora da Universidade Presbiteriana Mackenzie. Tem mestrado e doutorado pela Universidade de São Paulo e pós-doutorado pela Brown University, onde também foi professora visitante. Deu cursos em universidades dentro e fora do Brasil, formou mais de duas dezenas de mestres e doutores e tem muitos livros publicados, quase todos discutindo leitura e literatura: *A formação da leitura no Brasil*, *A leitura rarefeita*, *O preço da leitura*, *Literatura: leitores e leitura*, *Monteiro Lobato: um brasileiro sob medida*, *Como e por que ler o romance brasileiro*. Tem dezenas de artigos publicados tanto em revistas especializadas quanto em jornais. Criou coragem, escreveu um romance – *Destino em aberto* –, e recentemente um conto seu, "Fernando Pessoa, meu caro Watson", ganhou um prêmio no concurso dos quarenta anos da Unicamp.

MONTEIRO LOBATO,
UM CORRESPONDENTE MUITO ESPECIAL[*]

Os textos de que se ocupa este trabalho e a seguir se transcrevem[1] são cartas enviadas, em 1936, por Monteiro Lobato (1882-1948) a uma leitora: a menina Maria Luíza Pereira Lima, moradora de Pelotas, no Rio Grande do Sul. Ambos os documentos foram depositados no Fundo Monteiro Lobato do Centro de Documentação Alexandre Eulálio (Cedae), do Instituto de Estudos da Linguagem (IEL) da Universidade Estadual de Campinas (Unicamp), onde estão catalogados, respectivamente, sob os códigos BL_Ms00008 e BL_Ms00003. Versão digitalizada deles está disponível em *www.unicamp.br/iel/monteirolobato/corre_ativa/BL_Ms00003.htm* e em *www.unicamp.br/iel/monteirolobato/corre_ativa/BL_Ms 00008.htm*, onde podem ser acessados de maneira irrestrita.

É antigo o costume de leitores enviarem cartas a escritores.

Talvez por isso tenha se tornado prática corrente a escola sugerir que seus alunos, após lerem um livro deste ou daquele escritor, escrevam a ele uma cartinha. Ana Maria Machado e Pedro Bandeira – grandes autores extremamente populares entre o público jovem brasileiro contemporâneo – depositaram parte de seu acervo no Cedae, o que tem permitido pesquisas que iluminam aspectos de leitura e de escrita que essa prática epistolar, desenvolvida na escola, constrói.

E é à luz dessas pesquisas que uma discussão da correspondência entre Monteiro Lobato e a jovem pelotense Maria Luiza pode ser interessante, por nos franquear cartas do (em 1936) já muito famoso Monteiro Lobato para uma menina que lhe lia os livros e lhe escrevia cartas.

---

[*] A pesquisa da qual resultou este ensaio teve financiamento da Fapesp (projeto temático "Monteiro Lobato [1882-1948] e outros modernismos brasileiros) e do CNPq (bolsa produtividade).
[1] A transcrição atualiza a ortografia e corrige passagens que pareceram apresentar problemas de datilografia.

CARTA A – BL-Ms 00008

S. Paulo, 4 de março de 1936

Maria Luiza:

Só hoje recebi sua cartinha, tão interessante, de 11 deste mês. E também o retrato, que é pena estar tão apagado. Não pude ver direito a carinha da amiguinha pelotense.

Emília, que estava ao meu lado, leu também sua carta e disse: "Sim senhor! Está aqui uma menina que bem merecia morar no sítio de dona Benta e tomar parte nas nossas aventuras. Sabe alemão e tem 'personality' (Emília está aprendendo inglês); além disso, é ateia. Gosto muito dos ateus".

O visconde também veio ler a carta e ficou assanhado quando soube que a biblioteca da Maria Luiza tem já 110 volumes – e deu um pulo de alegria quando viu que Maria Luiza trata a tal Arimética da Emília de Arimética do Visconde.

– Toma, disse ele virando-se para ela. Aquela patifaria que você me fez, mudando o nome dum livro que era meu, não pegou. As meninas inteligentes estão restaurando a verdade.

E eu fiquei ainda mais contente de ver que tenho uma leitorazinha de 12 anos que vale muito mais do que os leitores de 30 ou 40. Nada me causa maior encanto do que encontrar uma criança que seja realmente inteligente, que tenha originalidade e também personalidade. Em geral são umas burrinhas. Recebo muitas cartas de crianças, mas burrinhas quase todas. Você, porém, Maria Luiza, vai para o primeiro lugar. Passou a perna em todas. Se morasse aqui em S. Paulo havíamos de ser amigos. As pessoas inteligentes viram logo amigos íntimos.

Pelo que vejo, é muito estudiosa. Continue. Aperfeiçoe-se em línguas. Assim poderá ler os muitos livros interessantes que há nas outras literaturas. Na nossa é a pobreza que você sabe. Se eu não me metesse a escrever uns livrinhos para vocês, que é que vocês teriam para ler? Nada, ou quase nada.

Quer ser minha colaboradora? Mande dizer que livro quer que eu escreva. Quem sabe se V. me dá uma boa ideia para este ano. Ainda não resolvi sobre o assunto dos 4 livros que a Cia Editora quer que eu dê para o fim do ano.

Adeus, boa amiguinha. Ando com ideia de fazer um voo de Kondor até o Rio Grande, e se chegar em Pelotas hei de fazer-lhe uma visitinha. Quer?

Adeus, adeus, adeus...

Monteiro Lobato

CARTA B – BL-Ms 00003

São Paulo, 21 de junho de 1936

Sta. Maria Luiza:

Arrumando os meus papéis hoje, encontrei a sua cartinha azul de 11 de fevereiro e me deu vontade de lhe escrever sabendo como vai passando a minha amiguinha desconhecida e companheira de "livre-pensamento".

Tem lido muito? Aumentou a biblioteca? Naquele tempo tinha 110 volumes. E agora? Aposto que já está em 120.

Li sua cartinha lá no sítio do Picapau e a Emília disse: "Ela que venha aqui que eu tiro a prosa dela" – e como você disse que sabia alemão, a sapeca da Emília pôs-se a aprender alemão depressa para não fazer feio quando você vier. Ela já sabe dizer "Como vai? Bem, obrigada", e outras coisinhas assim na língua do Barão de Munchhausen.

Emília, coitada, anda muito aborrecida, porque os livros já deram notícia que ela estava escrevendo as Memórias da Marquesa de Rabicó e essas memórias não saem nunca. Ela é uma danadinha para falar, mas quando pega na pena fica boba e não sai nada. Eu desconfio que quem vai escrever as memórias dela é o visconde – e depois, está claro que ela as assina com o maior caradurismo do mundo, como fez com a arimética.

Este ano deu muita laranja lá, sobretudo cravo, e eles têm se regalado. Até Quindim está gordo, de tanto mascar laranja – esse com casca e tudo.

Rabicó anda planejando qualquer coisa. Qualquer dia ele também sai com um livro, Geometria de Rabicó, qualquer coisa assim. Deu mania de escritor neles. Até Quindim está fazendo uma História Natural – e bem boa, para um animalão chifrudo daqueles.

Bem, a prosa está boa mas é hora de ir tomar café. Já me chamaram (e com bolinhos de tia Nastácia). Por isso, adeus. Seja muito feliz e me escreva uma carta bem comprida e asneirenta como as da Emília.

Do amiguinho desconhecido,

Monteiro Lobato

As duas cartas abrem-se com a indicação do local e data de sua escrita, ao que se segue um vocativo que indica seu destinatário; ao final de cada uma, fórmulas de cortesia e de despedida introduzem a assinatura do remetente. Pela mesma perspectiva de satisfazer aos protocolos do gênero, o início da primeira carta sugere reciprocidade e regularidade da correspondência trocada entre o escritor e sua leitora: a carta alude a outras cartas que a menina teria enviado a Lobato e as datas delas – um intervalo de poucos meses – reforçam a ideia de uma correspondência regular entre o escritor e Maria Luiza. Sugerem também – é verdade – um certo desarranjo nos arquivos (ou no calendário...) de Lobato: a carta de 11 de fevereiro [cf. carta B] que em 21 de junho ele diz encontrar é anterior à carta à qual ele atribui a data de 11 "deste mês" que ele em 4 de março (!) diz responder! [cf. carta A].

Ao longo da correspondência parece desenvolver-se uma certa intimidade entre o escritor e sua leitora, que aparentam retornar aos mesmos assuntos. Configura-se assim esta correspondência como uma continuada *conversa por escrito*. A intimidade talvez se manifeste nas formas extremamente carinhosas – Lobato não economiza diminutivos! – pelas quais o escritor se dirige à sua leitora: "cartas" são *cartinhas* , "cara" é *carinha* e "amiga" é *amiguinha*.

A leitura das duas cartas mostra que elas borboleteiam por diferentes assuntos que vão se enlaçando um no outro de forma admirável. O resultado são textos fluentes que desmancham qualquer formalismo ou rigidez que a modalidade escrita porventura sugerisse, sobretudo a modalidade escrita do gênero epistolar tal como este é "recomendado" e "exemplificado" em *manuais de correspondência*.

As duas cartas são também repletas de índices de sociabilidade vigentes entre escritores e leitores: mencionam envio de fotografia ("o retrato, que é pena estar tão apagado" [carta A]), anunciam uma possível futura visita ("se chegar em Pelotas hei de fazer-lhe uma visitinha" [carta A]) e pedem resposta ("me escreva uma carta bem comprida" [carta B]). Também a menção ao papel da carta (azul) e ao estado da fotografia ("é pena estar tão apagado" [carta A]) torna verossímil o interesse que o escritor diz ter pela correspondência com Maria Luiza, interesse que se traduz, seja na oferta de *parceria* ("Quer ser minha colaboradora? [carta A]"), seja na espontaneidade que o escritor diz ter presidido ao gesto de responder à carta: ("me deu vontade de lhe escrever [carta B]").

Observe-se, no entanto, que as passagens até agora comentadas ilustram procedimentos, assuntos e comentários corriqueiros, que – salvo em dois casos – não apontam para uma relação marcada pelas identidades escritor-leitor. A essas amabilidades correntes e às vezes até estereotipadas – ainda que informais – entrelaçam-se, entretanto, em ambas as cartas, comentários extremamente originais.

Ao referir-se de forma elogiosa ao ateísmo ("... é ateia. Gosto muito dos ateus" [carta A]), ainda que pela boca de Emília, Monteiro Lobato inscreve a carta na contramão dos valores dominantes no Brasil dos anos 1930. Na mesma direção, a carta B, de 21 de junho – e aí com o tom confessional fortalecido – faz o elogio ao livre-pensamento ("amiguinha desconhecida e companheira de livre-pensamento"), sugerindo que a cumplicidade que constrói com sua leitora vai muito além da convenção que pactuam autor e leitor. Ao instituir a menina como interlocutora de suas posições filosófico-religiosas, Monteiro Lobato está também rompendo a praxe de *infantilizar* a criança.

Além disso, ambas as cartas discutem questões de leitura. Embora livros e leitura sejam, efetivamente, o que une um escritor e seus leitores, é interessante observar que Lobato não faz catequese da leitura, o que, aliás, fosse talvez descabido em carta para uma criança com o acervo de livros de Maria Luiza: como nos faz crer a carta, a menina tinha mais de cem livros em casa, o que ainda hoje é excepcional.

Discretamente, então, Lobato recomenda aplicação aos estudos ("... vejo que é muito estudiosa. Continue assim" [carta A]), aplaude a quantidade de livros ("... tinha 110 volumes, [...] aposto que já está em 120" [carta B]), recomenda o estudo de línguas ("aperfeiçoe-se em línguas" [carta A]) e em ambas as cartas elogia a familiaridade da menina com a língua alemã ("Está aqui uma menina que bem merecia morar no sítio de dona Benta e tomar parte nas nossas aventuras. Sabe alemão..." [carta A]), ("você disse que sabia alemão, a sapeca da Emília pôs-se a aprender alemão depressa para não fazer feio..." [carta B]).

Os namoros de Lobato – que não falava alemão – com a cultura alemã são antigos, polêmicos e magnificamente estudados por Lucila Bassan Zorzato em sua dissertação de mestrado *A cultura alemã na obra infantil Aventuras de Hans Staden, de Monteiro Lobato* (Unicamp, 2007). Podem explicar, talvez, parte da admiração dele pela menina de Pelotas. Sempre pela boca de Emília – atribuindo à boneca falas e atitudes –, o escritor aponta para Maria Luiza a importância do conhecimento de várias línguas. A boneca Emília é mencionada como exemplo de poliglotismo: não só já conhece algumas palavras em alemão como também, por estar aprendendo inglês, é capaz de valer-se da expressão inglesa *personality*.

Com a referência a Emília aprender alemão para não fazer feio diante de Maria Luiza, delineia-se outra vertente, e talvez a mais interessante, dessas cartas, pois, ao trazer para o espaço histórico da correspondência o espaço ficcional do sítio, Lobato entrelaça sua ficção (o sítio e suas personagens) ao cotidiano de que também trata a carta – os livros e as leituras de Maria Luiza.

Os namoros de Lobato – que não falava alemão – com a cultura alemã são antigos, polêmicos e magnificamente estudados por Lucila Bassan Zorzato.

O universo ficcional lobatiano ingressa nas cartas logo nos parágrafos iniciais delas: ao mencionar cartas que recebera de Maria Luiza, Monteiro Lobato comenta que as lera no sítio ("Emília, que estava a meu lado, leu também sua carta..." [carta A]) e ("Li sua cartinha lá no sítio do Picapau e a Emília disse..." [carta B]). Ou seja, as cartas (verdadeiras), pelas mãos de seu remetente, passam a participar de uma situação (ficcionalizada) de leitura. A transição de uma instância para outra – da história para a ficção – é quase imperceptível: o primeiro parágrafo da carta A, por exemplo, menciona foto que a menina teria enviado a Lobato, e engata o episódio, sem solavanco algum, no relato de que a carta de Maria Luiza fora lida ao lado de Emília.

Da mesma forma, o comentário sobre o número de livros da biblioteca da menina na carta B articula-se, também de forma harmoniosa, à informação (inverossímil) de que a carta teria sido lida "lá no sítio".

A menção a Emília, apresentando-a como testemunha e participante ativa da cena de leitura epistolar relatada por Lobato, é o portal por onde a carta de Lobato, misturando realidade e ficção, transforma o discurso epistolar em discurso ficcional. As linhas finais de cada carta, descontando o fato de Emília ser o padrão de comparação da carta B, retornam à instância da realidade, anunciando uma possível visita do escritor a Pelotas [carta A] e desejando felicidades à sua correspondente [carta B].

A menção à ficção lobatiana reforça-se ainda, por exemplo, pela figura do Visconde: na carta A, é o sabugo que – fiel a seu perfil de sábio – se deslumbra com a quantidade de livros da estante de Maria Luiza ("O visconde também veio ler a carta e ficou assanhado quando soube que a biblioteca da Maria Luiza tem já 110 volumes" [carta A]). Já na carta B o aplauso à cultura letrada fica a cargo do próprio signatário da carta, Monteiro Lobato, que discute o volume do acervo da menina pelotense: ("Tem lido muito? Aumentou a biblioteca? Naquele tempo tinha 110 volumes. E agora? Aposto que já está em 120"). Nessa identidade de funções – o elogio da leitura –, indistintamente exercidas por um cidadão de carne e osso (Monteiro Lobato) e por uma personagem de papel e tinta (o Visconde), as fronteiras entre a ficção e a realidade voltam a diluir-se.

Ao comentarem tanto o poliglotismo de Maria Luiza quanto o tamanho de sua biblioteca, as personagens lobatianas estão *entrando* no mundo histórico da menina, ou seja, nessas passagens, o trânsito se dá no sentido de a ficção invadir o real, mão de direção que, no entanto, depois se inverte: ao fazer Maria Luiza participar da disputa da autoria de *Arimética da Emília* e de *Memórias da Emília*, ao invés de a ficção invadir o real, o inverso é que se dá: a história é que invade a ficção.

Arimética da Emília (1935) *e Memórias da Emília* (1936) tematizam – mais do que qualquer outra das obras infantis de Monteiro Lobato – o estatuto da autoria. Embora Emília figure no título de ambos os livros, o enredo encena a disputa entre a boneca e o sabugo pela "autoria" das obras. Em ambas, o trabalho da escritura é do Visconde, e Emília, com a sem-cerimônia que a caracteriza, se apossa da posição de autor ou, melhor dizendo, *rouba*, indevidamente, a *autoria*.

Em *Arimética*, além de "sua assinatura" no título, a omissão da letra "t" na palavra "aritmética" é sua forma de protesto contra certas ortografias que (como Monteiro Lobato?) a boneca julga inadequadas.

Resumindo, em ambas as obras Emília é a mandona e desbocada que acaba sempre fazendo o que quer, exceto nas poucas vezes em que é confrontada por dona Benta. E é essa *mandonice* que Lobato ratifica nas duas cartas: pela boca do Visconde, na carta de março, Maria Luiza é vista como alguém que restaura a verdade "autoral" da *Arimética* "[o Visconde] deu um pulo de alegria quando viu que Maria Luiza trata a tal Arimética da Emília de Arimética do Visconde" Carta A); e na carta de junho Monteiro Lobato antecipa o "roubo" da autoria efetivamente encenado em *Memórias de Emília* ("... desconfio que quem vai escrever as memórias dela é o visconde – e depois, está claro que ela as assina com o maior caradurismo..." [carta B]).

Ao reproduzir diálogos que teria tido com Emília a propósito da carta de Maria Luiza, Lobato – mais do que conferir a si mesmo a instância de personagem de ficção – atribui a Emília o estatuto de figura histórica que, nessa condição, manifestaria os mesmos traços que a caracterizam como personagem de ficção: é vaidosa e competitiva.

Questões de autoria ressurgem no penúltimo parágrafo da carta B, quando Monteiro Lobato relata "intenções literárias" das várias personagens do sítio ("Deu mania de escritor neles"), enumerando eventuais livros a serem "escritos" por Rabicó e pelo Quindim. Como a carta é de meados da década de 1930, é possível acreditar-se que um livro sobre geometria e outro sobre história natural fizessem efetivamente parte dos planos do escritor. A carta A menciona "os 4 livros que a Cia Editora quer que eu dê para o fim do ano" e a década de 1930 é o tempo em que a produção de Lobato cola-se a programas escolares: *História do mundo para as crianças* é de 1933, *Emília no país da gramática* é de 1934, *História das invenções*,

Arimética da Emília e *Geografia de dona Benta* são de 1935 e *O poço do visconde, ou Geologia para crianças,* é de 1936.

Nada de estranho, portanto, que Lobato pense em geometria e em história natural como disciplinas a serem tematizadas em sua obra, de novo viajando espetacularmente entre ficção e realidade. Talvez seja essa viagem radical, comutação constante entre o polo da história e o polo do imaginário, o recado maior dessa correspondência de Lobato com Maria Luiza.

Frisando a excepcionalidade das cartas dela em oposição ao comum da correspondência infantil, Lobato é implacável: "Recebo muitas cartas de crianças, mas burrinhas quase todas [carta A]". Essa observação do escritor – tão pouco lisonjeira para seu público – poderia, talvez, ser subscrita por vários escritores contemporâneos, também eles talvez muitas vezes submersos nas *falsas* cartas que a escola impõe aos alunos escreverem. O mau humor de Lobato nos faz supor que já no tempo dessa correspondência entre ele e Maria Luiza – a escola *encomendava* cartas a serem escritas aos escritores cujos livros eram "adotados".

O desabafo de Lobato é uma advertência. Exatamente porque a carta de Maria Luiza não é uma carta *falsa*, a resposta que ela recebe do escritor também não é uma *resposta falsa*. Trata-se de cartas nas quais as convenções do gênero epistolar não silenciam a comunicação autêntica entre duas consciências: uma adulta e outra infantil, mas cuja assimetria etária é complementar.

A assimetria do adulto em relação à criança não impede que ele leve, para a correspondência com a menina, uma das mais importantes questões dos estudos literários contemporâneos: a autoria. Bem antes que Michel Foucault e Roland Barthes tematizassem de forma absolutamente genial questões de autoria (Foucault, *Qu'est-ce qu'un auteur?*, 1969; Roland Barthes, *La mort de l'auteur*, 1984), Monteiro Lobato leva para o enredo de duas obras infantis – gênero periférico –, publicadas na periferia da periferia (o Brasil dos anos 30 do século passado), uma questão que só bem mais tarde tornou-se preocupação maior dos estudos literários. E, não bastasse isso, discute de forma ousada tais questões com uma menininha...

Razão mais do que suficiente para que se incentivem estudos que, sem confinarem Monteiro Lobato ao mundo da literatura infantil e juvenil, nem confinarem este gênero a uma posição subalterna em face de outros, vejam nele – em sua obra ficcional e em sua correspondência – um escritor atento não apenas a seu tempo, mas também a questões que só bem mais tarde passaram a integrar a pauta dos estudos literários.

Silvia Castrillón
Biografia

Biblioteconomista da Universidad de Antioquia, vem liderando a criação de entidades de fomento à leitura na Colômbia: Asociación Colombiana para el Libro Infantil y Juvenil, Fundalectura e Asolectura, que atualmente dirige.

Participou dos conselhos diretores de organizações internacionais como a Asociación Internacional de Lectura e a Organización Mundial de Libros para Niños y Jóvenes (Ibby), em que trabalhou pela integração dos países latino-americanos. Com o objetivo de impulsionar a reflexão e o debate sobre a leitura e a escrita, iniciou na Colômbia os congressos de leitura, dirigiu quatro deles e organizou o 27º congresso mundial da Ibby. Foi membro do júri do prêmio Norma-Fundalectura durante quatro vezes consecutivas, do prêmio da Unesco de livros infantis para a tolerância, do Hans Christian Andersen e do prêmio ibero-americano SM. Foi editora da Editorial Norma, onde iniciou o acervo de literatura infantil e juvenil. É consultora de organismos internacionais como Unesco, OEA, OEI, Secab, Cerlalc e ONU para bibliotecas escolares e públicas, livros infantis e juvenis e políticas públicas de leitura e escrita. Participa como conferencista em congressos internacionais sobre leitura, literatura infantil e bibliotecas e publica artigos em países como Espanha, França, Brasil, México, Argentina, Equador, Venezuela e Colômbia. É autora dos livros *Modelo flexible para un sistema de bibliotecas escolares* (Bogotá: OEA, 1982) e *El derecho a leer y a escribir* (México: Conaculta, 2005). Recebeu os prêmios colombianos Luis Florén e Rubén Pérez Ortiz. Com a Asolectura iniciou na Colômbia um amplo debate acerca da importância da organização da sociedade civil pelo direito à leitura e à escrita e de sua participação na formulação de políticas de leitura que respondam a esses direitos.

DA LEITURA DA PALAVRA À LEITURA DO MUNDO

Na Colômbia, temos acumulado esforços há mais ou menos três décadas para incentivar a leitura. Foram fundadas instituições públicas e privadas, uma lei do livro foi sancionada e vários planos de leitura e de fomento foram implementados nas bibliotecas públicas. No entanto, algumas pessoas têm sérias dúvidas acerca da eficácia dessas ações, se pensarmos que os seus resultados deveriam ser medidos não mediante cifras concisas, mas em relação às transformações mais profundas das condições que permitam um acesso verdadeiro à cultura escrita e das representações que temos sobre a leitura e sobre a escritura.

Vou falar de dois programas realizados pela Asociación Colombiana de Lectura y Escritura (Asolectura) em parceria com a prefeitura da cidade de Bogotá: Clubes de Leitores e Grupos de Professores, que se originaram da necessidade da abertura de espaços para reflexão, debate e questionamento de práticas para a promoção da leitura na biblioteca, na escola e em outros lugares.

Mas, antes, parecem-me necessários dois esclarecimentos: o primeiro relaciona-se com a escola, já que alguns dos programas de promoção de leitura realizam-se fora dela. No entanto, estou absolutamente convencida de que quase todos os caminhos que conduzem à cultura escrita passam pela escola, pelo menos para a grande maioria de latino-americanos que nascem com o signo da exclusão. Mas também é verdade que muitos latino-americanos estão fora da escola ou saíram dela prematuramente, e certos programas podem, em parte, constituir alternativas para eles, sem que se pretenda dessa maneira solucionar o problema.

O segundo esclarecimento refere-se ao caráter social inerente, em nossa opinião, à prática da leitura e da escrita. Não nego a possibilidade da leitura individual, íntima, pessoal. Tampouco a necessidade do silêncio – cada vez mais escasso – como exigência da leitura; pelo contrário, a reivindicamos. Mas não acredito que a leitura individual, nem mesmo a que se realiza na solidão mais absoluta, perde seu caráter de prática social. E penso que uma prática social da leitura tem enorme sentido em sociedades como as nossas.

Para os programas que vou descrever, o que realmente interessa é promover o ser humano, colocar a leitura e a escrita a serviço das pessoas – crianças, jovens e adultos –, e não o contrário, como muitas vezes ocorre. O propósito deles é que aqueles que participam possam descobrir a leitura e a escrita como meios que os ajudem a ver o mundo de outra maneira e a intervir nele. Programas que permitam aos seus participantes verem a si mesmos como seres humanos que não têm que sofrer passivamente realidades que lhes são impostas de fora para dentro, com interesses que não são os seus. Enfim, programas que propõem ampliar as possibilidades de uma "leitura do mundo" autônoma, o que nos parece mais dificultoso sem a leitura da palavra.

Os Clubes de Leitores e Grupos de Professores são programas dirigidos a crianças, jovens e adultos. Muitos clubes são constituídos por meninos e meninas. Mas, como compartilhamos plenamente o que foi suscitado pela escritora argentina Graciela Montes, quando diz

> que as crianças costumam sofrer a mesma sorte que seus pais no mundo, que o bem-estar ou mal-estar dos seus pais compromete-os necessariamente e é quase impossível propor o bem das crianças sem ocupar-se também do dos pais, ocupamo-nos de todas as idades (Montes, 2001).

Os programas que estou descrevendo supõem que há que dar espaço e tempo para uma palavra que, em todas as suas manifestações orais e escritas, permita significar e ressignificar o mundo, já que a sociedade, e mesmo as suas instituições, onde supostamente a palavra ocupa lugares centrais, como a escola e a biblioteca, é mesquinha com ela, a palavra, assediando-a de muitas maneiras: controlando-a, homogeneizando-a, não oferecendo o tempo e o silêncio necessários para um diálogo verdadeiro, para o debate, para a reflexão, para o pensamento.

Os programas Clubes de Leitores e Grupos de Professores também partem do princípio de que só com leitura, escrita, reflexão e pensamento é possível fomentar a leitura, a escrita, a reflexão e o pensamento.

Pensamos como Emilia Ferreiro, que afirma que "somente a partir de uma revalorização da palavra escrita e da sua leitura é que a cidadania poderá chegar ao fundo dos diferentes debates que a sociedade precisa para informar-se melhor" (Ferreiro, 2001).

Não obstante, quando se relaciona leitura e cidadania, parece-nos importante esclarecer que, em nosso caso, entendemos que a formação da cidadania não se faz de maneira unilateral, em que o cidadão é apenas um consumidor passivo de informação, de bens e serviços, mas um indivíduo político que encontra na leitura um instrumento de reflexão que lhe permite ter maior ingerência no seu destino e no destino do seu bairro, no seu trabalho, na comunidade na qual sua família e seus amigos vivem – um indivíduo político que assume os riscos da sua participação e da participação do "outro", um indivíduo que entende os preceitos estabelecidos pela autoridade, mas, por sua vez e sobretudo, questiona-os e, ao fazê-lo, suscita novas possibilidades de convivência, de regulação e de construção de si mesmo e do seu ambiente.

Acreditamos na necessidade de lugares onde, mediante uma prática socializada da leitura, seja possível a apropriação da cultura escrita, em que os participantes atuem como sujeitos ativos de um processo que lhes permita descobrir, por um lado, as suas potencialidades como leitores e escritores – condição necessária para alcançar a cultura escrita – e, por outro, que a leitura lhes corresponde, convoca-os e precisam dela, pois o que observamos é a maioria das pessoas sentir-se rechaçada pela leitura.

Nosso projeto também segue as propostas teóricas e políticas da *pedagogia crítica*, em geral, e da de Paulo Freire, em particular. Concordamos com o pensamento desse grande mestre da palavra quando faz afirmações como esta:

> Um programa de alfabetização precisa, por um lado, [...] estimular a oralidade dos alfabetizados nos debates, no relato de histórias, nas análises de dados, e, por outro lado, desafiá-los a também começarem a escrever. Ler e escrever são momentos inseparáveis de um mesmo processo: o da compreensão e do domínio da língua e da linguagem (*La importancia del acto de leer*, 1982, p. 56).

A socialização da leitura compreende não somente a comunicação verbal como também – e de maneira importante – a comunicação escrita, porque quem lê é um produtor de textos, escritos e não escritos.

Por tudo isso, a escrita também faz parte da agenda dos Clubes de Leitores e dos Grupos de Professores, mesmo quando reconhecemos que impulsionar essa prática é ainda mais difícil, pois há mais resistência para sentirem-se capazes de escrever, e muitas instituições – as bibliotecas, por exemplo – pensam que não é sua responsabilidade.

Os Clubes de Leitores organizam-se – alguns deles, com o apoio das bibliotecas públicas – em seu interior, o que permitiu começar a introduzir nelas a necessidade de pensar e debater os seus próprios programas, e outros, fora das bibliotecas, em instituições do governo de Bogotá e da comunidade que reúnem crianças, jovens e adultos com diversos fins: refeitórios populares, entidades que se ocupam da reabilitação de viciados em drogas, dos reincorporados dos grupos armados, ou deslocados pela violência armada, ou oferecem programas para adolescentes e jovens desescolarizados ou desempregados.

Os Grupos de Professores são organizados ao lado da escola, mas é importante esclarecer que acreditamos que as ações de promoção que se realizem dentro desse espaço não deveriam ficar alheias aos processos de ensino e aprendizagem da leitura e da escrita, mas, pelo contrário, devem contribuir para a sua transformação, e por isso os processos de formação de leitores e escritores são também matéria de reflexão do programa. De modo geral, a escola é agora receptiva a programas de promoção de leitura, que, no entanto, são realizados de costas para o que ocorre no interior da sala de aula.

A proposta privilegia a leitura da literatura em detrimento de outro tipo de textos escritos sem desvalorizar nem desalentar outras leituras. Os livros-álbum, a poesia, o conto e o romance – acompanhados, no caso dos adultos, especialmente quando se trata de professores e bibliotecários, de ensaios sobre o livro e sobre a leitura – são selecionados para a sua leitura nos clubes com critérios de qualidade. Partimos do princípio de que "só o melhor é bom" quando se trata de oferecer material de leitura a quem carece dela em seus lares. Vale a pena assinalar que os álbuns – os de altíssima qualidade – são muito apreciados por leitores de todas as idades.

Os textos e a leitura, pensamos, devem

oferecer uma possibilidade da realidade ainda não pensada e ainda não consciente; uma nova possibilidade de ver, de falar, de pensar, de existir ou, em outras palavras, de produzir o estampido de todas as imagens do mundo aparentemente definitivas[1].

O acompanhamento das comunidades é feito em um ambiente de liberdade e de respeito pelos seus valores e pela sua forma de ler e de construir o sentido. Os Clubes de Leitores são espaços não autoritários, nem elitistas, são veículos de discussão que convidam a abandonar o esquema acadêmico, em alguns casos, ou assistencialista, na maioria deles, que vem caracterizando boa parte dos programas de fomento de leitura, nos quais

A socialização da leitura compreende não somente a comunicação verbal como também – e de maneira importante – a comunicação escrita, porque quem lê é um produtor de textos, escritos e não escritos.

---

[1] Peter Handke, "J'habite une tour d'ivoire". Paris, Bourgois, 1992, p. 24. Citado por Jorge Larrosa em *Pedagogía profana*, p. 126.

uns poucos "que sabem" levam seus conhecimentos aos que "não sabem", isto é, às crianças e aos pobres.

A intenção é que todos nós que participamos desses projetos aprendamos e nos transformemos. Um exemplo disso é o testemunho de Paola Roa, uma acompanhante de um clube que funciona dentro de um programa de reabilitação de drogados, todos ex-moradores de rua, quando diz:

> Como a minha voz é a ponte para que tudo isso aconteça, ao estar com eles, ao ser escutada, ao dar-me conta do valor que têm as palavras que eu transmito e o impacto que têm as deles na minha vida, os atos de escutar, ler e sentir adquiriram outro significado; minha experiência da leitura e da mediação foi transformada; depois que decidi levar a leitura a outros, a minha vida ficou diferente, e não porque eu acredite estar fazendo algo por eles – não quero cair na compaixão –, mas simplesmente porque o que me apaixona e o que eu amo me ajudam a conhecer o mundo e vidas diferentes, me permitem narrar a minha história com base nas histórias de outros, e sei também que eles narram as suas de outra forma quando as palavras lhes tocam e eles são capazes de olhar um livro e sentirem-se impressionados, sentir beleza e perplexidade...

A REFLEXÃO SOBRE LEITURA, ESCRITA E LITERATURA

Uma das condições básicas desses programas é alentar de maneira permanente uma reflexão acerca da leitura e da escrita, e sua promoção. De modo geral, a maioria dos programas que conhecemos se baseia em fórmulas ou experiências que outros introduzem, e a pergunta que os anima é: *como fazer?* A nossa reflexão se fundamenta no *por que* e no *para que*, sabendo sempre que não há respostas absolutas para essas perguntas. "O que significa ler", "por que ler", "por que promover a leitura" são questões centrais debatidas com a ajuda de materiais teóricos e de ensaios que são lidos e discutidos simultaneamente com a literatura.

Essa reflexão conduz ao "como", mas não a um "como" geral, e sim a uma forma pessoal de fazer as coisas. Conduz a questionar-se acerca de quais são as condições de um programa de promoção de leitura que pretenda transformações nos imaginários, nas práticas, e, sobretudo, a revalorização da palavra escrita e de cada um como sujeito capaz de alcançá-la e de encontrar um sentido próprio nessa prática. Com base nessas reflexões chegou-se, por exemplo, a pensar que apenas quando um programa seja concebido sem pressa, sem o afã de resultados imediatistas, sem medições quantitativas, tem possibilidades de conseguir verdadeiras apropriações da cultura escrita por parte de alguns que participam dele. Obviamente interessa-nos saber o que ocorre ao programa, mas mediante acompanhamentos e observações de tipo mais etnográfico.

Levando em conta que o programa Clubes de Leitores concentra a sua atividade na reflexão sobre a leitura e sobre a escrita como práticas sociais e a promoção delas, introduz-se em seu interior um projeto de formação contínuo, uma escola, mediante seminários oferecidos aos acompanhantes de clubes e sessões de acompanhamento realizadas de maneira permanente. Enquanto nos seminários o trabalho é mais teórico, os acompanhamentos permitem examinar a prática com a ajuda da teoria. Recentemente começou-se a sentir a necessidade de fazer ciclos de formação literária, pois uma das poucas conclusões a que chegamos é a de que em boa medida "o segredo está nos bons livros", como diz o poeta Pedro Salinas. Livros imprescindíveis, únicos, que oferecem experiências também insubstituíveis.

Para terminar, quero confessar que duvido muito que a solução para a exclusão da cultura escrita sofrida pela maioria das pessoas em nossos países esteja nas mãos dos professores, dos bibliotecários ou dos promotores da leitura. O problema é mais profundo e estrutural – é um problema de exclusão social e econômica que nasce de ambições particulares sem limite. Mas também duvido que trabalhar para alcançar uma distribuição mais justa desse bem público que deveria ser a cultura escrita permita criar condições para que aqueles que foram excluídos façam dela um instrumento de transformação das suas realidades e de enriquecimento de si mesmos.

Programas como esses aos quais me referi podem ajudar algumas pessoas a encontrar na palavra diversas possibilidades de ser e de ter um lugar no mundo. Paola Roa diz que quem participa do clube encontra na leitura uma luz particular. Para concluir, permito-me ler outra parte do seu testemunho:

> Livros como *Jesús Betz, Donde viven los monstruos*, de Sendak, *Guillermo Jorge Manuel José*, de Mem Fox, *La gran pregunta*, de Wolf Erlbruch, ou os poemas de Fernando Pessoa, Baudelaire, César Vallejo, Pedro Salinas, Cote Lamus, geraram nossas conversas mais agradáveis, comovedoras e profundas; as discussões mais apaixonadas ao redor de valores de vida, que nesse meio têm uma dimensão completamente diferente...; contos de Rulfo, como "Diles que no me maten", geraram uma polêmica sobre o perdão, a morte, e sobre como não se podem

carregar os erros dos outros nas costas: "se eu sou um viciado, o meu filho não tem por que pagar por isso", dizia um deles, ou imagens como as de *El primer pájaro de Piko Niko*, nas quais eles se reconhecem como pássaros que estão começando a saber quem eles são e abrindo as asas, ou quem sabe *El libro triste*, que os alentou a começar livremente a contar por que caíram nas drogas. [...] Nessa sessão vi como as suas histórias de consumo estão ligadas à tristeza. Ao passar página por página afirmavam com a cabeça, aprovando o retrato que o autor narrava desse sentimento, ao que Nelson referiu-se como "essa sensação horrível que dá vontade de morrer". Mas o livro diz que sempre tem que haver velas, e eu sei, pelo silêncio que se seguiu, que cada um estava pensando na luz da sua vela particular.

REFERÊNCIAS BIBLIOGRÁFICAS

BERNARD, Fred; Francois Roca (ilustrador) *Jesús Betz*. México: Fondo de Cultura Económica, 2003.

ERLBRUCH, Wolf. *La gran pregunta*. Madri: Kókinos, 2005.

Ferreiro, Emilia. *Pasado y presente de los verbos leer y escribir*. México: Fondo de Cultura Económica, 2001.

FOX, Mem; Julie Vivas (ilustrador). *Guillermo Jorge Manuel José*, Caracas: Ekaré, 1988.

FREIRE, Paulo. *A importância do ato de ler*. São Paulo: Autores Associados; Cortez, 1982.

LARROSA, Jorge. *Pedagogía profana*. Buenos Aires: Ediciones Novedades Educativas, 2000.

URIBE, María de la Luz; Fernando Krahn (ilustrador). *El primer pájaro de Piko Niko*. Juventud, 1991.

MONTES, Graciela. *El corral de la infancia*. Nova edição. México: Fondo de Cultura Económica, 2001.

BIBLIOGRAFIA

"Algunas consideraciones sobre la lectura." In: *Revista Interamericana de Bibliotecología*. Medellín. vol. 9, nº 2 (julho a dezembro de 1986), p. 47-71.

"Alternativas no escolares para la formación del lector: la biblioteca, el hogar y los medios de comunicación." In: *Encuentro nacional sobre experiencias alternativas en la alfabetización inicial*. Bogotá: Ceid-Fecode, 1991. p. 21-29.

"Bibliotecas públicas y bibliotecas publico-escolares." In : *Hojas de Lectura*. Bogotá, nº 51 (abril a junho de 1998), p. 26-32.

"¿Crea la biblioteca ciudadanos mejor informados? – Intervención en la mesa redonda 'La promoción de la lectura en los procesos de apropiación de la información ciudadana y comunitaria'." I Coloquio Latinoamericano y del Caribe de Servicios de Información a la Comunidad. In: *Revista Interamericana de Bibliotecología*. Medellín. vol. 24, nº 2 (julho a dezembro de 2001), p. 103-111.

"El animador de lectura: ¿una nueva profesión?" In: *Seminario Nacional sobre Servicios Bibliotecarios Infantiles*. Bogotá, 1993. p. 4.

El derecho a leer y escribir. (Coleção Lecturas sobre Lecturas). México: Conaculta, 2004. nº 10 (com reimpressões na Colômbia e Argentina).

"El modelo flexible para un sistema de bibliotecas escolares." In: *La Educación – Revista Interamericana de Desarrollo Educativo*. vol. XXVII, nº 93 (1983), p. 3-16.

"El programa de bibliotecas escolares del Ministerio de Educación Nacional." In: *Memorias del seminario sobre "nuevos sistemas de información bibliográfica"* (1 : mayo : 1982 : Bogotá), p. 56-64.

"El subsistema de documentación e información educativa en Colombia." In: *Revista de la Unesco de Ciencia de la información, Bibliotecología y Archivología*. Paris, 1981. vol. 3, nº 2, p. 120-126.

"¿Es la escuela el mejor espacio para la literatura?" In: Congreso Nacional de Lectura (2 : 1995 : Bogotá). Fundalectura, 1995. p. 83-92.

"¿Estamos formando lectores?" In: Libros de México. México D. F., n. 16 (julho a setembro de 1989); p. 39-42, El Libro Infantil. nº 3-4 (1988); p. 13-19 e Vocación Nivel Inicial. Pichincha [Argentina]. vol. V, nº 42, p. 1318-1321.

"Estrategias para la construcción de lectores. Ponencia Presentada en el 26º Congreso de la Unión Internacional de Editores." In: *Hojas de Lectura*. Buenos Aires, 2000, nº 57, p. 23-26.

"Evaluación y selección de libros para niños y jóvenes: algunas consideraciones." In: *Hojas de Aclij*. Bogotá, 1990, nº 4, p. 2-4.

Guía para la organización y funcionamiento de la biblioteca comunitaria. Bogotá: Fundalectura, 1991, 25 p.

"La animación a la lectura: mucho ruido y pocas nueces." In: *La educación lectora, encuentro iberoamericano*. Madri: Fundación Germán Sánchez Ruipérez, 2001.

"Las bibliotecas públicas y escolares y la lectura." In: *El Libro en América Latina y el Caribe*. Bogotá, 1999, nº 87, p. 39-51.

"¿Leen los maestros?" In: *Hojas de Lectura*. Bogotá, 1994. nº 27, p. 4-5 e In: Seminario Internacional Niñez, Lectura y Porvenir. San Salvador: Ministério da Educação de El Salvador, 1994, p. 83-85.

"Leer, todo un premio." Víctor Mauricio Becerra R. In: *El espectador*. Bogotá, 1994, p. 4E.

(Entrevista con Silvia Castrillón, diretora executiva da Fundación para el Fomento de la Lectura Fundalectura, ganhadora do prêmio internacional de promoção da leitura Ibby-Asahi)

Modelo flexible para un sistema nacional de bibliotecas escolares. Bogotá: OEA, 1982, 318 p.

"Nunca antes se lee como ahora." In: *Nuestros Libros*. Santiago de Chile, 1993, nº 5, p. 19-21.

"Países ricos, países pobres." In: *Piedra Libre*. Córdoba, 1991, vol. 3, nº 7, p. 34 –39.

"Panorama actual de la literatura infantil en Colombia." In: Seminários de literatura infantil. Medellín: Secretaría de Educación, Cultura y Recreación, 1989, p. 119-130.

"Políticas y campañas de promoción del libro infantil y la lectura en América Latina." In: *Memorias del Congreso Internacional de Literatura Infantil y Juvenil*. Córdoba, 1997, p. 83-86.

"Por qué leer y escribir." (Editora) y artículo: *Por qué los clásicos* (coleção Libro al Viento, nº 2). Bogotá: Instituto Distrital de Cultura y Turismo, 2006.

"Presencia de la literatura en la escuela." In: *Hojas de Lectura*. Bogotá, 1998, nº 50, p. 8-19.

"Promoción de la lectura a través de la radio y la televisión." In: *El Libro en América Latina y el Caribe*. Bogotá, 1990, nº 61, p. 10-13.

"Relación niño-ilustración." In: *Hojas de Lectura*. Santafé de Bogotá, 1992, nº 15, p. 3-5.
"Los servicios infantiles." In: *Revista Interamericana de Bibliotecología*. Medellín, 1985, vol. 8, nº 2, p. 19-30.
"¿Son vigentes los cuentos de hadas, gnomos y brujas?" In: *El Libro Infantil*. Bogotá, 1986, nº 1, p. 4-14.
"Teoría y literatura para el aula." In: Ponencias del foro internacional por el fomento del libro y la lectura. Corrientes, 1998, p. 85-90.
FRANCÉS, José. "Une situation qui s'est détériorée au fil des ans." In: *Inter CDI*. Paris, 2000, nº 166, p. 68-69.

INVESTIGAÇÕES
Metodología para la promoción de la lectura a través de los medios masivos de comunicación, TV y radio, 1989. Investigação realizada para o Cerlalc.
"Situación de la literatura infantil en América Latina. Investigación para el documento de trabajo." In: Reunión de planificadores y expertos en literatura infantil. Bogotá: Centro Regional para el Fomento del Libro en América Latina y el Caribe (Cerlalc). 26 p.
Estudo de caso sobre textos escolares na Colômbia. Investigação realizada para a Secab. 1982.

Cecilia Bettolli

BIOGRAFIA

Nasceu em Córdoba, Argentina, em 1955. Professora e graduada em letras modernas pela Facultad de Filosofía y Humanidades da Universidad Nacional de Córdoba; especialista em gestão de organizações sem fins lucrativos, com pós-graduação pela Universidad Católica de Córdoba; membro-fundadora do Centro de Difusión e Investigación de Literatura Infantil y Juvenil (Cedilij), de Córdoba, do qual foi diretora em vários períodos, integrando o Conselho Executivo e o Conselho Editor da revista *Piedra Libre*.

Atualmente integra equipes de trabalho e pesquisa do Cedilij, é docente do Programa en Promoción y Animación a la Lectura y a la Escritura (Propale), secretária de extensão da Facultad de Filosofía e Humanidades da Universidad Nacional de Córdoba e coordenadora dos programas educativos da Fundação Minetti.

Escreve artigos para publicações nacionais e internacionais, tem participado de congressos, seminários, jornadas e feiras do livro nacionais e internacionais.

Membro do Comitê Acadêmico do V e do VI Congresso Internacional de Literatura Infantil e Juvenil em Córdoba, ministrou conferências, cursos, oficinas e seminários na Argentina, no Brasil, no Chile, na Espanha, na Suécia, na Suíça e na Venezuela, além de prestar assessoramento especializado a profissionais e a instituições, integrando júris de concursos literários e acadêmicos.

Em 1996 recebeu o prêmio Pregonero como especialista em literatura infantil e juvenil, outorgado pela Fundação El Libro. Como diretora do Cedilij, a instituição recebeu o prêmio Jerónimo Luis de Cabrera, outorgado pela prefeitura da cidade de Córdoba, em 2000, e o Ibby-Asahi Reading Promotion Award, outorgado pelo Ibby em 2002.

Infância – literatura – leitura
Alguns marcos dessa trama na Argentina

Nós, que habitamos este querido continente latino-americano, sabemos das suas complexidades, mesmo antes de poder pensá-las de maneira consciente. Sabemos porque levamos e sentimos na pele, nas entranhas e nessa obstinação que temos, nós, humanos, para desvelar e ao mesmo tempo modelar a própria existência.

Pensar-nos habitantes e construtores desta América Latina é assumir tanto as suas maravilhas e potencialidades quanto as suas fraturas e dificuldades. Cenário tão contraditório e diverso, que gestou uma singular narrativa – o realismo mágico – para dar conta das suas desventuras e originalidades. Talvez isso seja o mais fascinante da literatura: permite-nos nomear-nos e ler-nos, a partir de universos de ficção, para descobrir enigmas da nossa identidade.

Continente capaz de albergar as mais variadas culturas, histórias, misturas de raças e variedades de geografia; com a obscenidade de 96 milhões de pobres, dos quais 41 milhões são crianças menores de doze anos.

Trabalhar para a promoção da leitura nesse cenário poderia parecer uma banalidade, salvo se, partindo dela, posicionássemo-nos como promotores do desenvolvimento humano e da luta pela equidade, apostando na imaginação e no conhecimento como espaços irrenunciáveis na hora de fortalecer a construção da cidadania em âmbitos democráticos e participativos.

Proponho a realização de um percurso que nos permita reconhecer momentos significativos do processo de construção do campo da literatura infantil na Argentina, embora vá além da perspectiva de panorama histórico, procurando vincular alguns marcos do seu entrelaçamento com as representações de infância e as práticas de leitura promovidas com base nessas concepções.

O meu modesto desejo é que, como irmãos no continente que habitamos e na profissão que compartilhamos, esse percurso possibilite maior conhecimento da literatura infantil argentina, mas, sobretudo, que nos alente a aprofundar a reflexão, o debate, as incertezas sobre o rumo histórico e político das nossas ações.

PRIMEIRO TRAMO: A CRIANÇA COMO PROMESSA DE FUTURO

Comecemos por reconhecer a diversidade das nossas origens como nação, configurada pela confluência – ou pelo choque, já que foi marcada pela violência – das culturas indígenas americanas, depois pela conquista e pela colonização espanhola e pela posterior aluvião imigratória.

Viemos de uma tradição complexa, cujas confrontações foram deliberadamente silenciadas por uma "história oficial" que ainda tem severas questões pendentes, em termos do quase extermínio das culturas nativas e de uma tradição de tendências hegemônicas europeizantes.

A literatura, já sabemos, existe junto com o homem porque faz parte da sua cultura, de modo que rastrear as origens da literatura infantil argentina pode remeter-nos, como afirma Serrano[1], ao momento da sua constituição como nação:

> ... e não simplesmente porque algumas páginas de escritores daquela época possam ser lidas pelas crianças ou tenham tido difusão nas escolas, mas também porque já naquela época surgiram as obras iniciais de uma literatura destinada deliberadamente à infância, escassas e sem dúvida muito distantes de nossos gostos e critérios atuais, mas significativas do ponto de vista histórico.

A mencionada pesquisadora fala de "um panorama pobre, mas não deserto", que, por outro lado, foi pouco estudado. Não obstante, sabemos que durante o século XIX as crianças liam tanto livros e materiais provenientes da Europa quanto alguns textos de origem nacional (fábulas, silabários, hinos e composições em verso de corte patriótico e religioso, periódicos infantis), todos fortemente submetidos a uma finalidade pedagógica, quando não diretamente moralizante e doutrinária. Tempos nos quais, se um denominador comum habilita-nos a pensar em uma representação de criança com base na literatura que circulava entre eles, é a do *adulto pequeno*.

Escritores do começo do século XX como Ada María Elflein[2], Juan Bautista Ambrosetti e Constancio C. Vigil[3] são destacados representantes dessa concepção da criança como homem pequenininho, subjacente em suas obras, consideradas precursoras da literatura infantil.

O legado de Vigil transcende seus livros de contos para crianças (muito difundidos e lidos por gerações inteiras), na medida em que foi o fundador

---

[1] M. de los Angeles Serrano, "Primeras voces, primeros pasos". Buenos Aires: *La Mancha*, n° 2, novembro de 1996.
[2] A. M. Elflein (1880-1919), *De tierra adentro*.
[3] C. C. Vigil (1876-1954), *¡Upa!, La hormiga viajera, Marta y Jorge, El mono relojero*.

da revista *Billiken*, tradicional publicação que não só continua sendo editada, com sua forte marca de funcionalidade para a tarefa escolar, mas chegou a encabeçar a lista dos semanários nacionais (7,5 milhões de exemplares vendidos em 1999) de maior tiragem.

Como dado significativo do ponto de vista da circulação (edição e comercialização) do livro, convém assinalar a aparição das primeiras casas editoriais na Argentina: Cabot, em 1880, Peuser e Guillermo Craft, que promoveram o desenvolvimento incipiente desse campo, ao instituir os primeiros concursos de livros para crianças, por exemplo.

Já no final do século XIX, estabelece-se claramente na Argentina o projeto político liberal da geração dos anos 1880, fiel aos postulados do positivismo, que tem em Sarmiento a principal referência do seu pensamento, em um país agroexportador por excelência.

Vale assinalar dois fatos da vida política institucional argentina significativamente vinculados à leitura e aos livros, que sem dúvida apontaram para a criação das condições para o ingresso na modernidade: em 23 de setembro[4] de 1870, quando Nicolás Avellaneda era ministro da Educação, é sancionada a Lei 419, que cria a figura da *Biblioteca Popular*, com uma comissão protetora. Seis anos mais tarde, havia duzentas dessas bibliotecas, que favoreciam o acesso das classes populares ao livro, em um âmbito de autogestão dos moradores – muitos deles imigrantes –, promovido pelo Estado.

Poucos anos mais tarde – 1884 –, a Lei 1.420 estabelece a obrigatoriedade da escola pública para todas as crianças de 6 a 14 anos. Carli[5] fala de

> um imaginário da mudança cultural e social que, ao mesmo tempo em que supôs na América Latina a guerra contra o espanhol e o extermínio do índio, favoreceu a significação da infância a partir da concepção dessa mesma infância como germe da sociedade política e civil do futuro e da sua escolarização como garantia de um horizonte de transformação social e de progresso.

Em sua tese de doutorado[6], a mencionada pesquisadora dá conta da "invenção da infância moderna", que começa a ser abordada com base em um saber especializado, num contexto em que tanto professores quanto alunos constroem a sua identidade, com políticas públicas de alto impacto cultural.

---

[4] Declarado posteriormente Dia das Bibliotecas Populares.
[5] Sandra Carli et al., *De la familia a la escuela*. Buenos Aires: Santillana, 1999.
[6] Sandra Carli, *Niñez, pedagogía y política*. Buenos Aires: Miño y Dávila, 2005.

A infância começou então, a partir da década de 1880, a ser objeto de uma institucionalização estatal e de um processo de disciplina social. A escola pública, situada como intermediária entre a família e o Estado, teve um gradual consenso em relação à sua eficácia para garantir a passagem da Argentina a um horizonte de modernidade e progresso, e, em âmbito nacional, a um horizonte de civilização que devia deixar para trás o lastro colonial e do caudilhismo.

No só a criança é considerada então um "menor", mas a leitura é a estratégia para incorporá-la a um projeto de nação. Diz Bialet[7], em sua pesquisa sobre o espaço curricular dedicado à leitura nos programas de estudo da Argentina:

> ... nas primeiras décadas do século XX, e a fim de assimilar muitos dos imigrantes europeus à utopia de construir a nação argentina, desenhou-se um programa de leitura para "alfabetizar no idioma e na cultura argentina".

No final do século XIX e começo do XX, enquanto se registravam os movimentos estéticos mais significativos da literatura nacional: o romantismo, o modernismo e o realismo, aparecem outros autores preocupados com a infância, mas já claramente distanciados de todo didatismo. Referimo-nos a Horacio Quiroga[8], Benito Lynch[9], Alvaro Yunke[10], e a José Sebastián Tallon[11], especialmente reconhecido por sua obra poética.

Interessa-me destacar, em particular, a narrativa de Quiroga porque, apesar de ter sido mal e antecipadamente canonizado pela escola, que impôs a tantas gerações a leitura – até a fragmentária dos tradicionais "Manuais" – dos seus *Cuentos de la selva*[12], continua comovendo leitores de todas as idades e de todos os tempos.

O fato é que a sua escrita não admitiu concessões nem abrandamentos para ser inscrita no campo do que interessa às crianças, muito pelo contrário. Como diz Ana María Shua[13]:

---

[7] Graciela D'Lucca de Bialet, *Volver a leer: un programa de animación lectora para el primer ciclo de la EGB*. Trabalho final de pesquisa para mestrado de promoção da leitura e da literatura infantil. Cepli/Universidad de-Castilla La Mancha, Espanha, 2003.

[8] Horacio Quiroga (1878-1937), *Los arrecifes de coral, Los perseguidos, Historia de un amor turbio, Pasado amor, Cuentos de la selva* (1918), *A la deriva, Anaconda, El hombre muerto.*

[9] B. Lynch (1885-1952), *El inglés de los guesos, De los campos porteños, El potrillo roano.*

[10] A. Yunke, *Barcos de papel*, prêmio municipal de literatura, 1925.

[11] J. S. Tallon (1904-1954), *Las torres de Nuremberg, La garganta del sapo* e contos no jornal *La Nación.*

[12] Horacio Quiroga, Ed. Losada, Buenos Aires.

[13] A. M. Shua, "Literatura infantil en la Argentina. Panorama desde el puente". Buenos Aires: *La Mancha*, nº 1, julho de 1996.

Em *Cuentos de la selva* de Quiroga (escritos na segunda década do *século)* as crianças não são protagonistas, a linguagem é muito argentina, simples, cotidiana e com hierarquia literária ao mesmo tempo. E são suscitados conflitos dramáticos, graves, situações de vida ou de morte. Essa enorme liberdade é a que eu gostaria de recuperar hoje para a literatura infantil argentina.

SEGUNDO TRAMO: A CRIANÇA COMO IDEAL DE PUREZA

A partir dos anos 1930 aproximadamente vive-se um período de renovação de ideias que, no âmbito especificamente educativo, é insinuado por posturas antipositivistas e marcadamente espiritualistas. Reconhecendo a criança como pessoa, tentam metodologias de tipo vivencial, em que a intuição emocional ganha espaço como via de aproximação aos conhecimentos e valores, no contexto de uma inserção na cultura universal.

Ainda que não sejam identificados movimentos estéticos bem definidos – normalmente mais individualidades –, a literatura consegue certa autonomia em relação à educação e esta gera, por sua vez, um espaço para a criatividade e a livre-expressão que a incluem como expressão artística.

Surgem professoras e ensaístas do nível de Fryda Schultz de Mantovani[14] e as irmãs Olga e Leticia Cossettini[15] e pouco mais tarde o professor Iglesias[16], que não só desenvolvem um acionar transformador no âmbito educativo, mas também a reflexão com base em seus livros e escritos, em torno da língua, da criança e da literatura infantil.

Paralelamente, produz-se uma forte revalorização do folclore, fato que vivifica a literatura infantil em nosso país e reconhece uma parte importante das suas origens. Cabe destacar o trabalho de Germán Berdiales[17], Rafael Jigena Sánchez[18] e particularmente Javier Villafañe[19], que merece menção à parte.

Manipulador de marionetes, mágico, poeta, viajante, narrador e vagamundo, percorreu parte do continente americano e da Espanha, recompilando

No final do século XIX e começo do XX, enquanto se registravam os movimentos estéticos mais significativos da literatura nacional: o romantismo, o modernismo e o realismo, aparecem outros autores preocupados com a infância, mas já claramente distanciados de todo didatismo.

---

[14] F. Schultz de Mantovani (1912-1978), *El mundo poético infantil, Sobre las hadas, Nuevas corrientes de la literatura infantil, La torre en guardia.*

[15] L. Cossettini, *Del juego al arte infantil;* O. Cossettini, *La escuela serena.*

[16] Luis Iglesias, *Didáctica de la libre expresión, Pedagogía creadora.*

[17] G. Berdiales (1896-1975), *Teatro histórico infantil, Teatro cómico para niños, Nuevo teatro escolar, Coplas argentinas, El alegre folklore de los niños, El arte de escribir para los niños.*

[18] R. Jijena Sánchez (1904-1978), *Don Meñique, Ramo verde, Los cuentos de mama vieja.*

[19] J. Villafañe (1910-1996), *Titirimundo, El gallo pinto, Los sueños del sapo, Don Juan el zorro.*

relatos da tradição oral e oferecendo suas atuações com marionetes de cidade em cidade, montado na Andariega, pequena carroça que servia de palco para seus bonecos. Sua emblemática carroça é em nossos dias o símbolo do prêmio Pregonero[20], como uma homenagem, pela profundidade da sua escrita e original maneira de fazer e difundir a arte.

Foram anos em que, se não se desterra totalmente a inexpressividade, presente até hoje nos livros para crianças, são publicadas obras com genuínos valores literários, de escritores como Conrado Nalé Roxlo[21], María Granata[22] e Jorge W. Abalos[23].

O auge editorial que caracterizou as décadas de 1940 e 1950 também teve a sua importância, criando os primeiros espaços sistematizados de difusão para nossos criadores.

Intelectuais e editores que emigram da Europa por causa das guerras (tanto a mundial quanto a civil espanhola) radicam-se em Buenos Aires e no México. Surgem também novas editoras nacionais, como Losada, Emecé e Sudamericana, entre outras.

A partir de 1950 a Editora Abril cria a coleção Biblioteca Bolsillitos [Bolsinhos][24], que provavelmente foi a primeira a atingir maciçamente a população infantil. Dirigida por B. Spivacow, era vendida nas bancas, e escreveram seus contos autores como Inés Malinov e Beatriz Ferro (todos assinavam sem o sobrenome).

UM NOVO PARADIGMA: A CRIANÇA COMO SUJEITO HISTÓRICO E SOCIAL

A década de 1960 marca um momento fundamental, que tem como protagonista María Elena Walsh[25] e como contexto social a liberdade e o florescimento cultural que caracterizaram a Argentina desses anos, até o golpe militar de 1966.

A obra de M. E. Walsh implica uma renovação temática e formal, inspirada em seu enorme respeito pela criança, que deriva em uma proposta

---

[20] Prêmio outorgado pela Fundação El Libro, em vários títulos, como reconhecimento pelo trabalho de promoção da leitura.

[21] C. Nalé Roxlo (1898-1971), *La escuela de las hadas*.

[22] M. Granata (1923), *El ángel que perdió un ala, El gallo embrujado y otros cuentos, El niño azul, La ciudad que levantó vuelo*.

[23] J. W. Abalos (1915-1979), *Shunko, Shalacos, Terciopelo la cazadora negra*.

[24] Foram publicados mais de mil títulos, alguns dos quais alcançaram tiragem de 110.000 exemplares.

[25] M. E. Walsh (1930), *Tutú marambá, El reino del revés, Zoo loco, Dailan Kifki, Cuentopos de Gulubú, Versos tradicionales para cebollitas, El diablo inglés y otros cuentos, Chaucha y palito*.

autenticamente recreativa, de profundo valor estético. Sua contribuição transcende o âmbito do estritamente literário e chega a todos os cantos do país, com sua poesia transformada em canção, como uma alternativa genuína de convocar ao prazer partindo do humor e do disparate, por meio de canais populares, como eram os seus recitais, espetáculos, discos e fitas cassetes.

Outros autores acompanham esse processo de renovação que tão profunda e ricamente marcará o desenvolvimento da literatura infantil argentina, junto aos que persistem em posturas ainda marcadas pelo didatismo ou pela inexpressividade. E, entre os cada vez mais numerosos escritores dedicados – com ou sem exclusividade – à literatura para crianças, publicam suas obras, entre outros, Beatriz Ferro[26], Syria Poletti[27], Marta Giménez Pastor[28], María Hortensia Lacau[29], José Murillo[30].

Não podemos deixar de mencionar Martha Salotti[31], que funda em 1965 o Instituto Summa, com a primeira especialização em literatura infantil do país e a seção nacional de Ibby logo no seu início. Autora de livros de leitura e didática da língua, seus contos para crianças, muito difundidos nos jardins de infância, representam a persistência do didatismo, partindo de um espaço de reconhecida influência na formação de professores.

Em um contexto de euforia e prosperidade, que fazem da Argentina a principal produtora de livros em língua castelhana, registra-se o impacto de coleções de difusão maciça, como as inesquecíveis coleções Cuentos de Polidoro e Cuentos de Chiribitil do Centro Editor da América Latina(Ceal)[32], dirigida por Boris Spivacow. Da rádio da UNC, María Luisa Cresta de Leguizamón[33] difunde a literatura infantil por meio do programa *La pajarita de papel*.

Foi uma etapa de ebulição cultural, renovação das ideias em torno da arte e seus circuitos de circulação social. Intensifica-se a preocupação com a reflexão conceitual em torno da literatura infantil e são gerados espaços para a discussão e o intercâmbio, como o Departamento de Literatura Infantil do Instituto Bernasconi, as Jornadas do Instituto Summa e os seminários – oficina de literatura infantojuvenil –, promovidos por María Luisa Cresta de

---

[26] B. Ferro, vários títulos na coleção Bolsillitos, *El secreto del zorro, Las locas ganas de imaginar, El quillet de los niños.*

[27] S. Poletti, *Reportajes supersónicos, El juguete misterioso, El misterio de las valijas verdes, Marionetas de aserrín, El rey que prohibió los globos, Amor de alas.*

[28] M. Giménez Pastor, *Versos en sube y baja, La pancita del gato, Arriba en el cielo.*

[29] M. H. Lacau, *Yo y Hornerín, País de Silvia, El libro de Juancito Maricaminero, El arbolito Serafín.*

[30] J. Murillo, *Mi amigo pespir, Cinco patas, El tigre de Santa Bárbara, El niño que soñaba el mar y otros cuentos.*

[31] M. Salotti, *La enseñanza de la lengua, La lengua viva, Guaquimina, El patito coletón.*

[32] Criada em 1966 por Spivacow junto com outros renunciantes de Eudeba.

[33] M. L. Cresta de Leguizamón, *Navidad para todos, El niño, La literatura infantil y los medios de comunicación masivos.*

Leguizamón (Malicha), pela Secretaria de Extensão da Universidad Nacional de Córdoba, entre outros.

Detenho-me nestes últimos, em suas três edições de 1969, 1970 e 1971, porque, longe de reafirmar a circulação do conhecido e já estabelecido, irrompem no campo da literatura infantil em plena gestação, introduzindo olhares inéditos, que partem de diferentes disciplinas, problematizando com base em novos âmbitos teóricos e contextualizando a análise em uma "cultura" infantil.

E também me detenho para dar conta de uma "outra história", que se define por afastar-se da "oficial", como afirma Lucía Robledo em sua introdução aos ensaios de Laura Devetach, reunidos no livro *Oficio de palabrera*[34].

Robledo questiona com agudeza a ideia de "transgressão", conferida ao pensamento de Devetach, por ter perdido a força de pôr abaixo o preestabelecido e recuperar a coerência na trajetória de busca e resistência da autora. Suscita que

> em meados dos anos 1960 e começo dos 1970 não se falava de transgressões, mas de denúncia e compromisso: apontava-se para os poderes, o imperialismo, a massificação, a exploração do homem [...]vitalmente, claramente, manifestava-se pelo amor e pela liberdade. A literatura, a música, o teatro, a arte, foram vanguarda dessa agitação social, com expressões às vezes enfáticas e peremptórias, às vezes decididamente capazes de ressignificar o mundo das ideias. O sistema estruturou muitas técnicas para sua sobrevivência: a sedução, a banalização, a assimilação, até que, já quase transbordado, aplicou o terror repressivo. As vozes foram apagadas e todos os movimentos enunciados, inconclusos. Mas aquelas vozes que tinham sido autênticas, genésicas, que tinham criado e expressado a essência das mudanças que propunham, continuaram circulando subterraneamente, pelo seu próprio instinto vital, como as minhocas que, sem fazer barulho, alimentam a terra.

É o caso de Laura Devetach, que, para essa "história oficial", parece emergir no campo da literatura infantil e juvenil, recém-chegada ao grupo de escritores que protagonizaram o *boom* dos anos 1980 ou quando a ditadura militar proibiu o seu livro *La torre de cubos*[35], em 1979. Mas os

---

[34] Laura Devetach, *Oficio de palabrera*. Buenos Aires: Colihue, 1991.
[35] Laura Devetach, *La torre de cubos*. Buenos Aires: Editorial Huemul, 1973. Proibido pela resolução nº 480 do Ministério de Educação, por "... graves falências como simbologia confusa, [...] objetivos não adequados ao fato estético [...] e ilimitada fantasia".

contos que compõem essa obra, premiada em 1964 pelo Fundo Nacional das Artes e editada em Córdoba em 1966, escritos entre o final dos anos 1950 e o começo dos 1960, circulavam em cópias por instituições que propunham a Escola Nova.

Assim relata Mariano Medina[36] em um interessante estudo sobre a literatura infantil e juvenil em Córdoba, durante o período situado entre as duas últimas ditaduras militares que governaram o nosso país: 1966-1973 e 1976-1983. Nele rastreia-se uma verdadeira trama de práticas culturais alternativas: literatura que circulava por canais informais, teatro de criação coletiva, programas de rádio e televisão para crianças, teatro e narrações nos bairros e cidades do interior. Apesar dos escassos documentos e registros, consegue mergulhar nesse cenário marcado por experimentação, senso crítico, interdisciplina, buscas estéticas, riscos, que alimentaram uma literatura arraigada no fato artístico sem concessões nem subestimação da criança leitora, audiência ou espectador[37].

Medina fecha o seu ensaio com estas palavras:

> Quando eu olho para trás, custa-me acreditar na quantidade de coisas que os jovens dos anos 1960 e 1970 faziam. Parece que na Argentina, até março de 1976, os dias tiveram mais de vinte e quatro horas. Não posso esconder o respeito que isso me produz. E talvez por isso eu esteja reunindo essas imagens, tratando de resgatar as folhas dessas literaturas que se extraviaram ou não foram escritas para o papel impresso, sabendo que, no entanto, cumpriram a sua missão: acompanhar, propor, despertar, resistir. Reúno para olhar. Não para ficar, nem para voltar, mas porque às vezes olhar para trás ajuda a olhar para a frente. Talvez buscando pontas, fios soltos. Nos anos 1960 pensava-se que havia que mudar as coisas porque, como estavam, não estavam bem. E sentia-se que essa mudança era possível e havia que ser promotores e protagonistas disso. Pegou-se a realidade para um abraço sem limites, e ela foi reinventada.

"Fechar" é modo de dizer, porque a verdade é que o seu olhar, apartado dos "panoramas" às vezes tão assépticos, motivou, por exemplo, a tese de doutorado em semiótica de outra colega próxima, também de Córdoba,

---

[36] Mariano Medina, "Ni borrón ni cuenta nueva. Una mirada sobre la literatura infantil y juvenil argentina relacionada con la dictadura", em *Artepalabra. Voces en la poética de la infancia*. María E. López, compiladora. Buenos Aires: Lugar Editorial, 2007.

[37] Alguns realizadores e programas: "Hola canela" (1963-1966), "Historias de canela", Gigliola Zechin; "Pipirrulines", Laura Devetach (1972-1973); "Asomados y escondidos", Carlos Martínez e Silvina Reinaudi.

Florencia Ortiz, que pesquisa sobre infância, arte e política. *Subjetividade e humor na arte para crianças na cultura de Córdoba das décadas de 60 e 70*[38].

Ortiz estuda a maneira pelos quais procedimentos humorísticos contribuíram para a renovação da cultura infantil na Argentina dos anos 1960 e 1970, com base em uma perspectiva que vincula em um âmbito teórico diferentes planos disciplinares.

E, já que uma das maiores dificuldades para o pesquisador que decide estudar a literatura e outras manifestações da cultura infantil é a documentação histórica, vale destacar o trabalho silencioso e incansável de Pablo Medina, que funda em 1975 a livraria La Nube e depois o Centro de Documentación e Información sobre Medios de Comunicacíon (Cedimeco), que, com seus 60.000 livros e documentos, constitui certamente o acervo mais importante do país, salvaguardado mesmo em tempos de queima de livros por motivos ideológicos.

Não obstante, e além dos livros proibidos durante a última sinistra ditadura militar, não posso deixar de mencionar um dado tão doloroso quanto inevitável, vinculado à infância: além dos 30.000 desaparecidos deixados como herança por esse sinistro período da nossa história, estima--se que mais de quinhentas crianças nasceram no cativeiro dos centros clandestinos de detenção e foram adotadas ilegalmente.

O movimento das Avós da Praça de Maio identificou e recuperou 88 delas. Será feita justiça quando algum dia estudarmos também as marcas dessas feridas nos processos de representação da nossa infância.

A CRIANÇA: ENTRE OBJETO DE CONSUMO E SUJEITO DE DIREITO

E chegaram os anos 1980, década reconhecida unanimemente como a do *boom* da literatura infantil na Argentina. Tempo de recuperar a democracia, embora ainda hoje seja difícil praticá-la como construção cidadã. Tempo de ebulição e eclosão, que nos permitiu voltar a olhar-nos e reconhecer-nos. Tempo em que todo um processo de gestação – em muitos casos subterrâneo – saiu à luz e pôde mostrar-se e mostrar-nos tal como somos, como havíamos sido e como gostaríamos de ser.

No campo literário, um grupo de escritores lidera aquele estampido de produção, edição e circulação de livros que testemunham a sua adesão à literatura sem rebaixamentos, indo além do seu destino para crianças. Adela Basch, Elsa Borneman, Graciela Cabal, Laura Devetach, Ricardo Mariño, Graciela

---

[38] Florencia Ortiz, orientada pela dra. Silvia Barei. Universidad Nacional de Córdoba.

Montes, Gustavo Roldán, Silvia Schujer e Ema Wolf são as referências indiscutíveis de uma escritura que se renova com fundamento na indagação estética e temática, desafiando outros modos de vinculação com o leitor infantil.

Esse novo modo de exercer o ofício da escrita é parte de um movimento no qual é possível reconhecer diversas facetas constitutivas do chamado *boom*: o setor editorial é sacudido, tanto pela chegada ao país de importantes editoras espanholas (SM e Alfaguara) quanto pela criação de novas editoras e coleções que agitam as águas da competição pelo mercado.

Menciono apenas dois exemplos, que considero paradigmáticos: de um lado, a editora Libros del Quirquincho, que, dirigida por Graciela Montes entre 1985 e 1992, contribuiu com novos temas (com inovadoras coleções, até mesmo de livros informativos e teóricos), instituindo o "uso de uma língua descolonizada e literaturizante", nas palavras de Díaz Rönner[39]. De outro lado, as coleções Los Libros del Pajarito Remendado e Los Libros del Malabarista, criadas e dirigidas por Laura Devetach e Gustavo Roldán desde 1985 e editados pela Ediciones Colihue, que chegaram às mãos das crianças ao longo de todo o país.

Outra faceta, que completa as fortes transformações no círculo da produção, é o movimento promovido pelos ilustradores, que, nas palavras de Istvan, passam "de fornecedor de um produto a autor de uma criação". O que historicamente havia sido quase um acompanhamento ornamental do texto – salvo honrosas exceções como Juan Marchesi – será uma genuína criação artística que adquire categoria de coautoria do livro.

Agrupados mais formalmente a partir de 1998 no Foro de Ilustradores[40], eles difundem o ofício por meio de belas mostras itinerantes e coordenam a presença da Argentina, como país convidado, na Feira de Bolonha 2008. São alguns de seus representantes: Istvan, Liliana Menéndez, Mónica Weiss, Sergio Kern, Oscar Rojas, Jorge Cuello, Isol, Juan Lima, Lucas Nine, O'Kif , Gustavo Roldán (h), Nora Hilb.

Vejamos agora como essa mudança da criação e da edição é potencializada por um contexto também favorável à sua renovação e crescimento. Pouco depois da volta de um governo democrático ao poder, implementa-se uma enérgica política pública de leitura: é criada a Direção Nacional do Livro, que implementa entre 1984 e 1989 o Plano Nacional de Leitura, com o lema "Ler é crescer".

No campo literário, um grupo de escritores lidera aquele estampido de produção, edição e circulação de livros que testemunham a sua adesão à literatura sem rebaixamentos, indo além do seu destino para crianças.

---

[39] M. Adelia Díaz Rönner: "Breve historia de una pasión argentina". Buenos Aires: *La Mancha*, nº 1, julho de 1996.
[40] www.forodeilustradores.com.

Além da sua importância como fato inédito em nosso país, interessa-me ressaltar o lugar do qual foi executado o mencionado plano, por três aspectos: seu profundo senso democrático, seu federalismo (chegou a todos os cantos do país) e sua concepção claramente "desescolarizada" da leitura, concebida como prática social, artística e política.

De fato, um grupo de artistas dos mais variados campos chegava com dotações de belos livros, que eram oferecidos aos cidadãos no contexto de oficinas (mais de 10.000), uma nova metodologia de trabalho naquele momento, que se difundiu e se praticou, apostando na diversidade, em mais de trezentas localidades de todo o país.

Enquanto isso mais escritores vão somando-se em diferentes momentos a essa etapa de apogeu: Canela (que cria e dirige novas coleções para crianças e jovens na editora Sudamericana), Ana M. Shua, Graciela Pérez Aguilar, Luis M. Pescetti, Sandra Comino, Esteban Valentino.

Outros, em algumas províncias – o que dificulta o seu ingresso no circuito editorial, concentrado na capital federal –, como M. Cristina Ramos (Neuquén), Jorge Accame (Jujuy).

Em Córdoba, com um grupo de profissionais interessados nesse processo, fundamos em 1983 o Centro de Difusión e Investigación de Literatura Infantil y Juvenil (Cedilij), com sua biblioteca/centro de documentação especializado. Encaramos então um trabalho forte e inovador em capacitação de adultos mediadores e promoção da leitura, que em 1992 nos fez merecedores do prêmio internacional Ibby-Asahi, outorgado ao programa Pelo direito de ler.

Depois de alguns anos e já consolidados como equipe de trabalho, começamos com a publicação da revista *Piedra Libre,* editada tanto com esforço quanto com prazer, entre 1987 e 1999.

Vários nomes somam-se à lista de escritores reconhecidos na literatura infantil e juvenil: Edith Vera, M. Teresa Andruetto, Estela Smania, Perla Suez, Lilia Lardone e mais tarde Graciela Bialet e Sergio Aguirre.

Outros fatos nesse campo dão conta de uma urdidura com vários fios ao mesmo tempo, uns mais visíveis que outros, que vão tornando a trama mais consistente e colorida. Olhemos apenas alguns deles: a partir de 1989 instala-se a edição anual da Feira do Livro Infantil em Buenos Aires, organizada pela fundação El Libro, entidade que institui desde 1992 os prêmios Pregonero, em reconhecimento, a pessoas e instituições difusoras do livro infantil.

Funda-se a Associação de Literatura Infantil e Juvenil da Argentina, que assume a seção nacional do Ibby, seleciona os candidatos ao prêmio Andersen, a lista de honra do Ibby e, em nível nacional, os Destacados de Alija (Asociación de Literatura Infantil y Juvenil de la Argentina).

No que diz respeito a eventos sistemáticos realizam-se seminários e congressos internacionais de literatura infantil e juvenil em Tucumán (1987 e 1989), San Luis (1993) e Córdoba (1997 e 1999); em Chaco, o Fórum de Promoção do Livro e da Leitura, desde 1995; aos quais se somam os programados no contexto das feiras do livro de Buenos Aires, para não mencionar outros de caráter mais eventual.

Mesmo que a crítica e os espaços acadêmicos sejam ainda incipientes, devemos reconhecer a contribuição de estudiosos como Susana Itzcovich (que já nos anos 1960 publicava artigos em jornais e revistas), Graciela Perriconi, Elisa Boland, Gustavo Bombin, Carlos Silveyra, Gloria Pampillo, Maite Alvarado e a equipe do Ce.Pro.Pa.Lij. da Universidad Nacional del Comahue. As próprias Devetach e Montes fazem uma contribuição muito importante como autoras de palestras e ensaios, alguns dos quais geraram livros de consulta permanente para a formação no campo.

Diante desse panorama tão dinâmico e vigoroso, cabe perguntar-nos como se reposiciona a infância a partir dos anos 1980, com a convicção de que absorve ao mesmo tempo em que institui suas representações no social.

Muito já se estudou, e por diversas perspectivas – ou seja, intencionalidades –, o fenômeno das crianças como mercado consumidor. Se em algo coincidem esses olhares é em consagrar a década de 1980 como a da legitimação das crianças enquanto consumidores, fato que é ainda mais potencializado pela globalização, a ponto de alcançar a prepotência de uma cultura infantil em escala planetária.

A literatura infantil está absolutamente atravessada por esse fenômeno, sem dúvida difícil de decifrar, mas que permite reconhecer pelo menos duas questões que, bem emaranhadas entre si, não podem passar despercebidas: de um lado, a incidência do *marketing* no tratamento do livro como mero objeto de consumo que dá à criança o tratamento, mais ou menos encoberto, de *cliente* e envolve uma série de agentes, cada vez mais profissionalizados, funcionais, com o objetivo de impor um produto por cima da sua qualidade; de outro, a escola, repositório da responsabilidade de ensinar e ler, que a partir dos anos 1980 abriu suas portas à literatura com ares renovadores, que é preciso observar com o cuidado e alerta que isso significa.

Graciela Montes observou-o de maneira contundente já em 1991, quando em sua conferência *"El placer de leer: otra vuelta de tuerca"*[41] coloca em debate o risco do seu deslizamento para uma nova "fórmula soldada".

---

[41] Seminário La literatura infantil y la formación de lectores, Direção de Pesquisas e Inovações Educativas. Ministério da Educação de Córdoba. Córdoba, 7 de novembro de 1991. Publicado posteriormente em seu livro de ensaios *La frontera indómita*, México: FCE, 1999. Coleção "Espacio para la lectura".

Considero esse ensaio um verdadeiro marco nas práticas da chamada animação para a leitura, vigentes até hoje, na medida em que polemiza sobre estratégias que, ancoradas supostamente em uma concepção de leitura como prazer e jogo, desvirtuam-se, caindo em diversão leve e brincalhona, que oculta outras formas do autoritarismo.

Alguns especialistas falam de uma "decaída" na década de 1990, com relação ao florescimento transformador dos anos 1980. Seguindo o pensamento atento de Montes acerca desses sucessivos processos de irrupção e domesticação que se sucederam no âmbito da escola, em que leitura e literatura cruzam-se forçosamente, observa-se alguns anos mais tarde que, apesar de a escolarização da literatura ser algo muito velho, nesse momento histórico

> ... completou-se, em muito pouco tempo, todo um ciclo exemplar: da diversidade à homogeneidade, do casual ao regulado, do global ao fragmentário, do gratuito ao aproveitável, da paixão à ação. Um veloz processo em que intervieram as fortes tradições didáticas da escola, as diversas exigências de um mercado cujas regras são mais do que nunca a homogeneização e o encaminhamento e as flutuações de uma literatura disposta a submeter-se, ao menos em parte, a essas exigências[42].

Vale a pena lembrar que o fim do século na Argentina foi tristemente marcado pelos efeitos da descarnada aplicação do projeto neoliberal e explodiu na crise de 2001, deixando clara a indecência de um modelo que instalou a iniquidade em limites impensáveis.

A indústria editorial não ficou alheia então ao cenário de concentração e polarização que afetou toda a economia, a ponto de praticamente todas as editoras vinculadas ao campo da literatura infantil e juvenil passarem às mãos de empresas multinacionais[43]. Poderia se dizer que só ficaram em pé, ainda que cambaleantes, as editoras Colihue e De la Flor, cujo diretor, Daniel Divinsky – editor da paradigmática Mafalda –, fala do "editor independente como espécie em vias de extinção"[44].

E ficamos por aqui, não só por uma questão de tempo para esta palestra, que me exigiu um grande esforço em termos de "recorte". Parece-me que o século XXI não nos dá ainda margem para outra perspectiva – olhares diferentes; por isso deixo apenas assinalado, como essas listas que a gente anota

---

[42] Graciela Montes, "Ilusiones en conflicto". Buenos Aires: *La Mancha*, nº 3, março de 1997.

[43] Aique - Anaya; Kapelusz - Norma; Atlántida - Citibank; Estrada - fundo de investimento norte-americano; Grupo Z - editorial e cadeia de livrarias El Ateneo; Sudamericana - Bertelsmann.

[44] Daniel Divinsky, "Editar para niños en América Latina". Buenos Aires: *La Mancha*, nº 15, ano 6, setembro de 2001.

em algum caderninho de rascunho, para recordar algo que quer fazer mais tarde, alguns poucos fios soltos, porque, se há algo esperançoso na literatura nesse horizonte de iniquidades, é, por exemplo, a existência de:

- um punhado de autores que vai sendo engrossado por novas vozes da literatura infantil argentina: Liliana Bodoc, Paula Bombara, Cecilia Pisos, Laura Escudero[45], Andrea Ferrari, Ángeles Durini, Mariana Furiasse, para citar alguns que exploram novos rumos do ofício;
- um grupo de editoras pequenas, algumas até artesanais, que se posicionam no mercado com propostas genuinamente alternativas e vêm demonstrando até aqui que editar livros de qualidade é possível. Por exemplo: Eclipse, Astralib, Abran Cancha, Iamique, Comunic-Arte en Córdoba;
- algumas publicações: *La Mancha*[46], revista impressa; *Imaginaria*[47], um boletim eletrônico quinzenal; mais algumas coleções como *Relecturas,* da Lugar Editorial, capazes de sustentar espaços que fazem circular estudos e reflexões sobre o campo, com senso crítico e de construção;
- alguns espaços de formação e investigação (especializações, cátedras e teses universitárias e cursos de pós-graduação e extensão) que pareceriam incluir a literatura infantil e juvenil em abordagens mais sistemáticas e acadêmicas[48];
- fenômenos como o humor e o livro-álbum, que estudiosas como Bajour,[49] Carranza[50] e Ortiz[51] destacam como inovadores na literatura infantil desses últimos anos, em contraposição a outras lerdezas que persistem em instalar o utilitarismo de uma literatura a serviço da "educação em valores";
- o Plano Nacional de Leitura[52], como política pública mantida pelo Ministério de Educação, Ciência e Tecnologia da Nação, com seus

---

[45] Autora da novela *Encontro com Flo* (SM, São Paulo, 2006), ganhadora do prêmio Barco a Vapor. Argentina, 2005.

[46] *La Mancha, Papéis de literatura infantil e juvenil.* Fundada em 1996 por um grupo de escritores e atualmente a cargo de Elisa Boland, Sandra Comino e Nora Lía Sormani.

[47] Criada em 1999 por Roberto Sotelo e Eduardo Abel Jiménez.

[48] Pos-título de literatura infantil e juvenil na Escola de Capacitação da Secretaria de Educação do Governo da Cidade de Buenos Aires; Promoción y Animación a la Lectura y a la Escritura (Propale), da Secretaria de Extensão da Faculdade de Filosofia e Humanidades da Universidad Nacional de Córdoba em convênio com o Cedilij, pós-graduação em literatura infantil e juvenil pela Universidad Nacional de Rosario.

[49] Cecilia Bajour e Marcela Carranza, "Abrir el juego en la literatura infantil y juvenil". Buenos Aires: *Imaginaria* nº 158, julho de 2005.

[50] Marcela Carranza, *La literatura al servicio de los valores.*

[51] Florencia Ortiz, *Infancia y humor en la literatura infantil y juvenil argentina. La erosión de los límites*, 2-La Argentina Humorística. Cultura y discurso en el 2000, AAVV; Ferreyra Editor, Córdoba, 2003.

[52] Coordenado por Gustavo Bombin.

correlatos em nível provincial (em Córdoba, Programa Voltar a Ler) junto à Campanha Nacional de Leitura[53], que opera em espaços não convencionais da Secretaria de Cultura da Nação.

É verdade que a paisagem das vinculações entre infância, literatura e leitura torna-se cada vez mais complexa, em processos e propostas multívocas, contraditórias, com idas e vindas e a partir de diferentes posicionamentos ideológicos; que convivem e entram em tensão, tornando difícil sua unificação, porque significaria desconhecer tão desafiante diversidade.

Isso me faz duvidar se podemos continuar falando da infância, porque eu vejo com profunda dor que no meu país e no nosso continente há pelo menos dois extremos nos quais a infância transita: a dos poucos meninos que nascem e são criados em um bairro privado (privados de quê, teríamos que nos perguntar), e a dos muitos meninos que nascem e – quando não morrem – são criados em favelas.

Na Argentina temos um grande desafio neste momento, que contextualiza e dá contexto jurídico às nossas ações: depois de décadas de vigência, foi derrogada a Lei de Patronato da Infância a partir da sanção da nova Lei de Proteção Integral dos Direitos das Meninas, Meninos e Adolescentes, alinhada com a Convenção sobre os Direitos da Criança que a Argentina assinou em 1990.

O contexto legal é fundamental, mas, obviamente, não é suficiente para garantir a cada criança e adolescente que habita nossa terra o cumprimento pleno dos seus direitos. Precisamos de uma sociedade com seus cidadãos, governantes, instituições e empresas consubstanciados e convencidos de que este é o caminho para garantir a dignidade da vida humana, neste enxovalhado planeta.

Eu acredito, de verdade, que há modos de trabalhar com a literatura e a promoção da leitura, para que o abismo indecente entre ricos e pobres não acabe naturalizado, nem na pele nem nas ideias. É necessário que tenhamos clareza em relação a que tudo o que fazemos nesta profissão – como também o que deixamos de fazer – não é inócuo nem inocente. Muito pelo contrário, está absolutamente marcado pelo que acreditamos e queremos da vida, da nossa própria e da dos outros, e constitui, portanto, um comprometido ato político.

A esperança é um condimento indispensável à experiência histórica. Sem ela não haveria história, mas puro determinismo. Só há história onde há tempo problematizado e não pré-dado.

Paulo Freire

> *É verdade que a paisagem das vinculações entre infância, literatura e leitura torna-se cada vez mais complexa, em processos e propostas multívocas, contraditórias, com idas e vindas e a partir de diferentes posicionamentos ideológicos; que convivem e entram em tensão, tornando difícil sua unificação, porque significaria desconhecer tão desafiante diversidade.*

---

[53] A cargo de Margarita Eggers Lan.

Bartolomeu Campos de Queirós

Biografia

Mineiro e vivendo em Belo Horizonte, o escritor tem sua formação voltada para as áreas de arte e educação. Frequentou o Instituto Pedagógico Nacional de Paris e a Divisão de Aperfeiçoamento do Professor – MEC. Deve também sua formação ao poeta Abgar Renault, às professoras Helena Antippoff e Nazira Feres Ab-Saber, com quem trabalhou alguns anos.

Foi professor da Escola de Demonstração vinculada ao Centro Regional de Pesquisas João Pinheiro – Inep/MEC, quando participou de novas experiências educacionais. Membro do Conselho Estadual de Cultura, assessor da Secretaria de Estado da Educação, presidente da Fundação Palácio da Artes, presidente da Aliança Francesa em Belo Horizonte, membro do Conselho Curador da Fundação Municipal de Cultura de Belo Horizonte.

Em 1974, lançou seu primeiro livro, *O peixe e o pássaro*, contemplado com o prêmio Prefeitura de Belo Horizonte, e *Pedro*, que recebeu o Selo de Ouro da Fundação Nacional do Livro Infantil e Juvenil (FNLIJ).

Entre outros, publicou ainda: *Indez, Ciganos, Cavaleiros das sete luas, Por parte de pai, O olho de vidro do meu avô, Até passarinho passa, Ah! mar, Antes do depois, História em três atos, Ler, escrever e fazer conta de cabeça, Sem palmeira ou sabiá*.

Recebeu significativos prêmios pelo seu trabalho literário: prêmio Jabuti, da Câmara Brasileira do Livro; Academia Brasileira de Letras, Associação Paulista dos Críticos de Arte; Nestlé de Literatura, 1ª Bienal do Livro de Belo Horizonte, 9ª Bienal de São Paulo, Rosa Blanca (Cuba), Quatrième Octagonal (França), Diploma de Honra da Ibby de Londres, Fundação Nacional do Livro Infantil e Juvenil (FNLIJ).

Bartolomeu Campos de Queirós

Ao receber o convite para estar presente neste encontro "Prazer em Ler", passei a perseguir uma ideia. O que falar, neste seminário, diante de especialistas que são minhas referências teóricas, que alimentam com criativas considerações o meu trabalho prático e toda a produção para a infância no país? Mas, por considerar os humanos como seres das relações, eu não poderia me negar o privilégio de estar ao lado dos senhores e senhoras, uma vez que sou movido pelo afeto, e não me recuso escutá-los. Meu prazer maior tem sido estar perto de pessoas que me são queridas.

Em minha perseguição veio a lembrança dos ensaios definitivos de Marina Colasanti: *Fragatas para terras distantes* (Global). Diante deles me surgiu a confirmação de que pouco eu tinha que dizer sobre as funções da leitura e os caminhos de cada um para se tornar leitor. Marina, em todo o seu trabalho, me surpreende e me interroga. E agora, quanto mais suponho que ler é superior a escrever, em vez de pensar no que dizer, reli os ensaios de Marina. E, ao reler, me assusto com o tamanho da minha distração. Reler me espanta do que me passou despercebido. Reler um bom texto é sempre se rejuvenescer. E continuei a perseguir, em vão, uma nova ideia.

Se pelo afeto estou aqui, foi também pelo afeto que deixei as salas de aulas, os escritórios de assessorias, os gabinetes de administrações públicas, em que os meios continuam sendo mais importantes que os fins, e me fixei num trabalho que busca o fazer estético-literário como espaço primordial das relações. O livro de literatura sempre nos escuta atenciosamente. Se construído de palavra e fantasia, ele também nos dá a palavra e espaço para exercitar nossa fantasia de leitores. Umberto Eco reflete bem sobre tal aspecto em seu livro *Obra aberta*. O texto literário acorda paisagens no coração do leitor, onde o escritor nunca esteve.

Acredito que no encontro do leitor com o escritor – tendo o livro literário como suporte – uma terceira obra é construída, e esta jamais será escrita. Daí meu respeito à literatura pela sua sutileza em promover um diálogo subjetivo, íntimo, secreto e bem próximo da delicadeza com que os humanos gostam de ser tratados. Nascemos para ser adivinhados, e a literatura lê o nosso desejo. Um dia li em Shakespeare:

Saibas ler o que o mudo amor escreve,
Que o fino amor ouvir com os olhos deve.

Minhas considerações aqui não são teóricas, nem deveriam sê-lo. Elas partem de reminiscências, de pequenas crenças nascidas ao longo do meu trabalho. São confissões que faço a amigos que acreditam, como eu, em outras alternativas para que o humano se aproprie, sempre mais, de sua própria humanidade. E isso só ocorre à medida que as relações são de liberdade, como são as do livro com o leitor.

Desde menino o silêncio foi meu amigo. Sempre vivi atordoado com o escândalo que é viver, sem ter ainda lido Camus. Carregava a pedra sem conhecer o pecado. Entre o silêncio encontrado nas sombras dos quintais, nas margens dos córregos, debaixo das mesas, eu conversava comigo sobre os mistérios. Mas jamais quis decifrá-los, apenas encantar-me. Todo pouco que sei aprendi com as leituras que o silêncio me permite, ainda hoje, fazer. No silêncio nós somos sujeitos sem fronteiras. Nunca apreciei a divisão do mundo em pedaços. O inteiro foi sempre minha ambição.

Eu suspeitava, já naquele tempo, que o hoje só me "é possível reinventado", que inexiste uma conversa sem palavras, mesmo se impedida ainda de se fazer sonora para não romper o precioso vazio exterior. E as palavras foram meus objetos de brincar, de alterar o real, de trapacear com os incômodos. Elas ocupavam meus cômodos interiores e se mentiam ser silêncio. O silêncio é um estado operatório. Estar em silêncio é estar em trabalho. Em criança buscava entender a língua dos animais. Não poderia existir vida sem palavras, eu suspeitava.

Sempre me pareceu impossível viver sem as palavras. Por meio delas eu me encantava com seus poderes de alterar o real, que ainda hoje me engana e me trapaceia. Frequentemente desconfio do real. Já pensava que tudo está em vias de ser, sem conhecer o existencialismo de Sartre. Nem desconfiava que só se "é" quando definitivamente morto. Buscava decifrar, adivinhar o que havia antes e depois do real. Para mim a realidade sempre foi um ponto de partida, mesmo sabendo que só há uma definitiva e pesarosa linha de chegada.

O riacho doce, manso e estreito do meu quintal me fazia imaginar o mar imenso, salgado, mas para ser assim extenso era preciso estar abaixo de

Eu suspeitava, já naquele tempo, que o hoje só me "é possível reinventado", que inexiste uma conversa sem palavras, mesmo se impedida ainda de se fazer sonora para não romper o precioso vazio exterior.

todas as águas, abaixo do meu riacho. Com as palavras, morando no meu silêncio, eu podia realizar quase o absoluto dos meus desejos. Com a palavra, tudo o que é pensável é possível. Meu mundo, tão vasto em incertezas, cabia nas minhas palavras. Sabemos, sem vacilar, onde reside a alegria ou a tristeza. Já no ato de nascer aprendemos a diferenciar a dor do prazer. Não existe escola melhor para ensinar essa dicotomia do que a própria vida. Mas é preciso palavra para nomear onde dói.

E sempre que a vontade de mudar as coisas me visitava fazia-se necessário elaborar uma nova linguagem. Meu espanto por descobrir que a linguagem é que muda o mundo me fazia mais seu amante. E ainda agora, enquanto falo, sei que as áreas de conhecimento – a política, a educação, a economia – só vão descobrir novos caminhos se a palavra abrir diferentes percursos. Octavio Paz nos diz: "Esquece-se com frequência de que, como todas as outras criações humanas, os impérios e os Estados estão feitos de palavras: são feitos verbais". Desde sempre foi a palavra que organizou o caos. Freud bem praticou esse ato, ao acreditar que a palavra pode nos curar. E no absurdo em que vivemos no momento, em que as palavras não andam merecendo créditos, só novas palavras poderão revitalizar e resgatar a nossa esperança. É que as palavras transitam da realidade ao sonho sem pedir licença e movidas pela liberdade. Sem a liberdade jamais germinaram novos tempos. As palavras costuram a razão ao charme da loucura sem se importar com a desconhecida extensão dos mistérios. Daí Cecília Meireles nos confidenciar em Minas:

> Ai, palavras, ai, palavras,
> que estranha potência, a vossa!
> Éreis um sopro na aragem
> – sois um homem que se enforca!

Desde sempre eu cismava o mundo. Para possuí-lo em mim eram necessárias as palavras. E, se as desconhecia, inventá-las era meu ofício. Para acomodar as emoções, como fazem as crianças, criando sons para matar a sede, solicitar o colo, saciar a fome, ou sussurrar "mãe", eu inventava ruídos para os meus desassossegos. Li em Affonso Romano de Sant'Anna:

> Às vezes, é preciso internalizar-se
> na escuridão da pedra
> para merecer um raio de luz.

Um dia, as palavras que viviam no meu silêncio passaram a ganhar voos, a se livrarem da minha prisão. Exilavam-se, mundo afora, sem promessa de retorno. Mas sempre foram de dúvidas os meus dizeres. A dúvida é a minha verdade. Tal ato só foi possível ao descobrir que as coisas existiam independentes de mim, e como ter acesso à verdade que está fora de mim? Minha tarefa passou a ser atribuir novos sentidos ao pressuposto real. E esse novo sentido era buscado na minha fantasia. Mas a alegria de perceber que todo real é uma fantasia que ganhou corpo me acalentava. E, depois, fantasiar é experienciar a liberdade. Quem fantasia exige conviver em liberdade.

E a memória, armazém do vivido e do sonhado, me tranquilizava e me encantava por estar sempre sendo atropelada pela fantasia. De outra forma, viver seria um acúmulo sucessivo de culpas, pois o tempo não tem marcha à ré, mas a fantasia, interferindo na memória, nos aconselha cuidados com o futuro. E não se põem freios na fantasia. E, depois, me desculpem, fantasiar é tentar se livrar das culpas.

Se a desconfiança na exatidão do real me sufocava, a certeza de a fantasia redimensioná-lo me seduzia. Encontrei a leitura literária como o lugar capaz de me levar a tomar posse da minha fragilidade e de aconchegar a minha incoerência.

Eu via meu pai chegar do trabalho com o rosto exaurido pela repetição do seu cotidiano em longas estradas de terra, transportando manteiga. Não compreendia ainda que Sísifo, ao trilhar o mesmo caminho com a mesma pedra, num trabalho inútil, e condenado a repetir um mesmo percurso, muitas vezes confundia seu rosto com a pedra. Mas a nós, que não desobedecemos a Zeus, nos foi dada a liberdade de escolher o caminho por onde passar com nosso cotidiano. Criar passou a ser para mim um imperativo e quase cheguei a aconselhar meu pai a desviar de rotas para então despetrificar o seu rosto.

Quando professor, em trabalho de pesquisar novas metodologias educacionais, me assustei ao conferir que as crianças desconhecem a fragilidade. Tudo podem. Suas desmedidas capacidades de "fantasiar" colocam o cosmo, com seus mistérios, em suas mãos. A força da fantasia lhes garantia o desmedo.

Meu trabalho, enquanto professor, passou a ser dar asas às fantasias das crianças. Não desprezar a intuição como meio de ler a poesia que circula no mundo veio ser a minha metodologia. Por ser assim, a arte, com sua total falta de preconceitos, guiava nosso convívio. E nós éramos felizes. Eu sabia que o tempo, capaz de trocar a roupa do mundo, se encarregaria de torná-las educadamente frágeis. E para conviver com a fragilidade é

Se a desconfiança na exatidão do real me sufocava, a certeza de a fantasia redimensioná-lo me seduzia.

indispensável não perder, irremediavelmente, a infância. Jamais a explicação racional esgotará o destino – em movimento – do mundo. Ele sempre será maior que a nossa precária inteligência.

Mas, ao nos apropriar da fragilidade, crescemos em curiosidade e nos desvencilhamos das pretensiosas verdades definitivas. Tornamo-nos ouvintes atenciosos do universo e adjetivamos seus sinais. Todo adjetivo surge de uma escolha interior. Reconhecer que todo conhecimento nos garante a fragilidade me parece o caminho seguro para estreitar relações mais dignas entre os povos. Bergson, ao escrever sobre a definitiva solidão de cada um, nos aconselha a tornar criadora tal solidão, buscando os encontros, as coesões. Tomar posse da fragilidade nos permite as trocas e faz da existência um processo de somas e divisões, com juros sempre lucrativos.

Aprendi em sala de aula que a criança é a mais intensa das metáforas. Não se pode compreendê-la como objeto a serviço do mundo. A tarefa do magistério é paciente e deve esperar que a mais rica das metáforas aflore continuamente. E para tanto a liberdade, somente a liberdade, confirmará que não existe um conceito de criança. Cada criança é um conceito. Cada criança é mais um intenso mistério que nos visita e nos surpreende pela singularidade. Também o homem não tem plural. Assim sendo, o mundo se enriquece, mais e mais, pela soma das diferenças. Preservar a infância é o que de melhor podemos fazer por ela. Ao ter a possibilidade de viver em felicidade a infância, a vida se torna breve. Se sobrecarregada de faltas, desrespeito, violência, a vida se torna demasiadamente longa. A alegria vivida, ou a alegria sonhada, é que nos faz desejar um mais longo futuro. Não se ama a vida quando ela só nos agasalha com sofrimento.

Um dia descobri que se eu traçasse o futuro para nortear as crianças, se roubasse delas a capacidade de inventar seus destinos, se priorizasse a lógica formal em detrimento do sonho, eu não seria professor, mas apenas um cigano tirador de sorte, um sujeito investido de deus, capaz de conhecer o futuro dos homens e do mundo. Desrespeitaria os mistérios que fazem da existência um espaço de sustos e revelações e mais me empobreceria ao negar a experiência da fragilidade. Educar-se sempre me pareceu ser tomar posse dos limites.

Augusto Rodrigues – que tão bem confirmou a capacidade criativa da criança fundando a Escolinha de Arte do Brasil – me disse, um dia, ser impossível saber qual criança é mais feliz quando está em liberdade criadora. E eu desconheço técnica de avaliação capaz de medir comparativamente a felicidade.

Mas não é fácil para a escola usar, com plenitude, a literatura. A escola faz da literatura um instrumento pedagógico. Ela sempre quer que a criança leia para saber, enquanto a literatura deve ser lida pelo prazer de ler. E, sempre que há sofrimento, na literatura ela surge vestida de beleza. Por ser assim corre-se o risco de a escola empobrecer a arte: querer objetivar aquilo que só dialoga com a subjetividade.

Mas não é difícil compreender sua função quando a escola não deseja ser apenas uma agência repetidora do já acontecido. Ao pretender atuar sobre a transformação do mundo, há que nutrir a fantasia dos educandos. Fantasiar é inerente ao sujeito desde o nascimento. Primeiro atributo para suportar o espanto, que é viver. Volto a afirmar que todo real antes passou pela fantasia de alguém. Enquanto sujeitos, nós só nos realizamos quando nos acrescentamos ao mundo sem ignorar nossas singularidades. Acredito na força da literatura como objeto capaz de nos nutrir de coragem.

Não quero aqui ignorar as funções da informação. É preciso conhecer a tradição, as descobertas anteriores, para estarmos convictos de que rompemos com o anterior a nós. Possuímos uma história que não pode ser esquecida.

Mas acredito que uma busca está sendo realizada para ampliar nos educandos as fronteiras da fantasia e da palavra. Todo empenho tem sido feito para que a sensibilidade seja também um objeto de aprendizagem. Daí este nosso encontro. E não há momento mais propício do que este em que vivemos para promover mudanças, buscar novos sentidos, reinventar as novas maneiras para transformar um mundo que muito nos incomoda. Por que não a literatura?

MARINA COLASANTI
BIOGRAFIA

De família italiana, Marina Colasanti nasceu em Asmara, na Eritreia, em 1937. Depois de morar em Trípoli, na Líbia, voltou para a Itália, onde permaneceu até 1984, quando se transferiu para o Brasil, onde já vivia parte da sua família.

Fez estudos de pintura, cursou a Escola de Belas-Artes, especializou-se em gravura, começando uma carreira de artista plástica. Em 1962 ingressa no *Jornal do Brasil* e imprime outro rumo à sua vida.

Trabalha como redatora, cronista, colunista, ilustradora e editora, e publica seus dois primeiros livros.

Nesse período estreia como tradutora. Suas traduções incluem obras-primas da literatura universal, como livros de Moravia e Papini, do japonês prêmio Nobel Yasunari Kawabata, do polonês-americano Kosinski, e mais recentemente *O gattopardo*, de Tomasi di Lampedusa, e *As aventuras de Pinóquio*, de Collodi.

Em 1973, muda-se para a Editora Abril, como editora de comportamento da revista *Nova*. Seu trabalho lhe renderá três prêmios Abril de jornalismo e quatro livros de ensaios jornalísticos.

São os anos de efervescência feminista, que, embora abafada pelo regime totalitário, fermenta, alastra-se, construindo a tomada de consciência das mulheres brasileiras. Foi membro do primeiro Conselho dos Direitos da Mulher, especialmente importante na formulação das questões femininas na nova Constituição.

Desenvolve também atividades na televisão, como apresentadora, redatora e âncora de vários programas, sempre na área cultural.

Aumenta sua produção literária, com livros de contos e de minicontos. Surge o primeiro livro de contos de fadas, gênero pouco usual que, ao contrário do que se costuma pensar, não se destina apenas às crianças, mas a leitores de qualquer idade.

Mais tarde desponta para a poesia. Estreia com *Rota de colisão,* que lhe vale um prêmio Jabuti. Escreve também poesia para crianças, com os livros *Cada bicho seu capricho* e, mais recentemente, *Minha ilha maravilha*.

Hoje a bibliografia de Marina Colasanti conta com quarenta livros, que lhe valeram quatro prêmios Jabuti e alguns prêmios internacionais. E, com o mesmo entusiasmo com que no passado defendeu a questão dos direitos femininos, dedica-se, sobretudo em sua atividade de conferencista, à promoção da leitura.

AVALIANDO MINHA DÍVIDA COM A LEITURA

Vou começar fugindo do título que me coube: "Espaços da prática criativa do livro e da literatura". Seria excessivo para uma palestra, já que o espaço da prática criativa é a alma humana, e literatura é aquilo tudo que será discutido neste seminário, e muito mais. Na verdade, debaixo desse título o que se pretendia é que cada um de nós falasse do seu fazer, da sua profissão.

Um escritor se dá a conhecer por sua obra e sua biografia, mas para que esse meu percurso não seja demasiado anedótico vou lançar mão de três pontos-chave: o movente, o projeto e o propósito. O movente é o conjunto de fatores que faz com que alguém se torne escritor; o projeto, a estrutura dentro da qual os seus livros se organizam; e o propósito, o que o autor pretende alcançar por meio da sua obra.

A leitura é, sem dúvida, o que mais diretamente me levou a escrever. Sempre fui leitora, sempre estive rodeada de livros. Com as leituras que faziam para mim comecei a entrar neles antes mesmo de saber ler formalmente. E ao longo do tempo ela me transmitiu a certeza – palpável porque entretecida no meu viver – de que literatura é prazer e é aprendizado, é um importante diálogo com o mundo, é estruturante. Sem as leituras que fiz, sem aquilo tudo que a leitura me trouxe, eu não seria eu, não saberia me viver.

Foi com a leitura que aprendi a escrever. Quando comecei a escrever profissionalmente, evidenciou-se que já sabia fazê-lo, e sabia não porque alguém tivesse me ensinado, nem porque eu tivesse ensaiado a minha escrita, mas porque tinha lido durante a vida inteira. Fui convocada a escrever quando entrei para o *Jornal do Brasil* levada por um amigo jornalista. Até então havia sido artista plástica, mas o desejo de independência econômica me levara a procurar outros rumos. Entrei no jornal como repórter. Entretanto, só fiquei nessa função por cerca de dois meses, porque o fato de ter bom texto fez com que fosse promovida a redatora. Em breve, estava escrevendo crônicas. E das crônicas do jornal passei de forma quase natural para os textos do meu primeiro livro.

A leitura me ensinou a escrever, e me ensinou a fantasiar. Bartolomeu Campos [de Queirós] disse que a gente fantasia sobre o que não tem. Eu fantasio sobre o que tenho. Sobretudo, construo com o imaginário. Viro o mundo de ponta-cabeça e lhe descubro novos significados, me viro de ponta-cabeça e vejo o mundo por outros ângulos.

Se a leitura foi a primeira razão de eu ter-me tornado escritora, a segunda foi o diário. Mantenho um diário desde os nove anos de idade. Os primeiros diários eram aqueles com cadeadinho – para irmão não devassar a intimidade da gente. Depois vim para o Brasil, e quando eu tinha dezesseis anos minha mãe morreu. A morte da minha mãe me atirou de chofre, diante do valor da vida e de sua fragilidade. A partir desse momento passei a absorver a vida de uma forma mais intensa, como se devesse vivê-la duplamente – por mim e por minha mãe –, procurando nas coisas um outro olhar, que seria o dela.

O diário tomou então a forma de cartas dirigidas à minha mãe. Isso durou pouco tempo, e também a minha sensação de ter que viver por duas. Mas foi uma mudança importante e me deixou esse modo de olhar, que talvez nem seja um olhar mais intenso, mas apenas a consciência do olhar. Dali em diante, o diário deixou de ser um registro de acontecimentos para tornar-se um diálogo, inicialmente com ela, depois comigo mesma.

Com ele aprendi a procurar dentro de mim as sensações e as emoções e a dar-lhes visibilidade por meio das palavras. Muito só, sem ter com quem falar dos meus sentimentos, eu realizava sem saber uma espécie de processo freudiano ao buscá-los no fundo para transformá-los em palavras, que relia depois, num esforço de apreensão e de entendimento. Dia a dia eu elaborava o meu viver. E fazendo isso encontrei, sem me dar conta, um caminho que me seria precioso adiante: aquele pelo qual se desce até a emoção para poder escrever dentro dela.

Esse conjunto de fatores circunstanciais e estruturais foi meu movente. Mas o movente pouco pode se, a partir de um certo momento, não se estabelece um projeto. É com o projeto que o escritor ganha solidez, fazendo de cada livro uma peça para a construção do todo. Um escritor iniciante pode escrever um livro ou dois, sem fazer-se grandes perguntas. Se, porém, busca seriedade, terá que se perguntar por que escreve, aonde quer chegar com seus livros, que tipo de percurso quer traçar.

Não fugi à regra: meu primeiro livro foi escrito num impulso, seguindo apenas meu desejo. O segundo foi uma coletânea das crônicas escritas para

Se a leitura foi a primeira razão de eu ter-me tornado escritora, a segunda foi o diário.

o jornal, sem outras exigências que não a seleção e organização. Mas, quando comecei a trabalhar no terceiro livro, já tinha um projeto para me guiar.

Meu projeto é, antes de tudo, plural. Nunca desejei fazer uma coisa só. Nem na literatura, nem na vida. O novo me atrai, o diferente me fascina. E prefiro o difícil. Não se veja nisso virtude ou defeito, é tão só uma característica da minha personalidade, que me governa, levando-me a costurar minha roupa, a me atirar a atividades que nunca tentei antes, a não gostar de repetir dois dias seguidos nem louça nem comida, a me arriscar. Fazer o simples me parece muito sem graça, não exige empenho, não abocanha o coração, não dá pressão. Já para a coisa difícil é preciso convocar todas as forças, achar recursos, descobrir recursos novos em si mesmo, e fortalecer-se à custa da dúvida, da hesitação.

Eu quis isso desde o começo, embora ainda não o tivesse formulado claramente. Meu primeiro livro, que foi recebido como um livro de crônicas, na verdade tem uma estrutura bem mais complexa. É um livro sobre solidão, contado em dois tempos diferentes: um, para os capítulos ímpares, que são biográficos e cronológicos; outro, para os pares, que são *flashes* de solidão sempre no presente. Meu intuito era narrar um sentimento mais do que uma situação, e fazê-lo por meio de pulsações, o texto como uma luz estroboscópica, piscando intermitente de modo que revelasse apenas o necessário. Estava ali traçado o caminho que eu seguiria adiante: texto breve, excessos podados, planejamento antecedendo a escrita. Ali estava também o meu não interesse pelo realismo direto.

A partir do terceiro livro, de minicontos, temático, centrado na questão do animal, comecei a montar minha construção de diversidade. Seria seguido de um outro livro de minicontos sobre o tema da morada, de um livro de contos de fadas, de uma série de ensaios jornalísticos sobre comportamentos. Ainda haveria de acrescentar a literatura infantil e, por último, a poesia.

Quando me perguntam de que gênero gosto mais — e sempre me perguntam — respondo que gosto do conjunto, da construção do todo através dos diferentes gêneros. A pluralidade, que a outros pode parecer dispersiva, é para mim um eixo condutor, uma ferramenta de coesão. Eu a uso para me renovar, para sair e regressar a cada gênero trazendo benesses que colhi em outro, evitando o cansaço, evitando a mesmice.

Creio que, percorrendo meus livros, é possível perceber como os gêneros se entrelaçam. Tentei mostrá-lo em uma coletânea, *Um espinho de marfim*, em que misturei contos, minicontos e contos de fadas, nos quais alguns temas ou inquietações, retomados de um a outro, escorrem como um mesmo rio.

Além disso, esse trânsito me diverte muito, me surpreende, e eu preciso ser surpreendida pelo meu trabalho. É a única garantia que tenho de que ele possa surpreender alguém, além de mim. Se, chegando ao fim de um texto, rio ou sinto a melancolia beijar-me a nuca, se, relendo um livro depois de algum tempo, me pergunto intrigada como foi que aquilo brotou em mim, me sinto autorizada a crer que talvez tenha chegado a bom ponto.

Espero que no fim da minha caminhada fique evidente que cada peça, cada texto se encaixa em outro, e em outro. Há temas e personagens que me perseguem ou que eu persigo. Ovelhas, por exemplo. A minha vida está cheia de ovelhas, meu escritório está povoado de ovelhas porque, a partir de meu livro infantil, *Ofélia, a ovelha*, minhas filhas começaram a me dar de presente ovelhas de pelúcia, de louça, adesivas. E ovelhas aparecem também na poesia, nos contos. São um referencial para mim, que nunca fui pastora, mas amo a mansidão. O tema das máscaras é outro que tomo e retomo, e a metamorfose, e os mitos. Gosto de olhar uma coisa que já conheço e descobri-la nova.

No livro *Entre a espada e a rosa* fiz duas versões do mesmo conto: alertado por um sonho, um homem parte em busca da Cidade dos Cinco Ciprestes, onde um tesouro o espera. Recentemente, ardeu-me o desejo de voltar a ele, e tão intenso, que o livro *23 histórias de um viajante* traz mais uma história da Cidade dos Cinco Ciprestes. A quarta está pronta para o próximo livro, e já tenho a quinta. Quem sabe um dia faço um livrinho pequeno só com contos da Cidade dos Cinco Ciprestes, ou seja, a mesma história retomada cinco vezes de forma diferente, mostrando que uma história, qualquer história, não tem fim. Pode ser reinventada inúmeras vezes, pois todas as histórias são fragmentos de uma mesma, única história, a história do ser humano.

No meu projeto é preciso incluir também o pequeno. Escolhi trabalhar com texto curto porque gosto do pequeno. Dê-me uma coisa pequena, um serviço minucioso, uma artesania de detalhes, e me verá feliz. Vai ver, tenho alma de miniaturista persa. Os miniaturistas persas acabavam cegos de tanto pintar pequeníssimas personagens com pincel de pelo de gato. Eu não acabarei cega, porque no pequeno não procuro o pequeno, mas o grande, que ele contém. Gosto de trabalhar assim, a partir do modesto. Não desejo nada grandioso, salto alto, coturno, nada disso. Sou gravadora,

Quando me perguntam de que gênero gosto mais — e sempre me perguntam — respondo que gosto do conjunto, da construção do todo através dos diferentes gêneros.

169

com mão para delicadezas, nuances interligadas de que o artista se serve para chegar à imagem específica que buscava desde o início. No caso da escrita, é onde entra o propósito.

Meu propósito – aquilo que pretendo ao escrever – vai também em três itens: arte, beleza, reflexão. Seria de uma pretensão espantosa se não fosse apenas um propósito, mas não se trata do que alcanço, e sim do que busco.

A beleza, porque é enriquecedora sempre, porque contamina e faz bem. Entendo a beleza sobretudo como harmonia. E é na harmonia que nos aproximamos da comunhão com o todo. Então, quero beleza. Sobretudo se penso em literatura para crianças e jovens, não quero contar histórias para recheá-las de ensinamentos, não quero dar aulas, não quero transmitir os princípios morais vigentes. Não é para isso que escrevo. Eu quero escrever beleza. Quero dar beleza de presente, para que os leitores se sintam nos meus livros como eu me senti nos belíssimos livros que li.

Arte, porque cresci rodeada de arte. Sou de um país de arte, a Itália, e de uma família de artistas. A arte sempre fez parte da minha vida. Eu própria quis ser artista plástica, arte foi o que estudei. Sou pintora, sou minha ilustradora. Amo estar em um bom museu tanto quanto estar em um aeroporto, pois nos dois viajo. Não é uma atitude, não é exibicionismo, é estar em uma água que me faz bem, beber em uma fonte que me alimenta. Arte, pois, para o meu trabalho.

E reflexão. Se não for para provocar reflexão, não vale a pena escrever. Nunca desejei ser beletrista. Quando, tanto tempo atrás, comecei a fazer crônica no jornal e as pessoas vinham me dizer: "Marina, você está escrevendo muito bem", eu ficava um pouco desapontada, pensava: "Escrever bem muita gente sabe, quero que me digam que estou pensando bem". É no fio do pensamento conjugado com a emoção que se faz a melhor literatura. O meu propósito, portanto, inclui uma escrita de reflexão, capaz de surpreender, de cravar-se como uma cunha no pensamento do leitor, provocando-o, pelo menos por um tempo. O ideal é que a pessoa leia um miniconto, um poema, um texto, e feche o livro sentindo-se plena, alimentada. E que esse sentimento perdure. Eu quero ser bala de hortelã para o resto do dia na boca daquela pessoa.

Bibliografia

Eu sozinha. Rio de Janeiro: Gráfica Record Brasileira, 1968.
Nada na manga (crônicas). Rio de Janeiro: Nova Fronteira, 1975.
Zooilógico (contos). Rio de Janeiro: Imago Editora, 1975.
A morada do ser (contos). Rio de Janeiro: Editora Francisco Alves, 1978; Record, 2005.
Uma idéia toda azul (contos de fadas). Rio de Janeiro: Nórdica, 1979; São Paulo: Global, 2004.
A nova mulher (artigos). Rio de Janeiro: Nórdica, 1980.
Mulher daqui pra frente (artigos). Rio de Janeiro: Nórdica, 1981.
Doze reis e a moça no labirinto do vento (contos de fadas). Rio de Janeiro: Nórdica, 1982; São Paulo: Global, 1999.
A menina arco-íris (infantil). Rio de Janeiro: Rocco, 1984.
E por falar em amor (ensaio). Rio de Janeiro: Rocco, 1984.
O lobo e o carneiro no sonho da menina (infantil). São Paulo: Cultrix, 1985.
Uma estrada junto ao rio (infantil). São Paulo: Cultrix, 1985.
O verde brilha no poço (infantil). São Paulo: Melhoramentos, 1986; Global, 2004.
Contos de amor rasgados (contos). Rio de Janeiro: Rocco, 1986.
O menino que achou uma estrela (infantil). São Paulo: Melhoramentos, 1988; Global, 2000.
Um amigo para sempre (infantil). São Paulo: Quinteto, 1988, 1998.
Aqui entre nós (artigos). Rio de Janeiro: Rocco, 1988.
Será que tem asas? (infantil). São Paulo: Quinteto, 1989.
Ofélia, a ovelha (infantil). São Paulo: Melhoramentos, 1989; Global, 2000.
A mão na massa (infantil). Rio de Janeiro: Salamandra, 1990.
Intimidade pública (coleção de artigos). Rio de Janeiro: Rocco, 1990.
Agosto 91, estávamos em Moscou, com Affonso Romano de Sant'Anna. São Paulo: Melhoramentos, 1991.
Entre a espada e a rosa (contos de fadas). Rio de Janeiro: Salamandra, 1992.
Ana Z, aonde vai você? (juvenil). São Paulo: Ática, 1993.
Rota de colisão (poesia). Rio de Janeiro: Rocco, 1993.

Um amor sem palavras (infantil). São Paulo: Melhoramentos, 1995; Global, 2000.

O homem que não parava de crescer (juvenil). Rio de Janeiro: Ediouro, 1995; São Paulo: Global, 2005.

De mulheres sobre tudo (citações). Rio de Janeiro: Ediouro, 1995.

Eu sei, mas não devia (crônicas). Rio de Janeiro: Rocco, 1996.

Longe como o meu querer (contos de fadas). São Paulo: Ática, 1997.

Gargantas abertas (poesia). Rio de Janeiro: Rocco, 1998.

O leopardo é um animal delicado (contos). Rio de Janeiro: Rocco,1998.

Um espinho de marfim e outras histórias (antologia). Porto Alegre: L&PM, 1999.

Vinte vezes você (coleção de artigos). e-book, www.mercatus.com.br.

Esse amor de todos nós (compilação de textos). Rio de Janeiro: Rocco, 2000.

Penélope manda lembranças (contos). São Paulo: Ática, 2001.

A casa das palavras (crônicas). São Paulo: Ática, 2002.

A amizade abana o rabo (infantil). São Paulo: Moderna, 2002.

A moça tecelã. São Paulo: Global, 2004.

Fragatas para terras distantes (ensaio). Rio de Janeiro: Record, 2004.

Fino sangue (poesia). Rio de Janeiro: Record, 2005.

23 histórias de um viajante. São Paulo: Global, 2005.

Os últimos lírios no estojo de seda (crônicas). Belo Horizonte: Leitura, 2006.

Nilma Gonçalves Lacerda

Biografia

Nilma Lacerda, nascida Nilma Aguieiras Gonçalves, estudou no Instituto de Educação do antigo Estado da Guanabara e cursou, em seguida, a Faculdade de Letras da Universidade do Estado da Guanabara. Vieram, mais tarde, o mestrado e o doutorado em letras vernáculas.

O prêmio Rio de Literatura e o Alfredo Machado Quintella, da Fundação Nacional do Livro Infantil e Juvenil (FNLIJ), confirmam o talento para expressar a condição humana, tomada pela autora como misto de gozo e de dor, perplexidade e necessária poesia. A eles seguiram-se o Jabuti, o Orígenes Lessa, o Cecília Meireles, que firmaram a escrita como terreno de trabalho e de vida. Sua obra, considerada original e de vigor estético, é aclamada por críticos como Antônio Houaiss, Laura Sandroni, Malcolm Silverman, Ênio Silveira, o escritor Bartolomeu Campos de Queirós e o historiador Roger Chartier.

A experiência de trabalho no antigo setor de Bibliotecas e Auditórios da Secretaria Municipal de Educação revelou-se importante, juntamente com o período de atuação na FNLIJ, para o encaminhamento à especialização em crítica de literatura que tem nas crianças e nos jovens seus principais leitores. No trajeto de professora de ensino médio, de professora universitária, tanto no espaço privado quanto público, abre-se a atuação para a pesquisa sobre leitura e escrita, com atividades em palestras e produção de inúmeros artigos.

No fim da década de 1990, os convites para participar de encontros do Programa Nacional de Incentivo à Leitura (Proler) da Fundação Biblioteca Nacional (FBN), a viagem pelo rio São Francisco – a convite das irmãs Dumont – e a participação no congresso Lectura, em Cuba, proporcionam o início de um projeto ambicioso que se encaminhou para um pós-doutorado na França, sob o patrocínio da bolsa Virtuose, do Ministério da Cultura, e orientação de Roger Chartier. O Diário de Navegação da Palavra Escrita na América Latina, em processo de finalização do primeiro volume, tem por objetivo identificar, por meio de um trabalho de copista e de pesquisadora, o que as pessoas escrevem, como, por que e para que o fazem.

É professora da Universidade Federal Fluminense, em Niterói, no Estado do Rio, onde prepara jovens para uma das profissões que, segundo Freud, é impossível: a de ensinar.

Leitura: uma escolha de caminhos

Ao meio da jornada da vida, tendo perdido o caminho verdadeiro, achei-me embrenhado em selva tenebrosa. [....] (Alighieri, 1981, p. 25).

Estamos nos primeiros versos daquela que é considerada uma das maiores obras de poesia de toda a humanidade, *A divina comédia*, de Dante Alighieri. A situação descrita pelo poeta não tem dificuldade em ganhar a adesão do leitor. Quantos de nós já não teremos experimentado a perda do caminho certo, o terror de errar em selva tenebrosa? Dante partilha com o leitor a completa desorientação:

Ao vale eu baqueava quando diviso, próximo, vulto parecendo enfraquecido por silêncio prolongado. Assim que o vi naquela adusta solidão, gritei, aflito: "Tem pena de mim, quem quer que sejas, sombra ou homem verdadeiro!" (*Ibidem*)

O vulto se identifica como o espectro de Virgílio, autor da *Eneida*, e pergunta a Dante: "Mas tu por que voltas ao vale da aflição? Por que não escalas esse aprazível monte, origem e princípio de todas as alegrias?" (*Ibidem*)

Ele se oferece para ser o guia de Dante nas etapas iniciais de uma viagem difícil, que o levará às altas sendas do Paraíso. Dante começa a segui-lo, mas pouco depois indaga, em meio à forte hesitação: "Mas eu, por que devo ir? Quem mo concede? Nem eu, nem outrem, disso, julgo-me capaz" (*ibidem*, p. 28). Diante dessas perguntas, Virgílio narra como foi convocado, em sua morada do Limbo, por uma dama formosa e iluminada, que o encarrega de levar salvação ao amigo que está perdido e pergunta se isso não basta para decidi-lo a vencer o medo. Confiando naquele que considera seu mestre, Dante decide segui-lo pelo caminho "áspero".

Ciente de estar operando um jogo nada científico entre vida e obra do autor, pergunto-me sobre a perda da espécie humana se Dante não tivesse se encontrado em selva tenebrosa, se não tivesse optado por transpor os círculos infernais. Ou se tivesse ficado inerte, sem saber o que escolher.

Costumo fazer a mim mesma perguntas sobre minhas escolhas, sobre a importância das leituras da juventude – Graciliano Ramos, Kafka, Machado de Assis, Dostoiévski, Tolstói, Manuel Bandeira, Cecília Meireles – em minhas decisões éticas e profissionais. Diante de um dos poemas que me são emblemáticos, pergunto que rumos teria tomado se tivesse escolhido em determinado momento ler ao pé da letra a palavra "ódio" no verso "Porém meu ódio é o melhor de mim", de Drummond (Andrade, 1973, p. 78). Ao escolher o significado compromisso para o significante ódio, lavrava minha escritura de vida. Ódio das estruturas injustas, ódio da guerra, ódio diante da desumanização da cidade.

Demorei bom tempo para fazer essa escolha. Minha professora de literatura da graduação, Dirce Riedel, chamava a atenção para o vocábulo "flor", altamente polissêmico em "A flor e a náusea": "O signo poético flor aciona todos os sentidos que a palavra teve, tem e terá". Ficava siderada pelo *terá*, imaginando a convicção por trás dessa afirmação, a ousadia de determinar o futuro da palavra "flor". Mas ela nada dizia sobre o ódio. Tive que descobrir as camadas dessa palavra por meio das sucessivas leituras que fazia, que também me propiciaram reconhecer, em mim, a natureza herege. Oriunda do grego *hairetikós*, essa é a palavra que designa aquele ou aquela que escolhe.

É próprio do ser humano escolher. Qualquer um de nossos atos – qualquer um – implica a exclusão de uma via e a aceitação de outra. Só um sujeito, um eu que conjuga o desejo, pode acionar o aparato para a realização de um projeto que contém a expressão de uma subjetividade, em que se reconhece um arbítrio.

Como o cotidiano, a leitura é pródiga em situações que requerem exclusões sucessivas de possibilidades para efetivar-se. O sentido de um texto se constrói nas escolhas realizadas em face das inúmeras opções presentes no signo. Cada significado escolhido carreia outros consigo, que vão sendo aceitos ou rejeitados conforme requisitados pela rede textual em construção. Preciso excluir do ódio do poeta os sentidos de malevolência, malignidade, hostilidade, sem o que não alcanço encontrar no poema um dos textos paradigmáticos do compromisso do indivíduo com a existência pessoal e social.

Mas ler é tanto uma operação mental quanto um ato fisiológico. A compreensão de uma fisiologia da leitura permite de forma mais objetiva e isenta reconhecer que a leitura é um ato de trabalho:

> Mesmo que o controle dos movimentos na leitura seja amplamente inconsciente e automatizado, trata-se de um controle cognitivo, realizado

É próprio do ser humano escolher. Qualquer um de nossos atos – qualquer um – implica a exclusão de uma via e a aceitação de outra.

por um sistema que aprendeu a considerar certo número de propriedades da língua, inclusive a forma ortográfica e a forma física das palavras. [...] Portanto, nós tratamos cada palavra. Definitivamente, ler não é sobrevoar. (Morais, 1996, p. 125)

Tratar uma palavra pressupõe uma série de operações, entre as quais seu reconhecimento e localização em uma família morfológica, semântica, passando pelo processo de escolher, isto é, colher para fora, retirar de um conjunto. Lemos escolhendo, e as escolhas não são aleatórias, sabemos bem. Ao retirarmos das prateleiras de uma biblioteca determinado livro, ao selecionarmos determinada roupa no armário, nós o fazemos atendendo a quesitos de ordem prática ou a expressões de desejo, que não controlamos conscientemente, mas cujas motivações podemos identificar mediante uma análise mais ou menos elaborada.

Dante escolhe adentrar o Inferno, porque é a Virgílio que ele segue. Atravessará o Inferno porque crê nas palavras do poeta, que diz conduzi-lo ao Paraíso. E nós? O que nos impulsiona a atravessar um texto, por meio de sua leitura? O que representa o ato de ler? Hábito? Ferramenta? Lazer? Prazer? Prestígio? Valor?

Uma das frases mais ouvidas no território de nossa competência traz a expressão "formar o hábito da leitura". A palavra "hábito" situa-se no campo semântico do reconhecimento imediato, da repetição, da maneira usual de ser, fazer, sentir. O próprio sentido do vocábulo como peça de vestuário evoca aquilo que se põe por cima, que veste um corpo. A leitura não veste um corpo, antes o desveste. Remove acepções correntes, instaura dúvidas, deixa a consciência nua em face das informações e indagações que propicia. O sentido que se quer dar à leitura, de ato íntimo e de frequência cotidiana, não referenda, na acepção de hábito, o que aí há de valor, sua própria natureza de bem simbólico que deve fazer-se presença em um projeto de vida voltado à valorização das experiências subjetivas, capazes, por sua vez, de arquitetar um projeto social. É preciso não desconsiderar o conceito expresso no axioma popular "o hábito não faz o monge" – não é por vestir o traje de uma congregação que o indivíduo se consagra a ela. Não é lendo de forma semelhante à de quem veste uma roupa ou tranca a casa antes de sair que a condição de leitor crítico, capaz de examinar o que lê, se constrói.

Ocorre também a percepção da leitura como ferramenta, capaz de proporcionar domínio do idioma, traduzível em uma escrita competente. É inegável que a ação de ler conduz à outra face dessa moeda: escrever. Não se pode refutar que escrever bem é meta de grande parte das pessoas de uma cultura predominantemente escrita como a nossa. No entanto, tomar a leitura como meio para alcançar a boa expressão escrita é ignorar a relação especular entre os dois atos e estabelecer entre eles uma relação de vassalagem, emprestada ao ato de escrever a nobreza de uma distinção social, reduzido o ato de ler à mera funcionalidade.

A associação de leitura e prazer com frequência exacerba a gratuidade do ato de ler e conduz à ocultação ou minimização do trabalho inerente. Como observa Morais, subestimamos o cognitivo inconsciente e não nos damos conta da operação complexa que envolve a leitura, do texto mais simples ao mais sofisticado. Tratamos as palavras, no ato de ler, e isso implica reconhecimento, seleção, composição com dados anteriores, estabelecimento de relações, organização, construção. É da capacidade de realizar toda essa operação, à qual não se costuma dar a atenção devida, que advém o prestígio social conferido pela leitura. Saber ler bem, ler com frequência, citar leituras são atos que denotam competência intelectual e bom trânsito no mundo das relações socioculturais. É, portanto, um dos álibis apresentados com frequência para o incentivo à leitura. Ler não precisa de álibis. Lemos e escrevemos porque somos humanos, conforme diz Sartre no final de *As palavras* (Sartre, 1990, p. 182).

Seres simbólicos, os únicos entre os seres vivos do planeta que agimos movidos por representações, temos na leitura e na escrita um lugar de ser e fazemos dessas práticas um valor para nossa existência. Tomar a leitura como valor é a escolha que tenho feito e por essa via me pergunto: que ser humano quero ver acontecer no leitor que estou formando?

Uma posição que vem se apresentando com frequência diante das situações de violência e de marginalização social que assolam o país é a de que jovens de comunidades em conflito não têm escolha. Em ameaças e seduções, a criminalidade se impõe de forma tão radical que aos jovens só resta, mais dia, menos dia, aderir a ela. Nessas circunstâncias, nosso trabalho de educadores, de mediadores de leitura, faz-se na convicção da falência breve. Mobilizamos concessões, pedimos favor para estar levando livros, a fim de sustentar nossas atividades pelo tempo de uma semibreve em clave de dó. Atravessar um outro inferno representado na literatura – *Cidade de Deus*, de Paulo Lins – possibilita reflexões que tragam sol para nossa clave de dó.

> *Seres simbólicos, os únicos entre os seres vivos do planeta que agimos movidos por representações, temos na leitura e na escrita um lugar de ser e fazemos dessas práticas um valor para nossa existência.*

Um teleguiado, quando soube que as aulas recomeçariam, sentiu saudades do tempo em que estudava. [...] É verdade que não era um aluno excelente, mas era certo que terminaria o primeiro grau e ingressaria no segundo para tentar a faculdade de educação física, mas o desgraçado do Miúdo degenerara o seu sonho quando matou seu irmão por puro prazer numa de suas investidas. (Lins, 2002, p. 370)

Existem caminhos, em face da degeneração dos sonhos, e escolhas para levar a esses caminhos, como aponta o trabalho de mediação em leitura para formação do leitor. Como Virgílio possibilitou ao poeta florentino escapar à perdição, devemos possibilitar a esses jovens uma outra escolha, diversa da imobilidade e configuração da morte antecipada.

Devemos, em relação a essa escolha, continuar a interrogar o Estado e a sociedade brasileira sobre suas responsabilidades, ousando trazer à nossa reflexão a presença de um "pensamento arriscado" (Aleksandrowicz, 2002, p. 71) que nos anime a um movimento corajoso em territórios em que a "a felicidade como meta para homens e mulheres" (*ibidem*, p. 64) mostre-se escrita possível. A leitura não traz felicidade e é responsável por uma consciência do humano que acarreta sofrimento; sua experiência concede, talvez como nenhuma outra, a consciência de um eu que pode dizer: escolho. O sujeito pode escolher a felicidade, desenhando-a a partir das linhas de suas próprias circunstâncias.

Não queremos necessariamente o paraíso de Dante. Almejamos com simplicidade o pequeno quinhão de felicidade aqui na terra, quinhão que permita construir as escolhas motivadas pelo desejo. Como certa história de uma criança agonizante, em um hospital universitário de referência nacional, que pediu à psicóloga que lesse um livro para ela. Não era qualquer livro, mas um livro de história de índio. Último desejo, o corpo médico do hospital e as máquinas para ressuscitamento (paciente cara, uma criança transplantada) a postos, como negar o desejo? A psicóloga foi lendo *Histórias de índio*, de Daniel Munduruku, e leu por tempo suficiente para que a criança escolhesse agarrar o fio da vida nas mãos, voltar do umbral da morte.

Este país precisa escolher agarrar o fio da vida nas mãos, voltar do umbral da morte. Esse umbral que tantos jovens estão ultrapassando precocemente. Esse mesmo umbral mostrado a Dante, na selva tenebrosa, ao meio da jornada da vida, cuja travessia foi por ele recusada, pois o poeta que o guiava mostrava, a encorajá-lo, as imagens do Paraíso.

Este país precisa escolher agarrar o fio da vida nas mãos, voltar do umbral da morte.

BIBLIOGRAFIA

Para crianças e jovens: *Menino e olhos: flor* (1987); *Dois passos pássaros, e o voo arcanjo* (1987); *Viver é feito à mão – Viver é risco em vermelho* (1989); *As fatias do mundo* (1997); *Fantasias; fingimentos; finalmente!* (coleção Fantasias, 2000); *Um dente de leite, um saco de ossinhos* (2004); *Estrela-de-rabo e outras histórias doidas* (2005), *Pena de ganso* (2005), *Rabo de estrella* (2007).

Para adultos: *Manual de tapeçaria* (1985), romance.

Traduções: *O homem das miniaturas* (2000) e *Eu não sou macaco* (2005), de Virginie Lou.

Ensaios: *A língua portuguesa no coração de uma nova escola*, com Pensilvania Diniz G. Santos e Regina Lúcia F. de Miranda (1995); *Cartas do São Francisco: conversas com Rilke à beira do rio* (2000); *Casa da leitura – Presença de uma ação*, consultoria à Fundação Biblioteca Nacional para o Programa Nacional de Incentivo à Leitura (2002).

Prêmios recebidos: Alfredo Machado Quintella; Orígenes Lessa: o melhor para o jovem; Cecília Meireles: o melhor ensaio em literatura para crianças e jovens – todos da Fundação Nacional do Livro Infantil e Juvenil (FNLIJ), seção brasileira do International Board on Books for Young People (Ibby); Jabuti, Câmara Brasileira do Livro; Especial do Júri do Concurso Adolfo Aizen da União Brasileira de Escritores (UBE); Rio de Literatura; além de vários selos de "altamente recomendável", pela FNLIJ.

Ricardo Azevedo

Biobibliografia

Ricardo Azevedo, escritor e ilustrador paulista, nascido em 1949, é autor de mais de cem livros para crianças e jovens, entre os quais, *Um homem no sótão* (Ática), *Lúcio vira bicho* (Companhia das Letras), *Aula de carnaval e outros poemas* (Ática), *A hora do cachorro louco* (Ática), *Livro dos pontos de vista* (Ática), *Armazém do folclore* (Ática), *Histórias de bobos, bocós, burraldos e paspalhões* (Projeto), *O livro das palavras* (Editora do Brasil), *Trezentos parafusos a menos* (Companhia das Letrinhas), *O sábio ao contrário* (Senac/Ática), *Contos de enganar a morte* (Ática), *Chega de saudade* (Moderna), *Contos de espanto e alumbramento* (Scipione), *O peixe que podia cantar* (Edições SM), *Cultura da terra* (Moderna), *Ninguém sabe o que é um poema* (Ática), *Feito bala perdida e outros poemas* (Ática) e *Araújo & Ophélia* (Moderna). Ganhou várias vezes os prêmios Jabuti, APCA e outros. Tem livros publicados na Alemanha, em Portugal, no México, na França e na Holanda. Bacharel em comunicação visual pela Faculdade de Artes Plásticas da Fundação Armando Álvares Penteado e doutor em letras (teoria literária) pela Universidade de São Paulo, pesquisador na área da cultura popular, professor convidado do curso de especialização em arte-educação no Prepes-PUC-MG desde 2003, tem artigos publicados em livros e revistas abordando problemas do uso da literatura de ficção na escola.

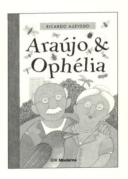

ARMADILHAS PARA A FORMAÇÃO DE LEITORES:
DIDATISMO, SISTEMA CULTURAL DOMINANTE E POLÍTICAS EDUCACIONAIS[1]

Segundo os dicionários, armadilha significa "logro astucioso, engano para fazer mal a alguém, cilada em que alguém se deixa cair".

Esse artigo trata exatamente disso: logros que fazem mal à gente, ciladas em que nos deixamos cair.

Pesquisa feita de três em três anos pela Organização para Cooperação e Desenvolvimento Econômico (OCDE), por meio do seu Programa para Avaliação Internacional de Estudantes, tem examinado alunos das redes pública e privada que estão concluindo o fundamental.

Na edição de 2003, o tema do exame foi "matemática" e envolveu 250.000 estudantes de quarenta países.

Cada aluno podia ser classificado em seis níveis de competência: muito fraco, fraco, razoável, bom, muito bom e excelente.

Cerca de 8.000 jovens brasileiros foram avaliados, entre os diferentes níveis: 9% alcançaram a categoria intermediária – dos níveis razoável e bom (720 alunos); 37% foram considerados de categoria inferior – dos níveis muito fraco ao fraco (2.960 alunos).

Os restantes não apresentaram desempenho suficiente nem para se qualificar à categoria inferior e foram classificados num nível especial: os abaixo do muito fraco. São 54% do universo avaliado (4.320 alunos).

Estamos falando de analfabetos funcionais no que tange à matemática.

Vale ressaltar: nenhum estudante, tanto de escolas particulares como de públicas, conseguiu atingir as categorias superiores "muito bom" e "excelente".

Na pesquisa anterior, realizada no ano 2000, o tema era "linguagem e comunicação" e o Brasil ficou em último lugar[2].

Segundo o jornal *O Estado de S. Paulo*, 0,2% das escolas públicas brasileiras – 160 num universo de 55.000 escolas – chegam a um índice de

---

[1] Texto-base para a conferência "Armadilhas didáticas da leitura na escola", realizada durante o 16° Congresso de Leitura do Brasil(Cole) - no Centro de Convenções da Unicamp, em 11 de julho de 2007. Tema do congresso: "No mundo há muitas armadilhas e é preciso quebrá-las". Esse texto pode ser acessado nos *sites* www.ricardo-azevedo.com.br e http://paginas.terra.com.br/arte/dubitoergosum/a88.htm.

[2] Sebastião de Amorim, artigo "Ensino básico, silenciosa tragédia nacional", *O Estado de S. Paulo*, de 20 de abril de 2007.

qualidade considerado médio entre os países da OCDE[3]. Boa parte delas, como sabemos, são escolas de aplicação diretamente ligadas às faculdades de educação, portanto em situação especial.

São dados que reafirmam o que é público e notório: existem muitos problemas com a nossa educação, seja em escolas públicas, seja em particulares.

Como trabalho com literatura, tenho me preocupado com um pequeno aspecto de nossa imensa e complexa questão educacional: a forma como os livros de ficção e de poesia é tratada nas escolas.

Minha sensação, após vinte e sete anos de visitas a escolas e conversas com estudantes que leram meus livros, assim como com seus professores, é que a escola, com poucas exceções, não sabe bem o que fazer com a literatura.

Para levantar e discutir o problema, venho tentando apontar, em artigos e palestras, certas diferenças e contradições existentes entre o discurso técnico-utilitário, característico dos livros didáticos, e o discurso ficcional e poético, próprio dos livros de literatura.

Tenho feito isso por sentir que muitas vezes o atual modelo escolar confunde as coisas, tratando livros de literatura como se fossem didáticos.

Na verdade, além de muito diferentes, eles implicam, como pretendo demonstrar, maneiras divergentes de enxergar a vida e o mundo.

Vivemos na chamada "cultura moderna", o sistema cultural dominante na sociedade ocidental. Nas palavras do antropólogo Roberto da Matta, sistema impregnado de uma "ideologia econômica, fundada na noção do indivíduo e na ideia de mercado, local onde tudo pode ser trocado, comprado e vendido"[4]. Além disso, construído com base em "sistemas individualistas [...] marcados pelo progresso e pelo consumo e permeados pela técnica [pela ciência, eu acrescentaria] e pela 'razão crítica'"[5].

Naturalmente, o discurso técnico-utilitário, largamente difundido pela escola, está formatado tendo em vista o "sistema cultural dominante" e tem sido importante meio de difusão dos paradigmas da "cultura moderna". É preciso ressaltar que tudo isso extrapola a educação propriamente dita; afinal, os paradigmas referidos fazem parte da cultura oficial contemporânea, estão naturalizados, influenciam a visão de mundo de todos nós e têm sido divulgados cotidianamente não só por livros didáticos, mas também por

---

[3] *O Estado de S. Paulo*, "Metas para a educação", 21 de junho de 2007.
[4] Roberto da Matta, *Carnavais, malandros e heróis - Para uma sociologia do dilema brasileiro*. Rio de Janeiro: Zahar, 1979. p. 17.
[5] Roberto da Matta, *A casa & a rua. Espaço, cidadania, mulher e morte no Brasil*. 6ª ed. Rio de Janeiro: Rocco, 2000. p. 136.

Vivemos na chamada "cultura moderna", o sistema cultural dominante na sociedade ocidental.

manuais técnicos de todo tipo, jornais e revistas, publicidade, internet etc. Eis alguns deles:

1) A valorização da ação individual, o que implica o individualismo.

De acordo com estudiosos do assunto, o individualismo corresponde à ideia de que o homem seja "livre" (daí o "livre-arbítrio", a "livre-iniciativa", o "livre-comércio" etc.), "igual" (supõe a "igualdade de oportunidades" ou a "igualdade perante a lei") e "autônomo" (valoriza a "autogovernabilidade" ou o agir segundo leis e interesses próprios). Segundo esse modelo, em tese, cada homem constrói com liberdade e autonomia, baseado em seus próprios interesses, seu destino, suas ações, seu conhecimento, suas crenças, seu mundo interior, suas relações com o outro, suas utopias etc.

2) A valorização do pensamento analítico, reflexivo e crítico.

Trata-se de um modo de pensamento ligado à postura técnica e científica que, diante de qualquer fenômeno (um corpo físico, uma sociedade, um texto, uma paisagem, um sonho, uma flor, uma emoção, o outro etc.), pretende, pelo distanciamento e pela impessoalidade, a) buscar a visão geral para situar o fenômeno; b) compreender sua estrutura, identificar e separar as partes que compõem o todo (o que supõe que tudo seja passível de ser decomposto em partes); c) examinar criticamente, ou seja, "detectar inconsistências"; d) definir, classificar e catalogar; e) criar hipóteses sobre seu funcionamento para, finalmente, f) determinar leis gerais ou universais ou construir explicações, definições e interpretações a respeito do assunto estudado.

3) A valorização do pensamento descontextualizado que busca estabelecer conceitos e princípios gerais e universais.

Por descontextualização, refiro-me ao pressuposto ou à crença de que todo fenômeno implica necessariamente a existência de um conjunto de leis gerais e abstratas que transcendem o fenômeno em si. J. Peter Denny[6] dá como exemplo o ensino às crianças de formas abstratas como quadrado, círculo e triângulo, modelos sintéticos inexistentes na natureza, apresentados em diagramas desligados de qualquer objeto real. Nesse caso, o círculo seria a "descontextualização" de uma lua cheia ou de uma bola de futebol.

---

[6] J. Peter Denny, "O pensamento racional na cultura oral e a descontextualização da cultura escrita", in David R. Olson e Nancy Torrance, *Cultura escrita e oralidade*. São Paulo: Ática, 1995.

Outro bom exemplo desse modelo seria a velha e conhecida dicotomia *parole/langue*. Por meio dela, como sabemos, a "palavra" é vista como parte de um processo plástico e mutante, em constante criação, presente nas conversações e na linguagem informal do dia a dia. Já a "língua", pelo contrário, apresenta-se como uma estrutura organizada, um sistema abstrato constituído por um vocabulário limitado contido em dicionários e por um conjunto objetivo, preciso e coerente de noções e leis gramaticais.

Pensar na linguagem falada corresponderia remeter à contextualização, com regras caso a caso.

Pensar na linguagem escrita corresponderia remeter à descontextualização, com regras gerais sistematizadas e fixadas por texto.

Em outro patamar a descontextualização pode ser descrita como a criação de noções e princípios abstratos, a chamada *nominalização*, por meio da qual uma ação como "aplaudir" passa a ser "aplauso" ou "inferir", a ser "inferência". São exemplos de descontextualização conceitos abstratos tais como "ser humano", "modernidade", "cultura popular", "liberdade", "igualdade", "indivíduo" ou "autonomia".

De acordo com o filósofo John Searle, a explicação científica sobre um fenômeno "consiste em mostrar como a sua ocorrência resulta de certas leis científicas e essas leis são generalizações universais acerca do modo como as coisas acontecem"[7].

Descontextualizar implica, portanto, necessariamente, abstrair e generalizar.

4) A valorização da objetividade, ou seja, a leitura dos fenômenos pretensamente feita com completa isenção, neutralidade, imparcialidade e impessoalidade. Louis Dumont define objetividade como "ausência de sujeito"[8].

Com a objetividade, em resumo, somos condicionados a acreditar na capacidade humana de enxergar os assuntos e os fenômenos com distanciamento e impessoalidade, ou seja, livres da influência de emoções, hábitos, cultura e marcas pessoais. Em outras palavras, aprendemos a agir e pensar supostamente isentos de nossa subjetividade.

O discurso crítico e objetivo é muito conhecido e fácil de ser identificado. A frase "a água ferve a 100 graus", por sua grande universalidade, funcionalidade e impessoalidade, pode ser considerada paradigmática do modelo acima

---

[7] John Searle, *Mente, cérebro e ciência*. Lisboa: Edições 70, 1984. p. 88.
[8] Louis Dumont, *O individualismo - Uma perspectiva antropológica da ideologia moderna*. Rio de Janeiro: Rocco, 2000.

discutido. Note-se que nesse tipo de discurso não existe o sujeito que fala. Isso se dá também no seguinte texto:

> O Brasil é banhado pelo oceano Atlântico, desde o cabo Orange até o arroio Chuí, numa extensão de 7.408 km, que aumenta para 9.198 km se considerarmos as saliências e reentrâncias do litoral, ao longo do qual se alternam praias, falésias, dunas, mangues, recifes, baías, restingas e outras formações menores.[9]

> Max Planck, fundador da física quântica, acreditava que "real [...] é aquilo que pode ser medido"[10].

5) O utilitarismo, ou seja, a tendência a valorizar-se os aspectos úteis e funcionais de todo e qualquer fenômeno.

Creio que podemos encontrar aqui uma das raízes da noção de tecnocracia, a valorização e o poder da técnica acima de tudo (a "supremacia dos técnicos"), marca indiscutível do "sistema cultural dominante" e da mentalidade valorizada pelo *status quo*.

6) A secularização, ou a laicização, em outras palavras, a rejeição ou a independência com relação a qualquer explicação ou interpretação religiosa da vida e do mundo, substituída pela "razão crítica", a argumentação objetiva, científica e técnica.

7) A valorização da inovação, a busca da originalidade, do conhecimento de "vanguarda" etc., o que implica a "desautomatização" do pensamento e, num outro patamar, a busca da chamada "expansão da consciência".

Com a objetividade, em resumo, somos condicionados a acreditar na capacidade humana de enxergar os assuntos e os fenômenos com distanciamento e impessoalidade, ou seja, livres da influência de emoções, hábitos, cultura e marcas pessoais.

8) O evolucionismo, ou seja, a crença no princípio de que os fenômenos culturais estejam imersos num constante, natural e permanente processo de desenvolvimento, progresso e aprimoramento. Por esse princípio, somos levados a inferir que a própria realidade seja condicionada a um fluxo perene de desenvolvimento e evolução que rumaria linearmente do "simples" ao "complexo" ou do "selvagem" ao "civilizado".

---

[9] Celso Antunes, *Geografia do Brasil - 2º grau*. São Paulo: Scipione, 1990.
[10] Martin Heidegger, *Língua de tradição e língua técnica*. Lisboa: Passagens, 1995.

Nesse sentido, "evolução" e "modernização" podem ser consideradas noções sinônimas.

É preciso problematizar e discutir esses paradigmas. Não se trata de negá--los – sem eles talvez não existissem nem ciência nem técnica –, mas sim de relativizá-los.

Em entrevistas feitas por Luria e Vygotsky com camponeses analfabetos da Ásia central – nos anos 1930 – foi constatada a aparente dificuldade dos analfabetos de lidar com o raciocínio silogístico.

Sabemos que o *silogismo* é um método dedutivo segundo o qual, postas duas proposições, chamadas "premissas", delas se tira uma terceira, considerada a "conclusão". Tal procedimento consiste em pensar abstratamente por meio da descontextualização, até porque o silogismo é autossuficiente: sua conclusão deriva exclusivamente de suas premissas.

No caso dos camponeses, ficou clara a relutância em responder a silogismos simples como: "Todas as mulheres que moram em Monróvia são casadas; Kemu não é casada; Kemu mora em Monróvia?"

Em geral, as respostas dos camponeses analfabetos eram: "Não sei, não conheço essa tal de Kemu", ou: "Nunca estive em Monróvia", ou, depois de muita insistência: "Se você diz que Kemu não mora em Monróvia, então ela não mora".

Conclusão da pesquisa: analfabetos têm o pensamento abstrato pouco desenvolvido e são incapazes de fazer silogismos.

Décadas depois, o mesmo teste foi aplicado, mas com base em ideias fantásticas ou situações improváveis, algo como: "Todas as pedras da Lua são azuis. Você foi à Lua e viu uma pedra. Essa pedra era azul?"

Surpreendentemente, o resultado entre analfabetos e letrados quase se nivelou.

O psicólogo e educador canadense David Olson explica por quê[11]. Segundo ele, analfabetos estão habituados ao pensamento preponderantemente pragmático, sempre construído com base em situações e casos concretos oriundos da experiência prática. Por essa razão, a premissa "Todas as mulheres que moram em Monróvia são casadas" foi considerada por eles, embora de forma não explícita, inaceitável por mera questão de lógica (!). Ela contraria a experiência humana prática e situada, contextualizada, sempre menos

---

[11] David R. Olson, *O mundo no papel – As implicações conceituais e cognitivas da leitura e da escrita*. São Paulo: Ática, 1997.

generalizável. Salvo em situações absolutamente raras e excepcionais, seria impossível que "todas" as mulheres de qualquer lugar fossem casadas. E as muito moças? E as separadas? E as viúvas? E as doentes? E as que preferiram outras opções?

Por essa razão, entre os analfabetos consultados, o jogo silogístico simplesmente não funcionou.

Pessoas alfabetizadas, por outro lado – note-se a conclusão dos pesquisadores –, têm o costume de raciocinar com base em axiomas e premissas dadas, "sem discuti-las", e são treinadas pela escola para isso. Eis por que, no caso do silogismo das mulheres de Monróvia, os entrevistados conseguiram pensar nos termos pedidos pela pesquisa.

Em outras palavras, raciocinaram mecanicamente com base em premissas teóricas sem se preocuparem se elas eram ou não factíveis na vida prática. Souberam, portanto, pensar de forma descontextualizada, mas, ao contrário dos analfabetos, ignoraram sua própria capacidade de também pensar de forma contextualizada.

Não por acaso, os gregos já brincavam com o silogismo. Diziam algo como: "Aquilo que não perdeste, aquilo tens. Não perdestes os cornos, logo cornos tens"[12].

Embora não se possa tomar as conclusões da pesquisa citada de forma absoluta – afinal, esses mesmos analfabetos podem ter crenças e superstições também baseadas em pressupostos bastante abstratos –, a questão do pensamento criado principalmente com base em premissas teóricas merece ser levada em consideração. Estaria a escola formando pessoas menos capazes de lidar com a realidade concreta e situada do que com teorias e abstrações?

Uma coisa é certa: sabemos que não poucas vezes a teoria na prática é outra.

Trouxe esse exemplo para ressaltar que é preciso colocar em discussão ou relativizar certos procedimentos mentais largamente difundidos e naturalizados pelas escolas, por livros técnicos, pela mídia e pelo próprio ambiente cultural que nos rodeia.

Abro parênteses: numa sociedade como a nossa, com tantos analfabetos ou semianalfabetos, o choque entre diferentes tipos de abordagens que, é bom dizer, implica diferentes padrões culturais construídos socialmente mereceria ser mais bem estudado e compreendido.

O que ocorre com a cabeça de uma criança filha de analfabetos acostumada a valorizar a experiência prática das coisas quando entra em contato com o mundo escolar construído com base em conceitos e informações abstratas?

---

[12] Mario A. L. Guerreiro, *O dizível e o indizível. Filosofia da linguagem.* Campinas: Papirus, 1989.

Por outro lado, num ambiente "moderno", que tende a desconhecer e desprezar as culturas "tradicionais", como se sente essa criança, oriunda de uma rica e heterodoxa cultura popular marcada pela oralidade, ao ser levada a acreditar que seus pais não sabem "nada", ou seja, não sabem escrever e ler, não conhecem gramática, matemática, ciências e todo um conjunto de informações e pressupostos abstratos marcados pela cultura escrita?

Dito isso, passo a discutir as premissas que relacionei ao discurso técnico-didático e, de forma mais ampla, à visão de mundo característica do sistema cultural dominante.

1) Sobre a valorização da ação individual e do individualismo.

Ora, sem dúvida é uma beleza ser livre, igual e autônomo, mas... o que é liberdade? O que é igualdade? O que é autonomia?

Até que ponto sou livre para colocar meus interesses acima dos interesses da sociedade onde vivo?

Até que ponto sou livre para destruir a natureza ou poluir o meio ambiente com vistas no crescimento de minha empresa ou na geração de lucros em benefício próprio?

Até que ponto sou livre para criar, produzir, promover e vender produtos que óbvia e comprovadamente destroem a saúde de seus consumidores?

Caso não seja tão livre assim, repito, o que é liberdade?

Como, por outro lado, falar em algo abstrato como "igualdade de condições" ou "livre-concorrência" num país onde cerca de 80% da população é semianalfabeta ou mesmo analfabeta?

Enfim, o que é autonomia?

Sou autônomo com relação à sociedade onde vivo ou tenho obrigações e responsabilidades para com ela e para com as pessoas que a formam comigo?

Peço ao leitor que tente pensar em um único exemplo prático de algum fenômeno humano ou social que possa de fato ser considerado "autônomo".

Mesmo o câncer, em tese, um desenvolvimento livre e autônomo, depende da base de um organismo vivo para prosperar.

Lembro Hannah Arendt, para quem "a igualdade de condições, embora constitua requisito básico da justiça, é uma das mais incertas especulações da humanidade moderna"[13].

---

[13] Roberto da Matta, *Carnavais, malandros e heróis - Para uma sociologia do dilema brasileiro*. Rio de Janeiro: Zahar, 1979.

Tudo isso para dizer que "liberdade", "igualdade" e "autonomia", embora sejam metas que, em princípio, devamos sempre buscar, parecem ser premissas bastante teóricas e abstratas que não devem nem podem ser tratadas como fatos concretos, consensuais, suficientes e absolutos.

Aproveito o espaço para trazer algumas características do homem moderno e individualista, descrito muitas vezes como "livre, igual e autônomo", segundo a proposta do sociólogo Christopher Lasch[14], que, aliás, o define apenas como "narcísico": o "viver para si, não para os que virão a seguir ou para a posteridade" (o que implicaria, segundo Lasch, a perda do sentido de continuidade histórica e o desinteresse pelo futuro); o "isolamento do eu" (o único, o diferente de todos, o *outsider*); o culto da "saúde mental": segundo Lasch, "a destruição de inibições e a imediata gratificação de qualquer impulso"; a valorização da "popularidade do modo confessional" (que mistura o público e o privado: *Big brother*? Revista *Caras*?); o "vazio interior"; o "culto da celebridade" ("a mídia dá substância e [...] intensifica os sonhos narcisistas de fama e glória, encoraja o homem comum a identificar-se com as estrelas e a odiar "o rebanho" e torna cada vez mais difícil [...] aceitar a banalidade da existência cotidiana"); a "crença de que a sociedade não tem futuro" (por causa de "uma incapacidade narcisista de identificar-se com a posteridade ou de sentir-se parte do fluxo da história"); a organização da vida privada "de acordo com as exigências das grandes organizações" (horários, linguagens, posturas, festas com o objetivo de ampliar a rede de contatos etc.); a "tentativa de vender a própria imagem" como mercadoria e com valor de mercado, entre muitas outras características bastante corriqueiras e facilmente verificáveis na sociedade atual.

É válido pretender ser um indivíduo moderno, livre e "descolado", mas é urgente discutir melhor os paradigmas e os limites da "modernidade" e do "individualismo". Este, se levado às últimas consequências, tende, como sabemos, a resultar na guerra de todos contra todos.

Na verdade, a crença individualista costuma ser exclusivista por definição. Segundo ela, o que importa é o "meu" interesse, o "meu" jeito de ser, o "meu" gosto, a "minha" classe social, a "minha" cultura, a "minha" linguagem, a "minha" crença etc. O resto, o "diferente de mim", deve ser excluído, para não dizer destruído. Dou um trágico exemplo: alguns jovens da elite, estudantes de escolas caras, transformados em pessoas individualistas, alienadas

---

[14] Christopher Lasch, *A cultura do narcisismo. A vida americana numa era de esperanças em declínio*. Rio de Janeiro: Imago, 1983.

e imbecilizadas, que costumam sair por aí tirando rachas de automóveis em pleno espaço público, fazendo quebra-quebra, matando ou agredindo índios, mendigos, empregadas domésticas, garçons e prostitutas, ou seja, pessoas pobres pertencentes a "outro" universo.

Nesse sentido, creio, "individualismo", "exclusão social" e "intolerância" podem ser considerados sinônimos.

O sociólogo Norbert Elias ensina que a noção moderna que supõe o conceito de "indivíduo" autônomo e livre, portanto, em tese, independente de qualquer tipo de grupo, era desconhecida no mundo antigo. Pertencer a uma família, a uma tribo ou ao Estado era papel inalienável e inerente à imagem do homem grego e romano.

Segundo Elias, o termo grego *idiotes* pode ser associado à noção atual de indivíduo. Na Grécia, *idiotes* (idiota) era a "pessoa privada", o "leigo", o "excêntrico", o "ignorante" ou o "tolo". A própria palavra *individuum* aplicada a uma pessoa é desconhecida no latim clássico[15].

Nas palavras de Elias,

> [não] havia necessidade de um termo abrangente e universal que significasse que toda pessoa, além do grupo a que pertencia, era uma pessoa independente e singular, diferente de todas as demais, e que expressasse, ao mesmo tempo, o alto valor conferido a essa singularidade[16].

Acrescente-se que, infelizmente, temos sido bombardeados e condicionados diariamente por duas relevantes fontes da "ficção individualista": anúncios de publicidade, criados em geral com base na inveja com relação aos que têm "algo a mais" ou "sabem o que querem" (leia-se: sabem optar pelo produto anunciado), e parte importante do cinema de entretenimento, notadamente o norte-americano, com seus super-heróis e protagonistas que se arvoram no direito de fazer justiça com as próprias mãos.

No âmbito escolar, o individualismo pode, a meu ver, ser associado às visões que enxergam a criança como um tesouro a ser burilado. Por esse viés, o ensino deve ser construído "de dentro para fora", ou seja, a partir do interior de cada criança. Nesses termos, o cultivo da liberdade individual e da subjetividade tende a ser muito valorizado. Em casos extremos, como a experiência de Summerhill, são os próprios alunos que determinam regras e tarefas escolares.

É válido pretender ser um indivíduo moderno, livre e "descolado", mas é urgente discutir melhor os paradigmas e os limites da "modernidade" e do "individualismo".

---

[15] Norbert Elias, *A sociedade dos indivíduos*. Rio de Janeiro: Jorge Zahar, 1994. p. 131.
[16] *Ibidem*, p. 131.

É indiscutível que as crianças, com sua beleza, alegria e espontaneidade, costumem ser "tesouros", mas é preciso cuidar para que essas abordagens não façam com que elas acreditem ser o centro do mundo.

Repito: como construir um sociedade equilibrada composta por "centros" do mundo, gente "autocentrada", egocêntrica e solipsista, voltada exclusivamente para seus próprios interesses?

Fico pensando na crença que imagina pessoas "livres, iguais e autônomas".

O lema da Revolução Francesa, como sabemos, era outro: "Liberdade, igualdade e fraternidade".

Por algum motivo que desconheço – seria excesso de "objetividade"? –, a noção de "fraternidade", que supõe uma espécie de familiaridade entre todas as pessoas e, portanto, a exigência da responsabilidade perante o Outro, foi, em princípio, excluída do repertório contemporâneo.

Pergunto: é possível imaginar uma sociedade que possa ser considerada equilibrada sem um mínimo de fraternidade, no sentido referido acima, entre as pessoas que a compõem?

2) Sobre o pensamento analítico, reflexivo e crítico.

Para muitos estudiosos, a grande valorização e legitimidade desse tipo de pensamento tem-se dado graças aos avanços da técnica e da ciência. De fato, ambas têm obtido extraordinários resultados, mas, note-se, principalmente diante dos fenômenos biológicos, químicos e físicos, que pressupõem desenvolvimentos e processos mecânicos, substâncias e materiais. Ou, em decorrência disso, no caso de produtos, objetos, artefatos, medicamentos, aparelhos, equipamentos, motores, máquinas e outras peças tecnológicas.

Quando se trata de compreender homens de carne e osso envolvidos em sociedades e relações humanas, culturas, artes, padrões morais e éticos e mitos culturais, a coisa se complica um pouco.

Como dizia P. J. Stahl, "a ciência explica o relógio, mas ainda não conseguiu explicar o relojoeiro"[17].

De que adianta, por exemplo, numa guerra, saber que nela existem moléculas e átomos?

De que adianta, para quem está apaixonado, saber que seu objeto de paixão é composto de células e neurônios? Ou possui ossos, veias, nervos, músculos, hormônios, órgãos e cartilagens?

Digo tudo isso porque a literatura e a poesia costumam tratar de assuntos relativos à existência humana concreta e esta, em geral, anda longe de teorias,

---

[17] Charles Perrault, *Contos*. Belo Horizonte: Itatiaia, 1985.

objetividades, racionalizações, descontextualizações e generalizações. A literatura – sem mencionar as extraordinárias possibilidades de experimentação da linguagem – interessa-se pelos homens, suas existências, seus atos e suas relações com as coisas do mundo. Em suma, trata, sempre de forma ficcional ou poética, de vidas e vozes particulares, de experiências humanas, de relações situadas entre pessoas, de emoções, conflitos, contradições, ambiguidades e subjetividades.

Daí a recorrência de temas como a busca do autoconhecimento; a busca da identidade; a dúvida entre o que é realidade e o que é fantasia; as questões morais; as sempre complexas relações com o Outro; as utopias sociais e pessoais; a luta do velho contra o novo; a luta pela construção da voz pessoal; a possibilidade da múltipla existência da verdade; as relações entre o bem e o mal; as incoerências e ambiguidades próprias do ser humano etc.

O homem é um animal que pergunta; então, pergunto: se sabemos que vamos morrer, por que fazemos tantos projetos? Em termos "econômicos" e "objetivos", não parece ser uma incoerência, pura perda de tempo e energia?

Note-se que a cultura escolar sempre fugiu de incoerências, subjetividades, contradições e ambiguidades. Mais: tende a apresentar aos estudantes um mundo higienizado, homogêneo e sistematizado onde elas simplesmente não têm lugar.

Nesse ambiente "racional", didático, técnico e utilitário, o homem é descrito como um elemento lógico e previsível, sempre em busca de sua integração no *status quo*.

Enquanto isso a personagem de ficção costuma, pelo contrário, ser inesperada, paradoxal e conflitada, por vezes incompreensível ou incoerente, mergulhada num constante processo de modificação e ressignificação; sempre na busca de seu autoconhecimento e da construção tanto do significado de sua vida como de sua relação com a sociedade em que vive.

Ao que tudo indica, repito, enquanto o pensamento analítico e objetivo tende a funcionar muito bem em problemas materiais e tecnológicos, diante do ser humano concreto, social, sexuado, emotivo, corporal e efêmero, repleto de ambiguidades e contradições, isso nem sempre ocorre.

Sobre o discurso técnico, criado com base nos paradigmas da "razão crítica", da "objetividade" e do "utilitarismo", vale a pena ler o texto "Vaca" de Vilém Flusser, de quem, aliás, tive a sorte de ter sido aluno na faculdade:

> São máquinas eficientes para a transformação de erva em leite. E têm, se comparadas com outros tipos de máquinas, vantagens indiscutíveis. Por exemplo: são autorreprodutivas e, quando se tornam obsoletas, a sua

No âmbito escolar, o individualismo pode, a meu ver, ser associado às visões que enxergam a criança como um tesouro a ser burilado.

"hardware" pode ser utilizada na forma de carne, couro e outros produtos consumíveis. Não poluem o ambiente e até seus refugos podem ser utilizados economicamente como adubo, como material de construção e como combustível. O seu manejo não é custoso e não requer mão de obra altamente especializada. São sistemas estruturalmente muito complexos, mas, funcionalmente, extremamente simples. Já que se autorreproduzem, já que, portanto, a sua construção se dá automaticamente sem necessidade de intervenção de engenheiros desenhistas, esta complexidade estrutural é vantagem. São versáteis, já que podem ser utilizadas também como geradores de energia e como motores para veículos lentos. Embora tenham certas desvantagens funcionais (por exemplo: sua reprodução exige máquinas em si antieconômicas, touros; e certos distúrbios funcionais exigem intervenção de especialistas universitários, veterinários caros), podem ser consideradas protótipos de máquinas do futuro, que são projetadas por uma tecnologia avançada e informadas pela ecologia. Com efeito, podemos afirmar desde já que vacas são o triunfo de uma tecnologia que aponta o futuro.[18]

3) Sobre o pensamento descontextualizado.

É preciso reconhecer que o pensamento teórico e descontextualizado costuma ser um recurso poderoso, embora, por vezes, possa camuflar aspectos importantes da vida cotidiana e até nos distrair da realidade.

Vou ilustrar melhor meu ponto de vista. Digamos que políticos e economistas, baseados em projeções estatísticas, venham a público garantir que, mantidas certas condições socioeconômicas, a fome e a miséria deverão ser extintas do país num prazo de vinte anos.

Seria exemplo da aplicação de uma abordagem objetiva, impessoal, teórica, técnica e descontextualizada a respeito de um processo social e vital, tratando-o como se fosse um fenômeno abstrato, mecânico e lógico. Ocorre que a vida concreta e situada não se desenvolve dentro de modelos teóricos e abstratos. O efeito da falta de emprego, de casa, de comida e de saúde dá-se na vida real, no aqui e agora, ou seja, é contextualizado. Como farão os pobres e miseráveis para sobreviver durante os tais vinte anos?

É preciso acrescentar, por outro lado, que, se políticos, economistas e estatísticos vivessem, eles mesmos e suas famílias, num ambiente de fome e miséria, certamente o referido prazo seria drasticamente reduzido. Tento dizer

---

[18] Vilém Flusser, *Natural: mente*. São Paulo: Duas Cidades, 1979.

que noções estatísticas apresentadas como "objetivas", "lógicas" e "racionais" escondem muitas vezes uma espantosa relatividade[19].

O mesmo exemplo, aliás, poderia ser dado com relação à educação no Brasil. Se uma lei determinasse que a elite, governantes, políticos, empresários e demais autoridades tivessem que colocar seus filhos nas escolas públicas de primeiro e segundo graus, aposto que elas seriam muito mais bem equipadas, seus programas mais bem pensados, os professores ganhariam melhores salários e seriam capacitados periodicamente – isso sem falar nas ótimas bibliotecas, laboratórios, computadores de primeira linha, quadras esportivas, piscinas etc.

4) Sobre a objetividade.

Apesar de muitas vezes ser importante tentar examinar os fatos com isenção e imparcialidade, livres de impressões pessoais, costumes, desejos e crenças – o que, diga-se de passagem, nunca foi fácil –, é preciso lembrar que, convenhamos, não é possível descartar o fato de que, em última análise, todas as metodologias, classificações, medições e sistemas de controle passam pelos sentidos humanos e, sendo assim, em certa medida, são subjetivos e relativos.

Infelizmente, com tanto discurso "técnico", "didático", "objetivo", "informativo" e "utilitário" no ar, por vezes somos levados a desprezar os discursos subjetivos considerados "inúteis". Entretanto, eles também podem ser muito importantes. Três exemplos:

OS DOIS LADOS

Deste lado tem meu corpo
Tem o sonho
Tem a minha namorada na janela
Tem as ruas gritando de luzes e movimentos
Tem meu amor tão lento
Tem o mundo batendo na minha memória
Tem o caminho pro trabalho

Do outro lado tem outras vidas vivendo da minha vida
Tem pensamentos sérios me esperando na sala de visitas
Tem minha noiva definitiva me esperando com flores na mão
Tem a morte, as colunas da ordem e da desordem.[20]

---

[19] Cf. meu artigo "Aspectos instigantes da literatura infantil e juvenil", publicado em Ieda de Oliveira (org), *O que é qualidade em literatura infantil e juvenil - Com a palavra o escritor.* São Paulo: DCL, 2005.
[20] Murilo Mendes, *O menino experimental.* São Paulo: Summus, 1979.

HISTÓRIA

Na cidade em que nasci
Havia um bicho morto em cada sala
Mas nunca se falou a respeito
Os meninos cavávamos buracos nos quintais
As meninas penteavam bonecas
Como em qualquer lugar do mundo
Nas salas o bicho morto apodrecia
As tripas cobertas de moscas
(os anos cobertos de culpas)
e ninguém dizia nada
mais tarde bebíamos cerveja
as brincadeiras eram junto com as meninas
a noite aliviava o dia
das janelas o sangue podre
(ninguém tocava no assunto)
escorria lento e seco
e a cidade fedia era já insuportável

parti à noite despedidas de praxe
embora sem dúvidas chorasse.[21]

POÊMIOS

Os poêmios bebem a noite inteira
e eruditos sobre a mesa
arrotam odes a Herodes
e nênias a Homero e Nero

Quando já cansados de lero-lero
e exaustos de tangar boleros
e sonâmbulos de sambar requebros
os poêmios se recolhem pelos
escuros becos alexandrinos

---

[21] Fabrício Corsaletti, *Estudos para o seu corpo*. São Paulo: Companhia das Letras, 2007.

E assim se vão como bons meninos
a poemar
os prêmios
de seus destinos
até que a noite tire do bolso o dia

E a poemada toda em algaravia
para no caminho pra comer bombom
onde justamente outro poêmio dorme
como a pedra enorme
de Drummond.[22]

Não creio que seja possível falar a sério a respeito de educação sem que haja acesso, compreensão e familiaridade com textos poéticos e subjetivos.

5) Sobre a crença no utilitarismo.

"A civilização em si", dizia o filósofo Martin Heidegger, "tem por finalidade cultivar, desenvolver e proteger o ser-homem do homem, [e também proteger] a sua humanidade." E perguntava ele: "Será que a cultura técnica – e por conseguinte a própria técnica – contribui em geral, e, se assim, em que sentido, para a cultura humana [...] ou arruína-a e ameaça-a?"[23]

Sua conclusão é que a técnica, inicialmente dependente ou resultante, em termos, da ciência, passou, por razões práticas, em geral de ordem econômica, a determiná-la. As duas, segundo o filósofo, tentam responder "como é que a natureza deve ser projetada antecipadamente enquanto domínio da objetividade para que os processos naturais sejam calculáveis *a priori?*"[24], pois o projeto fundamental da técnica moderna é o de "tornar [intimar] a natureza [a ser] útil"[25].

Segundo Heidegger, a técnica, considerada pelos gregos uma forma de autoconhecimento – "conhecer-se no ato de produzir" –, tornou-se, com o passar do tempo, um recurso objetivo resultante de princípios e parâmetros criados pela ciência. A modernidade, porém, caracteriza-se pelo surgimento de um processo dialético, de influência recíproca, entre ciência e técnica, com predominância

---

[22] Antonio Barreto, *site* do autor.
[23] Martin Heidegger, *Língua de tradição e língua técnica*. Lisboa: Passagens, 1995. p. 17.
[24] *Ibidem*, p. 25.
[25] *Ibidem*, p. 26.

da ação sempre imediatamente utilitária da técnica. O objetivo final de ciência e técnica seria extrair e tornar útil de forma controlada e ilimitada a energia da natureza. Como o homem é parte da natureza, de dono da técnica e da ciência passa, pouco a pouco, a ser mero objeto das duas. Em resumo, para o filósofo, o princípio da técnica teria adquirido autonomia sobre o homem.

Temo que Heidegger esteja certo.

Esclareço logo ao leitor que, por favor, não se trata de ir contra a ciência e a técnica ou negar sua óbvia importância, mas, sim, de refletir sobre como as relações entre o homem e a tecnologia estão estabelecidas em nossos dias e, principalmente, como essas relações têm influenciado nossa vida e nossa visão de mundo.

Como é natural, num ambiente objetivo, técnico e funcionalista, invariavelmente surgem perguntas do tipo: qual a função da literatura? Qual a função da poesia?

Temos sido condicionados – e a escola tem parte nisso – a acreditar que tudo tem uma função. Pergunto: qual a função da saudade? Qual a função da amizade? Qual a função do sublime? Qual a função do ser humano? Qual a função da vida? Quem disse que tudo tem uma função?

Pensando bem, talvez as coisas mais relevantes da vida sejam justamente aquelas que não têm função alguma.

6) Sobre a secularização ou a laicização.

Não pretendo defender nenhuma religião, mas é preciso lembrar que, segundo as pesquisas, mais de 90% dos brasileiros declaram ter alguma crença religiosa.

Não levar em consideração um dado tão expressivo parece-me, além de mera veleidade, um equívoco.

Embora deva ser laica, a escola poderia transformar-se num extraordinário espaço para a reflexão e discussão das crenças e motivações religiosas.

Não se trata de ensiná-las ou negá-las, mas, sim, de refletir abertamente e sem preconceitos sobre as questões humanas suscitadas por elas, obviamente de forma não doutrinária ou conclusiva. Embora posições diante desses assuntos sejam de ordem pessoal, creio que a discussão livre e franca a respeito deles só poderia contribuir para o desenvolvimento do pensamento crítico.

Vou dar um exemplo da urgência de se trazer tal assunto para o âmbito escolar: a maioria das crianças brasileiras, sem falar nos professores, vêm de casas e famílias que cultivam religiões e explicações religiosas de mundo. Ao entrar em contato com o discurso laico e técnico, que não reconhece e desqualifica as premissas religiosas, o estudante 1) pode ficar confuso e dividido entre o que aprendeu em casa e as explicações materiais e objetivas sobre a vida e o mundo apresentadas pela escola; 2) pode ser levado a desprezar seus familiares; e 3) pode passar a acreditar que o discurso técnico e impessoal representa o único pensamento digno desse nome existente na face da Terra.

Ora, a via-láctea, local onde, hoje se imagina, se encontra o sistema solar, compõe-se de cerca de 100 bilhões de estrelas. Ela, por sua vez, é composta de aproximadamente 100 bilhões de galáxias. O planeta Terra é apenas uma inexpressiva e minúscula parte do sistema solar.

Sobre os elementos constituintes do universo, a noção atual é que seriam 5% de átomos, 30% de uma partícula desconhecida e 65% de um meio difuso, descoberto em 1998, de origem desconhecida[26].

Não é preciso mencionar teorias obscuras como a do *big bang* ou a dos buracos negros, tudo muito imponderável e sujeito a todo tipo de reformulação.

Tento dizer que pode ser válido ter segurança com relação ao discurso técnico e crítico, mas não tanto assim. Nem mesmo o universo sabemos onde fica!

O antropólogo Jean Duvignaud, por exemplo, propõe que as "culturas" sejam "extensões" conquistadas ao caos e dotadas pelo homem de significado. Nas palavras dele:

"a cultura" [acrescento, portanto, a arte, a literatura, a linguagem, a moral etc.] expressa uma resposta à agressão natural, uma tentativa impotente e, por conseguinte, simbólica, de conquistar o espaço, organizando-o em torno dos homens[27].

Trago de volta o texto: "O Brasil é banhado pelo oceano Atlântico, desde o cabo Orange até o arroio Chuí, numa extensão de 7.408 km, que aumenta para 9.198 km se considerarmos as saliências e reentrâncias do litoral etc.".

Note-se o tom impessoal, normativo e assertivo que nem sequer recorre a um "cerca de".

Não seria exatidão demais decretar os exatos "7.408 km"?

Como fica a cabeça do estudante diante de tão extraordinária demonstração de controle e precisão quando pensa em sua própria humanidade, em sua família ou na sociedade contraditória, incoerente e desequilibrada em que vive?

---

[26] Rogério Rosenfeld, "De que é feito o universo?", *Folha de S. Paulo*, 7/7/2002.
[27] Jean Duvignaud, *Festas e civilizações*. Edições Universidade Federal do Ceará. Rio de Janeiro: Tempo Brasileiro, 1983. p. 37.

Vejamos, por outro lado, este texto, também técnico, objetivo, informativo e didático:

Nem todos os homens tem a mesma cor. Não é igual a sua maneira de viver em toda a parte. Teem costumes e hábitos diferentes. [...] Os negros matam as aves e os animais com flechas, porque não teem espingardas. Os povos selvagens precisam as vezes, de ser castigados, porque são maus. Não sabem lêr e escrever porque não querem.[28]

Trago esse exemplo para ressaltar que o discurso "utilitário", "racional", "impessoal" e "técnico" é sempre e necessariamente datado, marcado pela ideologia reinante e dependente de atualização periódica.

Voltando à religiosidade, se a escola pretende desenvolver o pensamento crítico e formar cidadãos humanistas, por que não discutir e tentar compreender, de forma livre e aberta, as diferentes tentativas humanas de tornar a vida minimamente interpretável?

7) Sobre a inovação, a "expansão da consciência", a criação do novo, da "última palavra", o pertencer à "vanguarda" etc.

Certamente a busca do novo pode ser algo fundamental. A questão é que costuma ser muito fácil identificar inovações científicas e tecnológicas, mas, quando falamos em sociedades, valores sociais, culturas humanas, arte, literatura e ética, tal facilidade evapora.

Como identificar, nesse âmbito, inovação de simulacro e retrocesso?

Como separar modernidades criadas para que as coisas permaneçam inalteradas de tradições fundamentais para que as mudanças ocorram?

A valorização da inovação, em todo o caso, muitas vezes é vista como a recusa da manutenção das tradições.

Tradição, como sabemos, é um termo vago. Pode ser associado, por exemplo, a "nobreza", "aristocracia" e "qualidade comprovada". Não vou tratar desse tipo de "tradição" que, em geral, vincula-se tanto ao poder de oligarquias quanto a produtos comerciais como perfumes, vinhos ou relógios de "marcas tradicionais". Sobre o assunto, recomendo o texto do historiador Eric Hobsbawn, que demonstra que essas tradições nem sempre são tão tradicionais assim[29].

---

[28] Texto de um livro didático ilustrado, publicado provavelmente em Portugal no começo do século XX. Tenho a obra em mãos, mas ela, infelizmente, não apresenta nenhum dado bibliográfico, nem mesmo o título.

[29] Eric Hobsbawn (org), *A invenção das tradições*. São Paulo: Paz e Terra, 1997.

É preciso, contudo, atentar para a tendência de simplesmente desqualificar mecanicamente todas as tradições. Trata-se de um erro óbvio. Como sabemos, a lógica das culturas é permanecer e simultaneamente mudar. Nem poderia ser de outra forma. Tal tendência, pretensiosa para dizer o mínimo, sugere, em tese, a negação automática de tudo o que veio antes, todo o substrato, toda a cultura, toda a história. Um ponto de vista assim só pode existir no plano ideal da abstração e da teoria, ou de premissas bastante distanciadas de qualquer coisa que se possa chamar "realidade".

Tradição e cultura são conceitos análogos e dialéticos; afinal, são interdependentes e exercem influência recíproca de forma permanente.

Seja na modernidade, seja em outro lugar, não há condições de uma existir sem a outra.

É preciso ser claro: visões preconcebidas ou preconceituosas são em geral associadas às culturas tradicionais, embora elas não ocorram exclusivamente nesse âmbito.

Existem obras modernas inovadoras e obras tradicionais antiquadas e irrelevantes.

Existem também simulacros de modernidade, datados e criados para serem consumidos e descartados, assim como manifestações tradicionais e populares de extraordinária importância.

No plano da pessoa, vale acrescentar, as concepções que negam as tradições têm sido uma das fontes do desprezo automático pelos mais velhos e suas vivências, algo lamentável e desumano, para não falar em pura imbecilidade.

Como ensinou Walter Benjamin, é preciso saber separar "informação" de experiência concreta de vida.

8) Sobre o evolucionismo.

Para Max Weber, a ideia de "evolução constante" é decorrente do conhecimento que temos com relação aos avanços científicos e tecnológicos que, de fato, têm possibilitado conquistas extraordinárias nos dias de hoje, aparentemente quase diárias.

Quando, porém, utilizados como paradigma comparativo para a vida humana, esses avanços podem significar pura e simples desumanização.

É que num ambiente marcado por contínuo "progresso", "desenvolvimento" e "evolução", reafirmados tanto pelas descobertas científicas e tecnológicas alardeadas pela imprensa como pela enxurrada de publicidade, sempre oferecendo produtos "totalmente novos" ou "a última palavra" sobre alguma coisa – em geral, mera retórica –, num ambiente assim, repito, o homem moderno entra em crise, pois examina o espelho e percebe estar sempre cada vez mais velho.

Em outras palavras, na sociedade contemporânea, individualista e tecnológica, certas condições humanas, como o envelhecimento (e a morte), parecem ganhar contornos de algo esquisito, um contratempo atípico, um fenômeno inesperado, contraditório, não natural, desconfortável e ilógico. Se tudo se desenvolve, tudo evolui, tudo progride, tudo se moderniza e se aperfeiçoa, como assimilar organismos individuais que, contraditoriamente, a partir de um dado momento, só fazem decair e tender à decrepitude e à extinção, num processo entrópico desolador?

Fora tudo isso, nunca é demais lembrar que num país como o nosso, composto de uma pequena elite – cerca de 20% são ricos e classe-média e 80%, pobres em diferentes graus –, sentir-se na vanguarda, detentor de informações privilegiadas e linguagens especializadas, ser "*cult*", ser "erudito", dominar conceitos e jargões acessíveis e compreensíveis por pouquíssimos eleitos, parece propiciar, além de posição social – o tão almejado *status* –, um prazer indescritível a algumas pessoas, que, por vezes, inebriadas, tendem a se esquecer de discutir o valor efetivo de suas premissas, informações e linguagens.

Até agora, tentei caracterizar e colocar em discussão certos paradigmas e premissas largamente difundidos e valorizados, melhor dizendo, naturalizados, nos dias de hoje.

Chegou a hora de trazer um complicador. Mais que isso, uma autêntica e complexa armadilha em que podemos nos deixar cair.

Falar em educação pressupõe não só levar em conta procedimentos e métodos pedagógicos, mas também políticas educacionais.

Tendemos normalmente a confundir as duas coisas.

Sem entrar no mérito de métodos pedagógicos, pergunto: que políticas educacionais têm sido adotadas no Brasil? Que tipo de pessoa, afinal, nosso sistema educacional pretende formar?

A questão tem razão de ser, pelo menos para alguém que, como eu, vem há anos criticando a maneira como a literatura tem sido, em geral e tirando as exceções de praxe, tratada na escola.

Se o objetivo de nossa política educacional é formar cidadãos humanistas, minha discussão pode fazer algum sentido. Esclareço que por humanismo refiro-me simplesmente à visão do homem como um ser eminentemente social, com determinadas potencialidades e limites, um ser expressivo, emotivo, criativo e efêmero, capaz de construir linguagens e símbolos e de transformar a natureza e a sociedade.

Mas, voltando, se o objetivo de nossa política educacional for outro?

Em seu importante estudo sobre a vida moderna nos Estados Unidos, o citado sociólogo Christopher Lasch[30] recupera um pouco da história da educação norte-americana. Recorda particularmente um debate, ocorrido no fim do século XIX, entre aqueles que, como John Dewey, propunham uma escola eminentemente democrática, fundada em princípios humanistas, e alguns teóricos de posições mais conservadoras.

A escola pensada por Dewey seria, em suma, acessível a todas as pessoas independentemente de classes sociais; pretendia substituir uma "hierarquia de classes" por uma "hierarquia de capacidades"; seria voltada para o desenvolvimento individual de cada pessoa; pretendia levar o indivíduo a perceber-se como alguém vinculado, comprometido com seu meio social e dependente dele; propunha o combate ao individualismo tradicional, egocentrado, solipsista, estéril e ultrapassado etc.

Essas ideias, inspiradas em Dewey e outros, foram, no Brasil, defendidas num manifesto publicado em 1932 (e depois em outro manifesto de 1959) por educadores pioneiros como Anísio Teixeira, Fernando de Azevedo, Lourenço Filho, Cecília Meireles e alguns outros[31].

Infelizmente, esses importantes intelectuais pouco ou nada foram ouvidos por nossos governantes.

Nos Estados Unidos, segundo Lasch, ocorreu isso também. O referido debate foi vencido pelo grupo que defendia uma educação tecnocrata e despolitizada, voltada para a valorização do conhecimento técnico, cujo objetivo era, de um lado, formar pessoas para trabalhar nas indústrias que floresciam e, de outro, dar poder aquisitivo a essas mesmas pessoas para que pudessem constituir mercados, consumir e fazer escoar os produtos industriais, fabricados em escalas cada vez maiores.

A partir daí, Christopher Lasch descreve o surgimento de um "novo analfabetismo", um analfabetismo social, resultante de uma educação voltada não para objetivos e interesses da cidadania e da sociedade como um todo, mas, sim, para objetivos e interesses industriais; a valorização da formação apenas técnica; a subordinação de homens às máquinas; a inculcação de esquemas de disciplina e princípios de organização e administração inspirados nos modelos e padrões empresariais; a valorização do utilitarismo; o treinamento "vocacional" (que privilegia os cargos com demanda no mercado

---

[30] Christopher Lasch, *op. cit.*

[31] Cf. os dois manifestos em Paulo Ghiraldelli Jr., *História da educação brasileira*. São Paulo: Cortez, 2006.

de trabalho do momento); a supervalorização de metodologias, estatísticas, testes objetivos de múltipla escolha, classificações do tipo QI etc.

Em resumo, uma escola voltada a formar técnicos acríticos, ou seja, indivíduos moldados para ocupar cargos no mercado de trabalho, mas sem capacidade e instrumentos para discutir os paradigmas da sociedade em que vivem.

Segundo Lasch, tal modelo escolar, eminentemente burocrático e técnico, "minou a capacidade da escola de servir como agente de emancipação intelectual".

Essa opção foi vitoriosa nos Estados Unidos e, ao que parece, disseminada por outros países, até mesmo no Brasil.

Para comprovar isso, vejamos rapidamente alguns momentos das políticas educacionais brasileiras.

Gustavo Capanema, ministro da Educação de 1934 a 1945, período do governo de Getúlio Vargas, propôs o "dualismo educacional". O que seria isso?

Significava organizar um sistema "bifurcado", com o ensino secundário público destinado, nas palavras do texto da lei, "às elites condutoras" e um ensino secundário técnico e profissionalizante destinado "aos outros setores da população".

É válido, naturalmente, pretender formar uma elite bem preparada, mas segregar antecipadamente quem vai e quem não vai estudar nas melhores escolas? Existir, por outro lado, como estratégia política, numa mesma e única sociedade, escolas melhores destinadas a uns e escolas piores destinadas a outros?

Na época, diga-se de passagem, o colegial público, considerado muito bom, era acessível exclusivamente aos jovens das classes altas.

Temos um reflexo dessa política educacional até os dias de hoje. Basta lembrar nossas universidades públicas, frequentadas principalmente por jovens das classes médias e altas, nossas "elites condutoras".

Em resumo, uma escola voltada a formar técnicos acríticos, ou seja, indivíduos moldados para ocupar cargos no mercado de trabalho, mas sem capacidade e instrumentos para discutir os paradigmas da sociedade em que vivem.

Outro exemplo: o regime militar que deu um golpe em 1964 importou dos Estados Unidos, por meio dos chamados acordos MEC-Usaid (United States Agency for International Development), uma espécie de receita para construir sua política educacional. Foram doze acordos firmados entre 1964 e 1968.

Por essa época, note-se, o ministro Roberto Campos defendia a necessidade de submeter as diretrizes da escola ao mercado de trabalho.

Para Campos, a agitação estudantil brasileira – naquele tempo ela ainda existia – era devida a "vácuos de lazer" que possibilitavam "aventuras políticas". Pregava, por essa razão, a despolitização das escolas.

Entretanto, como sabemos, isso não era bem verdade. A inquietação estudantil não poderia ser considerada exclusivamente brasileira, mas, sim, um fenômeno mundial. Vale lembrar os *hippies,* a chamada "contracultura" ou o movimento estudantil de maio de 1968 na França.

Fora isso, convenhamos, a inquietação sempre foi inerente à juventude.

Queremos formar jovens, independentemente de classes sociais, inquietos, criativos e questionadores que aprendam a utilizar sua energia para seu próprio desenvolvimento e também para aprimorar a sociedade em que vivem ou, ao contrário, jovens entediados, passivos, alienados, egocêntricos e, talvez por isso, imbecilizados e violentos?

Campos defendia, ainda, que o ensino médio público, naquele momento já com conteúdos mais técnicos ou profissionalizantes, deveria atender à população "em sua maioria", enquanto o ensino universitário deveria continuar reservado às elites.

De certa forma foi o que ocorreu e continua ocorrendo, levando-se em conta a universidade pública.

[...] Segundo os militares da época, em todo o caso, o sistema educacional não deveria "despertar aspirações que não pudessem ser satisfeitas".

Os acordos MEC-Usaid, em suma, modificaram a escola do fundamental à universidade e propunham o ensino voltado à técnica e à despolitização.

Faz todo o sentido que a política de um país se preocupe em formar pessoas para ocupar os cargos do mercado de trabalho. Mas transformando cidadãos em técnicos acríticos politicamente alienados?

Vejamos o que dizia o sociólogo Octavio Ianni a respeito dessa reforma universitária:

> Tratava-se de dar andamento ao processo de burocratização, tecnificação e "despolitização" do trabalho intelectual. O sistema de poder se propôs eliminar ou controlar o espírito crítico, inerente a toda atividade intelectual: jornalística, artística, filosófica ou científica.

> E assim "transformar a universidade numa agência de produção de técnicos, assessores, consultores, conselheiros, executivos ou simplesmente funcionários" do sistema vigente.[32]

Ainda sobre a reforma universitária, segundo Paulo Ghiraldelli Jr., dela decorreu

> a departamentalização, a matrícula por disciplina, o regime de créditos e a institucionalização do curso parcelado, completando uma estrutura

---

[32] Octavio Ianni, *Ensaios de sociologia da cultura.* Rio de Janeiro: Civilização Brasileira, 1991. p. 169.

pouco viável para um ensino universitário eficaz. [...] A consequência [...] foi a inevitável fragmentação do trabalho escolar, o isolamento dos pesquisadores e, ainda, a dispersão dos alunos pelo sistema de créditos provocando a despolitização e a impossibilidade de organização estudantil a partir do núcleo básico que era a turma[33].

O resultado de tudo isso – esse é o ponto que pretendo ressaltar neste artigo – foi a despolitização da escola e, em decorrência disso, da própria sociedade.

Confundiu-se, a meu ver, "doutrinação" com "política", e, com isso, a discussão e a reflexão política simplesmente saíram de pauta.

Mas a política é um instrumento fundamental inventado pelos homens para construir o futuro. Pessoas despolitizadas ficam confusas, céticas e desesperançadas.

Ao serem alijados e afastados do pensamento político, nossos jovens são levados a acreditar que a realidade social corresponde a algo fixo e imutável e, dessa forma, tornam-se incapazes de planejar ou mesmo de sonhar com um futuro melhor. Em outras palavras, ficam sem um canal de ligação com o futuro.

Na minha visão, isso corresponde a um gravíssimo crime social.

Num ambiente como o nosso, de individualismo sem limites, consumismo doentio, tecnocracia e despreparo e/ou corrupção das autoridades públicas, sem falar no óbvio e aviltante desequilíbrio social, o efeito da despolitização tem sido simplesmente desastroso.

Após quase trinta anos de trabalho como escritor, uma das coisas que mais me impressionam quando visito escolas e converso com estudantes que leram meus livros, assim como com seus professores, é a total ausência das questões políticas.

Trata-se de uma despolitização ampla, geral e irrestrita que, ao que tudo indica, parece ter sido fruto, pelo menos em parte, das citadas políticas educacionais.

Quero esclarecer que quando falo em discussão política não penso apenas em abordar velhos, embora importantíssimos, temas como "justiça social", mas sim:

1. discutir a tecnocracia, ou seja, a sociedade controlada pelo poder da técnica;

---

[33] Paulo Ghiraldelli Jr., *História da educação brasileira*. São Paulo: Cortez, 2006. p. 119. Cf. também Otaíza de Oliveira Romanelli, *História da educação no Brasil*. 31ª ed. Petrópolis: Vozes, 2007.

2. discutir o individualismo, suas características e suas implicações na vida de todos nós (como a crença de que os interesses do indivíduo estão sempre e necessariamente acima da coletividade);
3. discutir a sociedade de consumo, suas características principais, seus objetivos e valores;
4. discutir a chamada "indústria cultural";
5. discutir características e limites das noções de modernidade e tradição;
6. discutir com os alunos também – por que não? – um pouco da história da escola, sua função social e suas políticas educacionais, ou seja, que tipo de aluno a sociedade pretende formar.

Podemos falar de uma educação que vise:
1. à integração da pessoa no sistema social vigente;
2. à preparação para o trabalho produtivo, politicamente vinculado ao consumismo, dentro de uma ordem social a ser "modernizada" sem ser transformada;
3. à capacitação de mão de obra de diferentes níveis (em suma, "técnicos" e "executivos");
4. à formação de cidadãos ajustados ao *status quo,* ou seja, técnicos acríticos prontos para constituir mercados consumidores;
5. enfim, no lugar de cidadãos humanistas, formar técnicos consumidores.

Creio, francamente, que numa escola assim não faz muito sentido discutir literatura e poesia.

Podemos, porém, sonhar com uma educação que busque:
1. a integração do sujeito aos problemas de sua sociedade;
2. a formação do cidadão político;
3. a formação do cidadão que saiba pensar e se exprimir livremente;
4. a formação de pessoas que busquem o autoconhecimento sem deixar de compreender a necessidade do respeito ao Outro;
5. a formação de pessoas com pensamento crítico capazes não só de situar-se histórica e culturalmente, mas também de discutir a respeito dos paradigmas e valores de sua sociedade;
6. a formação de pessoas que saibam refletir tendo em vista o aperfeiçoamento social e o fortalecimento da sociedade civil;
7. em suma, uma escola que sirva como agente da emancipação intelectual do estudante.

Queria muito poder discutir literatura e poesia numa escola assim!

Creio na construção de uma sociedade brasileira melhor e mais justa, mas isso só será possível quando nossos cidadãos, independentemente de idades, graus de instrução ou classe social, se derem conta de que são responsáveis pela sociedade em que vivem.

A escola tem papel fundamental nesse processo.

É preciso definir o que queremos: formar alunos para manter o que aí está ou prepará-los para construir uma sociedade mais equilibrada, competente, inteligente, criativa e humana.

BIBLIOGRAFIA

AMORIM, Sebastião de. "Ensino básico, silenciosa tragédia nacional", em *O Estado de S. Paulo*, 20 de abril de 2007.

ANTUNES, Celso. *Geografia do Brasil – 2º grau*. São Paulo: Scipione, 1990.

BARRETO, Antonio. *Site* do autor.

CORSALETTI, Fabrício. *Estudos para o seu corpo*. São Paulo: Companhia das Letras, 2007.

DA MATTA, Roberto. *Carnavais, malandros e heróis – Para uma sociologia do dilema brasileiro*. Rio de Janeiro: Zahar, 1979.

_____. *A casa & a rua. Espaço, cidadania, mulher e morte no Brasil*. 6ª ed. Rio de Janeiro: Rocco, 2000.

DUMONT, Louis. *O individualismo – Uma perspectiva antropológica da ideologia moderna*. Rio de Janeiro: Rocco, 2000.

DUVIGNAUD, Jean. *Festas e civilizações*. Edições Universidade Federal do Ceará. Rio de Janeiro: Tempo Brasileiro, 1983.

ELIAS, Norbert. *A sociedade dos indivíduos*. Rio de Janeiro: Jorge Zahar Editor, 1994.

FLUSSER, Vilém. *Natural: mente*. São Paulo: Duas Cidades, 1979.

GHIRALDELLI JR., Paulo. *História da educação brasileira*. São Paulo: Cortez, 2006.

GUERREIRO, Mario A. L. *O dizível e o indizível. Filosofia da linguagem*. Campinas: Papirus, 1989.

HEIDEGGER, Martin. *Língua de tradição e língua técnica*. Lisboa: Passagens, 1995.

HOBSBAWN, Eric (org.). *A invenção das tradições*. São Paulo: Paz e Terra, 1997.

IANNI, Octavio. *Ensaios de sociologia da cultura*. Rio de Janeiro: Civilização Brasileira, 1991.

LASCH, Christopher. *A cultura do narcisismo. A vida americana numa era de esperanças em declínio*. Rio de Janeiro: Imago, 1983.

MENDES, Murilo. *O menino experimental*. São Paulo: Summus, 1979.

O ESTADO DE S. PAULO. Caderno "Metas para a educação", de 21 de junho de 2007.

OLIVEIRA, Ieda de (org.). *O que é qualidade em literatura infantil e juvenil – Com a palavra o escritor.* São Paulo: DCL, 2005.

OLSON, David R. & TORRANCE, Nancy. *Cultura escrita e oralidade.* São Paulo: Ática, 1995.

_____. *O mundo no papel – As implicações conceituais e cognitivas da leitura e da escrita.* São Paulo: Ática, 1997.

PERRAULT, Charles. *Contos.* Belo Horizonte: Itatiaia, 1985.

ROMANELLI, Otaíza de Oliveira. *História da educação no Brasil.* 31ª ed. Petrópolis: Vozes, 2007.

ROSENFELD, Rogério. "De que é feito o universo". *Folha de S. Paulo*, 7 de julho de 2002.

SEARLE, John. *Mente, cérebro e ciência.* Lisboa: Edições 70, 1984.

WEBER, Max. *Ciência e política: duas vocações.* São Paulo: Cultrix, 1985.

Nelly Novaes Coelho

Biografia

Nelly Novaes Coelho nasceu em 17 de maio de 1922 na capital paulista. Do signo de Touro, na infância teve o primeiro projeto de vida: ser pianista, seguindo o caminho de Guiomar Novaes, prima de seu pai. Carreira de pianista frustrada pelas circunstâncias negativas: aluna do Conservatório Dramático e Musical de São Paulo, em julho de 1939, em concurso de piano, ganhou uma bolsa para estágio de estudos na Itália, mas a II Guerra Mundial eclode logo depois e a viagem é adiada. A vida acaba por tomar outro rumo. Sucedem-se várias atividades: bancária, secretária bilíngue, publicitária e, finalmente, casada.

Em 1946 casa-se com Carlos Mário Coelho, torna-se dona de casa e mãe de família. Em 1956 volta a estudar e ingressa na Faculdade de Filosofia, Letras e Ciências Humanas da Universidade de São Paulo (USP). Terminado o curso, em 1960 começa a carreira docente na área de letras da USP – literatura espanhola e hispano-americana (professora assistente do professor Miguel Sanchez). Em 1961, com a morte do professor Sanchez, passa para a área de literatura portuguesa, onde realizou toda a sua carreira docente, chegando a professora titular (1985). Nos anos 1960, inicia suas atividades como crítica literária, no Suplemento Literário de *O Estado de S.Paulo*, no qual colabora durante dez anos (1961-1971). Ao mesmo tempo, acumula seu cargo na USP com a docência na Universidade Estadual de São Paulo (Unesp), *campus* de Marília, onde cria a disciplina de teoria da literatura e permanece dez anos (1961-1971).

Como educadora, a partir dos anos 1960 passou a preocupar-se com os novos caminhos experimentais da nova educação, concentrando-se na literatura e elegendo-a como eixo de novos métodos de ensino para crianças e jovens. Em 1966 publica *O ensino da literatura*, livro que, na época, se tornou uma espécie de bíblia para os novos professores. No final da década de 1970, com a eclosão da nova literatura infantil, inicia um novo campo de pesquisa.

Em 1980, cria na área de letras da USP a disciplina de literatura infantil/juvenil. Em 1981, publica *A literatura infantil (Teoria-análise-didática)* e *Panorama histórico de LIJ brasileira*. Em 1983, lança a primeira edição do *Dicionário crítico de LIJ brasileira*. Paralelamente, desenvolve pesquisas acerca da produção literária feminina no Brasil, cujo resultado é reunido no *Dicionário crítico de escritoras brasileiras* (2002).

Entre as dezenas de livros escritos por ela destacam-se: *Literatura & linguagem* (1974), *Escritores portugueses* (1973, reeditado em Lisboa em 2007), *Guimarães Rosa* (1975), *Mário de Andrade* (1975), *Arte, conhecimento e vida* (2000), *O conto de fadas* (2003) e *Primeiro dicionário escolar/ Língua portuguesa* (2005) (todos com reedições).

Entre os prêmios recebidos podem-se contar: *prêmio Internacional Bocage* (Ministério da Educação, Lisboa, 1975), *prêmio Jabuti-Ensaio*, 1975, *prêmio Especial Ensaio-APCA* (*Associação Paulista de Críticos de Arte*), 1983, *medalha Clara Ramos UBE-RJ*, 1993, *troféu Jaburu/Personalidade do Ano*, 1998, *Conselho Estadual de Cultura de Goiás* e *troféu Rio-Intelectual do Ano-UBE-RJ*, 2003.

Literatura e leitura em tempos de internet

> Uma cultura *cyber* está em vias de se expandir, mesmo que isso só possa ser detectado por alguns espíritos atentos. Trata-se de uma revolução radical que marca o surgimento da sociedade pós-industrial e que implica o nascimento de um novo pensamento. [...] A cultura *cyber* é simultaneamente destruição e gênese. Essa cultura se unirá com o mito fundador do conhecimento? (Edgar Morin, 1998)

Essas palavras do grande sociólogo francês Edgar Morin sintetizam o jogo de forças que se defrontam nesta nossa época de aceleradas metamorfoses, quando paradigmas tradicionais (valores, normas, saberes herdados) estão sendo ameaçados/substituídos, gradativamente, por paradigmas emergentes (novas visões/interrogações do mundo e do homem...).

Para além da complexidade abissal dessa revolução em processo, pode-se dizer que o seu eixo motriz é o problema do conhecimento, do saber – problema que está na raiz da atual crise da educação e, não por acaso, patente na ideia-base deste seminário: "Promoção da leitura nos caminhos da literatura".

Como a palavra de ordem, em nossos dias, é conscientização, comecemos aqui por situar esse tema no momento de crise civilizacional em que vivemos. Ao propor os "caminhos da leitura e da literatura" como uma espécie de *setas orientadoras* para uma nova educação ou novo processo de formação das mentes, este seminário extrapola muito o mero aconselhamento de táticas didáticas para se inserir no momento histórico em que vivemos. Momento que exige projetos, ações, experiências que contribuam para a urgente formação do "novo homem do século XXI" (ainda em gestação). Lembremos que essa vem sendo a multimilenar tarefa do homem, a quem cabe dar continuidade à vida, à humanidade: criar cultura, cujos valores servirão de base para a construção de uma civilização. Esta, com o tempo, se organiza em sistema que, posto em prática, gera um progresso que, gradativamente, leva o sistema ao apogeu de seu domínio. Nesse momento, estará nascendo um novo homem (engendrado pelo sistema que "deu certo" e se ultrapassou), o qual já não cabe nos limites já estratificados e se volta contra eles, impondo novos valores existenciais/culturais ainda desordenados. É esse o ciclo histórico vivido pela humanidade desde a pré-história.

Nessa ordem de ideias, podemos dizer, metaforicamente, que vivemos no "olho do furacão", entre duas grandes forças que se chocam. De um lado, a brilhante/progressista civilização industrial herdada, cuja cultura de base (cristã/liberal/burguesa) já se deteriorou, mas cujo sistema (político/ econômico/social) ainda está vigente. De outro, uma nova cultura (ideias, valores humanos/interrogações/conhecimentos) que, caoticamente, está sendo engendrada e se impondo, mas ainda longe de se organizar em sistema, ou melhor, em nova civilização.

Neste ponto, voltamos ao tema desta "Literatura e leitura em tempos de internet". É importante lembrar que, apesar de estarmos vivendo em plena era da imagem (governados pelas multimídias visuais), há uma verdade basilar que estava sendo esquecida, mas começa a ser redescoberta: o mundo real existe revestido pelo mundo da linguagem. "A palavra cria o real" (ideia-base da fenomenologia, a teoria do conhecimento atual). "O homem é um ser de linguagem" (Michel Foucault). "O que não é nomeado não existe" (Lacan). A literatura é sempre uma experiência de vida transformada em palavra. Toda imagem precisa de um texto para ser reconhecida como "algo". Enfim, o poder da palavra vem sendo redescoberto como fator-chave para a construção de uma nova educação.

O grande desafio a ser enfrentado pela escola em crise está, hoje, no confronto entre o atual império da imagem (o ciberespaço) e o inesgotável poder construtor/ordenador da palavra (o mundo letrado, o livro). Em busca de novos paradigmas e nova instrumentalização, a escola (a cultura) se vê dividida entre a urgente redescoberta da leitura e da literatura (os grandes agentes de formação das mentes) e o fantástico meio de comunicação cibernética: a internet, que veio para ficar.

Não há dúvida de que, com a invenção do computador, o mundo entrou na era digital (a da "cultura *cyber*" de que fala E. Morin), cuja "varinha mágica" (como a dos contos de fadas) é a internet, poderosa mídia interativa, que permite ao usuário o acesso à informação numa escala planetária, nunca antes atingida. E mais: permitindo-lhe interagir dinamicamente com o texto/mensagem, explorando-o em vários sentidos, recriando-os, questionando-os etc. Crianças, jovens, adultos e idosos, de todas as etnias e regiões do globo, vivem hoje "plugados", acessando *blogs, orkuts, googles, e-*

mails, *e-books*... Alguns deles, transformando-se em piratas do ciberespaço, como "*hackers*"... Há toda uma revolução cultural em processo.

Incorporar esse instrumental midiático a seus novos projetos de educação e ensino é, sem dúvida, um dos grandes desafios enfrentados pela reforma educacional. Desafio que resulta do ainda precário sistema de interação existente entre o objeto básico de ensino (língua e literatura) e o novo instrumental (internet). E obviamente uma nova formação docente. Sabe-se que a crise do ensino não será solucionada apenas com a inclusão do computador na sala de aula, conectado à internet. Faz-se urgente uma nova reestruturação do saber. É a nova esfinge que desafia educadores e técnicos programadores: "Decifra-me! Ou te anulo!" Como integrar, num projeto de formação humana (para além da mera diversão ou de acesso à informação), o conhecimento e o instrumental? É o que vem sendo tentado por educadores e especialistas nos multimídia... e já preocupava, há quarenta anos, a socióloga americana Margaret Mead (1968): "Chegamos ao ponto em que temos de educar as pessoas naquilo que ninguém sabia ontem, e prepará-las para aquilo que ninguém sabe ainda, mas alguns terão que saber amanhã".

A solução ou resposta definitiva do problema está longe de ser alcançada. O que nos cabe é tentar soluções provisórias (que talvez acabem se mostrando definitivas!). Cada qual dentro das circunstâncias que a vida lhe oferece. É ainda cedo para prevermos qual será a verdadeira influência desse novo instrumental cibernético sobre a formação das novas gerações. O que já se pode dizer – pois salta à vista – é que ele está provocando a aceleração do ritmo vital (rapidez de percepção e raciocínio, agudez visual, facilidade para estabelecer conexões entre diferentes fatores etc.). É o *tempo humano* (que é lento, pois segue o ritmo da natureza) sendo gradativamente modificado pelo *tempo da máquina* (que é cada vez mais acelerado). Isso é bom? É ruim? Impossível concluir, por enquanto.

Para encerrar, colocamos um problema que (esse sim!) parece grave: a ameaça de degradação ou deterioração da língua portuguesa pelo uso sistemático do dialeto "internetês" – palavras reduzidas a poucas letras ou signos que tornam o texto incompreensível para quem não souber decifrá-las. Se é verdade que tal "dialeto" se faz necessário, por causa das condições materiais do instrumental (espaço reduzido, velocidade exigida, necessidade de síntese etc.), não é menos verdade que a nova educação precisa urgentemente criar um "anticorpo" contra essa ameaça à língua portuguesa, incentivando os estudos linguísticos e literários.

O grande desafio a ser enfrentado pela escola em crise está, hoje, no confronto entre o atual império da imagem (o ciberespaço) e o inesgotável poder construtor/ordenador da palavra (o mundo letrado, o livro).

Como estamos vivendo uma profunda revolução cultural (na qual a internet, por ser o grande meio de comunicação, desempenha papel decisivo), é urgente que se atente para o fato de que a língua materna é o elemento primordial na construção da identidade de um povo. Como lembra Octavio Paz, "quando uma civilização entra em decadência, a primeira coisa que apodrece é a língua".

É essa a grande ameaça que se pressente no uso intensivo da internet (ou no convívio alienado com o mundo virtual da imagem) se o jovem usuário, ainda em formação, não receber o "antídoto" que este seminário escolheu como tema: "Leitura nos caminhos da literatura". É urgente que os novos descubram a língua portuguesa como algo vivo (que os identifica como "cidadãos brasileiros") e convivam com a literatura como a grande arte, cuja matéria-prima é a palavra e tem como objeto infinitas experiências de vida. Como disse Guimarães Rosa ao seu tradutor Gunther Lorenz:

> [...] A linguagem e a vida são uma coisa só. [...] Quem não fizer do idioma o espelho de sua personalidade, não vive. [...] O idioma é a única porta para o infinito, mas infelizmente está oculto sob montanhas de cinzas.

Cabe a cada um revolver as cinzas e descobrir a "porta" oculta...

BIBLIOGRAFIA

Literatura & linguagem. Rio de Janeiro: Vozes, 1974.
Escritores portugueses do século XX. São Paulo: Quíron, 1973.
Guimarães Rosa. São Paulo: Quíron, 1975.
Mário de Andrade. São Paulo: Saraiva, 1970.
Literatura: arte, conhecimento e vida. São Paulo: Peirópolis, 2000.
O conto de fadas. São Paulo: DCL, 2003.
Primeiro dicionário escolar/Língua portuguesa. São Paulo: Cia. Nacional, 2005.
Dicionário crítico da literatura infantil e juvenil brasileira. São Paulo: Ibep, 2006.
_____. 2ª ed. Lisboa: Imprensa Nacional, 2007.
Literatura infantil: teoria, análise, didática. São Paulo: Moderna, 2000.

Laura Sandroni

Biografia

Laura Sandroni nasceu no Rio de Janeiro em 1934. Formou-se em administração na Fundação Getúlio Vargas e fez mestrado em literatura brasileira na Universidade Federal do Rio de Janeiro (UFRJ). Em 1968 integrou o grupo que criou a Fundação Nacional do Livro Infantil e Juvenil (FNLIJ), entidade pioneira no Brasil no estudo e promoção dos livros para crianças e jovens, que dirigiu até 1984. A partir de 1996 passou a integrar o seu conselho diretor e hoje participa do seu conselho curador. Em seguida trabalhou durante onze anos na Fundação Roberto Marinho (FRM), criando seu núcleo de estímulo à leitura, hoje extinto. Foi colaboradora do jornal *O Globo*, do Rio de Janeiro, de 1975 a 2002, resenhando livros destinados a crianças e jovens.

Tem publicado inúmeros ensaios em revistas especializadas no Brasil e no exterior.

Coordena a coleção "Nova seleta" da Editora Nova Fronteira.

Em 2001 foi eleita para integrar o júri do prêmio Hans Christian Andersen, o mais importante prêmio mundial da literatura para crianças e jovens, outorgado a cada dois anos pelo International Board on Books for Young People (Ibby).

Em 2003 foi reeleita para o mesmo júri.

Em 2006 recebeu o título de membro honorário do Ibby pelo trabalho realizado.

A DÉCADA DE 1970 E A RENOVAÇÃO DA LITERATURA INFANTIL E JUVENIL

Nos anos 1970 houve uma verdadeira explosão na forma de escrever para crianças no Brasil. O mercado, que andava parcamente servido pelas adaptações dos clássicos infantis, passava a acolher novos autores.

A temática, já brasileira a partir de Monteiro Lobato, incorporou novos mitos e referências às paisagens do nosso cotidiano.

Na época, estabeleceu-se uma longa discussão em torno das implicações das eternas fantasias da literatura clássica e das visões do real na formação infantil.

"Abaixo a fantasia distanciada da realidade" era mais ou menos o nosso lema.

E a literatura brasileira foi atravessando esse tempo de debates conceituais ilesa, optando pelo caminho mais criativo ao incorporar a fantasia à realidade. Sem dúvida, os autores foram capazes de penetrar no mundo infantil sem recorrer aos velhos e surrados símbolos.

Porém, se na década de 1970 houve esse *boom* literário, ainda não foi aí que os livros infantis passaram a ter uma nova feição. Por enquanto, de novo existia apenas a expressão escrita (com raras exceções), embora esta já exigisse transformações na imagem.

Foi no início dos anos 1980 que um novo fenômeno começou a despontar. Algumas ilustrações se apresentavam inovando a técnica ou o próprio objeto retratado. Assim surgiram os novos ilustradores que hoje formam um time de alta qualidade, sugerindo novas leituras para os textos que ilustram. Uma categoria profissional distinta e vigorosa.

É sobre esse crescimento ou essa renovação do livro para crianças e jovens no Brasil que vamos discorrer, começando por seu fundador: Monteiro Lobato.

MONTEIRO LOBATO, O INOVADOR

Com a publicação de *A menina do narizinho arrebitado*, em 1921, José Bento Monteiro Lobato inaugura o que se convencionou chamar de "fase literária da produção brasileira destinada a crianças e jovens". Como veremos, sua obra foi um salto qualitativo comparada aos autores que o precederam, já que é quase toda permeada do ânimo de debates sobre temas públicos contemporâneos ou históricos que problematiza de modo que seja compreendido por crianças e expressa em linguagem original e criativa, na qual sobressai a busca do coloquial brasileiro, antecipatória do Modernismo.

Podem-se observar em Lobato alguns aspectos básicos que evidenciam o nível de criação artística. O primeiro diz respeito à linguagem, cujo registro é predominantemente coloquial e na qual se nota a busca da fala brasileira, o tom de oralidade, que pouco depois o Modernismo iria consagrar.

Além desses aspectos com que Lobato procurava despir seu estilo de toda "a literatura" no sentido da retórica tradicional, a criatividade que demonstra é marcada pelo humor e aponta no sentido da modernização que preconiza.

Ele foi o primeiro a fazer do folclore tema sempre presente em suas histórias por meio dos personagens do Sítio, como Tia Nastácia e Tio Barnabé. Em alguns livros, como *O saci* e *Histórias de Tia Nastácia*, o folclore é a temática central.

Outra das grandes inovações de Lobato é a de trazer para o universo da criança os grandes problemas até então considerados como parte exclusiva do mundo adulto. Assim, discutem-se no Sítio as terríveis consequências das guerras em *A chave do tamanho*, os problemas do desenvolvimento brasileiro em *O poço do Visconde*, o conhecimento intuitivo diante do predomínio da lógica e da razão em *O saci*.

Lobato acreditava profundamente na democracia como forma de governo e não se contentava em transmitir suas convicções de maneira abstrata. O Sítio do Picapau Amarelo é um microcosmo onde cada um é livre para expressar sua opinião e onde as decisões são tomadas pelo voto.

Ao lado dessa realidade evidente no texto, que reflete o contexto histórico e social de seu tempo e do ambiente rural em que se criou, Lobato mostra-nos um mundo mágico do qual a fantasia é parte integrante. Nele reina o faz de conta, solução para todos os problemas, o pó de pirlimpimpim, que permite viagens ao longo do tempo e do espaço. Convivem aí personagens do mundo real, ou seja, os habitantes do Sítio, e personagens do mundo das maravilhas, protagonistas dos contos tradicionais, na mais perfeita harmonia.

A obra de Lobato foi tão importante que de certa forma impediu o sucesso de novos autores, com poucas exceções. A partir dos anos 1970

Lobato acreditava profundamente na democracia como forma de governo e não se contentava em transmitir suas convicções de maneira abstrata.

notam-se algumas modificações nesse quadro, que se vai alterando no sentido de uma grande diversificação da produção, com o aparecimento de novos autores para atender ao crescimento do público leitor criado pela Lei de Diretrizes e Bases, em 1971, que obriga a adoção de livros de autor brasileiro nas escolas de primeiro grau. Mais uma vez a literatura infantil se vê ligada ao sistema de ensino. Esse fato, que, por um lado, põe em risco a leitura como fonte de prazer e fruição, quando a escolha do professor recai sobre textos que não conseguem prender a atenção da criança, por outro tem propiciado um clima favorável ao aparecimento de autores que, voltando às raízes lobatianas, vêm produzindo obras que, sem perder de vista o lúdico, o imaginário, o humor, a linguagem inovadora e poética, tematizam os atuais problemas brasileiros, levando o pequeno leitor à reflexão e à crítica.

Outros dois fatores contribuíram decisivamente para o crescimento da produção editorial destinada a crianças e jovens na década de 1970: a criação da Fundação Nacional do Livro Infantil e Juvenil, em 1968, organização pioneira nos estudos e na promoção do gênero no Brasil, seção brasileira do International Board on Books for Young People (Ibby), que hoje reúne cerca de setenta países. O terceiro fator que influiu no chamado *boom* editorial da época foi a revista *Recreio*, ao lançar jovens autores que hoje constituem os clássicos contemporâneos do gênero.

Tentou-se aqui reunir esses autores em torno de algumas das inovações introduzidas por Lobato, buscando estabelecer paralelos e analogias que levem a uma visão geral do caminho percorrido pela literatura infantil até nossos dias.

Seguindo uma ordem cronológica quanto às primeiras edições dos títulos citados, tem-se, em 1971, *A fada que tinha ideias* e *Soprinho* de Fernanda Lopes de Almeida. Aqui se retoma a linha de ficção lobatiana na qual realidade e fantasia se interpenetram com absoluta naturalidade para a discussão de temas tais como os abusos do poder totalitário, no primeiro caso, ou a alegórica caminhada do universo psicológico infantil em direção à maturidade e ao mundo adulto, no segundo. Com *O reizinho mandão* (1978), *O rei que não sabia de nada* (1980) e *O que os olhos não veem* (1981), Ruth Rocha retoma a discussão, decompondo os elementos do conto de fadas tradicional para reconstruí-los invertendo as relações do poder.

Ana Maria Machado realiza o que talvez seja o texto exemplar desse grupo de autores com *História meio ao contrário* (1978), em que mantém, para desmistificá-los pela paródia, alguns dos clichês da linguagem típica da tradição oral. Assim, por exemplo, começa discutindo o conceito de "e foram felizes para sempre", fecho comum de tantos contos tradicionais, para terminar com o conhecidíssimo "era uma vez..." Dessa forma, está também, como Lobato, retomando personagens conhecidos do leitor, parte de suas referências culturais, para renová-los, enriquecê-los, reinventá-los. *O rei de quase tudo* (1974), de Eliardo França, e *Onde tem bruxa, tem fada* (1979), de Bartolomeu Campos de Queirós, situam-se na mesma vertente, guardando-se os diferentes estilos e as particularidades de cada um dos autores. Claro está que neles encontramos, em maior ou menor grau, outras qualidades, como o humor, o lúdico verbal, a linguagem poética, mas todos dão à criança um papel ativo e transformador, identificando-a com os personagens. No gênero conto de fadas – e explicitando na apresentação do livro: "Meu interesse e minha busca se voltam para aquela coisa atemporal chamada inconsciente" –, Marina Colasanti redescobre em *Uma ideia toda azul* (1979) e *Doze reis e a moça no labirinto do vento* (1982) o encanto de um gênero desgastado por incontáveis pastiches.

Longe das fadas, mas com muita fantasia, a obra de Lygia Bojunga situa-se ainda nesse mesmo grupo de escritores que tematizam os problemas da sociedade contemporânea, seja no aspecto das relações humanas, seja nas implicações psicológicas de que a criança é vítima. Com altíssimo nível de criação e grande originalidade de linguagem, a autora se coloca entre os grandes autores brasileiros contemporâneos e mesmo internacionais, como comprova o prêmio internacional Hans Christian Andersen que recebeu, em 1982, pelo conjunto da sua obra.

Outro tratamento dado à representação da realidade na literatura destinada a crianças e jovens, que muito tem a ver com Lobato, é o de Viriato Correia em *Cazuza* (1938), onde a intenção iluminista aproxima os dois autores além da linguagem simples e ágil, aproximada do coloquial.

Na mesma linha situam-se *Cabra das rocas* (1966), de Homero Homem, e *Justino, o retirante* (1970), de Odette de Barros Mott, ao incorporar a seca nordestina aos temas tratados pela moderna literatura infantil brasileira.

Carlos de Marigny, com *Lando das ruas* (1975) e *Detetives por acaso* (1976), e Eliane Ganem, com *Coisas de menino* (1978), acrescentam à amplitude dos temas do momento histórico nacional o personagem do pivete, o menor abandonado, que vive em grupos nas áreas urbanas, constituindo um dos mais graves problemas sociais do nosso tempo. Ambos aprofundam uma das aberturas de linguagem inauguradas por Lobato: o uso da gíria. Aqui, como não poderia deixar de ser para obtenção da verossimilhança, o vocabulário é tão marginal quanto os personagens retratados, correndo o risco de ver comprometido o tempo de vida desses textos que, no entanto, são vigorosos e belos na denúncia que fazem.

Há ainda uma corrente que se quer realista, mas cuja filiação ao naturalismo é evidente na escolha temática de situações-problema da sociedade contemporânea e dos temas considerados tabus para o público infantil. Ela está representada na "Coleção do Pinto", que contava com mais de trinta títulos de qualidade desigual e tem entre seus autores nomes já consagrados nas letras nacionais. É o caso de Wander Piroli com *O menino e o pinto do menino* (1975) e *Os rios morrem de sede* (1976). Escritos numa linguagem direta e concisa, despida de adjetivações, transmitem, no entanto, a tristeza de uma sociedade que se afasta cada vez mais da natureza, contribuindo para sua destruição. Na mesma coleção, abordando diferentes temas tabus, encontram-se *Eu vi mamãe nascer* (1976) de Luiz Fernando Emediato, que trata das tentativas de uma criança em procurar entender a morte de sua mãe, ou *O primeiro canto do galo*, de Domingos Pellegrini, em que um menino descobre sua sexualidade, mesmo tema de *Rita está acesa*, de Terezinha Alvarenga, ambos de 1979. As injustiças sociais por demais flagrantes em nossa época são tematizadas por Henry Corrêa de Araújo em *Pivete* (1977), e os preconceitos em relação às diferentes raças por Ary Quintella em *Cão vivo, leão morto* (1980). O mesmo tema já havia sido abordado em 1976 na narrativa romântica criada por Jorge Amado em *O gato Malhado e a andorinha Sinhá*.

A revalorização da cultura popular por meio de suas raízes orais, uma das vertentes do modernismo enquanto busca de valores nacionais trazida por Lobato para a literatura infantil, é retomada na década de 1970 por alguns autores que fazem do folclore ponto importante de sua obra. Ziraldo, com sua *Turma do Pererê* (1972/1973), é, sem dúvida, um momento significativo, pois realiza a simbiose de traço e palavras, pela linguagem dos quadrinhos, trazendo a problemática rural para esse moderno meio de comunicação de massa. Antonieta Dias de Moraes, entre outros temas que aborda em seu trabalho, reconta lendas da mitologia indígena em *A varinha do Caapora* (1975) e posteriormente em *Contos e lendas dos índios do Brasil* (1979). Joel Rufino dos Santos dedica muitos de seus livros à reelaboração de contos folclóricos ou ainda à criação original inspirada na tradição oral. *O caçador de lobisomem* (1975), *O curumim que virou gigante* (1980) e *Histórias do Trancoso* (1983) são bons exemplos de seu fazer literário, em que a poesia se alia a uma linguagem de cunho marcadamente oralizante.

Ana Maria Machado faz constantemente citações de elementos colhidos do folclore, ou alusões a eles, como em *Bem do seu tamanho* (1980), ou reconta em histórias cumulativas por ela descritas como "as que a nossa gente gosta de inventar, contar e ouvir", da coleção "Conte outra vez" (1980/1981) e em vários outros contos. Vale lembrar ainda seu *De olho nas penas*, que recebeu o prêmio Casa de las Américas de 1980, em que o folclore transpõe as fronteiras do país e abarca o continente sul-americano e a África. Para os jovens com o hábito da leitura já enraizado, há dois textos primorosos de Haroldo Bruno nos quais preponderam elementos do folclore nordestino: *O viajante das nuvens* (1975) e *O misterioso rapto de Flor-do-Sereno* (1979).

O humor como instrumento de desmistificação e reflexão crítica sobre dados do contexto histórico e social foi, como já visto, outra das inovações lobatianas. É claro que tais elementos são fartamente encontrados nas histórias da tradição oral, desde aquelas que remontam ao romance picaresco ibérico, como as aventuras de Pedro Malasartes, até a literatura de cordel. No entanto, os textos que no início do século traziam o rótulo de "literatura infantil" eram sisudos e exemplares, o que faz do criador da irreverente Emília o reintrodutor do riso como arma da crítica nos livros destinados a crianças. Edy Lima, em sua série iniciada com *A vaca voadora* (1972), mistura o insólito de uma vaca não antropomorfizada a personagens que fazem uso da magia e da alquimia para obter o riso e ainda questionar as várias faces de uma sociedade consumista, alheia ao mágico e à fantasia. Sylvia Orthof, embora questione a autoridade constituída, como em *Mudanças no galinheiro mudam as coisas por inteiro* (1981), estrutura sua narrativa em situações inesperadas ou absurdas, que provocam riso e reflexão. *Os bichos que eu tive* (1983) talvez seja o texto em que melhor desenvolve suas potencialidades de humorista. João Carlos Marinho, escrevendo para jovens adolescentes, expressa pelo humor e pela ironia, como em *O gênio do crime* (1969) e *O caneco de prata* (1971), ou ainda pela sátira, como em *Sangue fresco* (1982), uma severa crítica social, inovando ainda a estrutura narrativa muito fragmentada.

Na prosa poética, Bartolomeu Campos de Queirós é o primeiro a ser lembrado com *O peixe e o pássaro* (1974) e os premiados *Pedro* (1977) e *Ciganos* (1983). Neles a ambiguidade e a imprecisão são estímulos à imaginação criadora do leitor. A rima, as aliterações, a sonoridade da língua, sua possibilidade de jogo, ou seja, o lúdico na linguagem – campo em que Monteiro Lobato também abriu novas possibilidades – estão presentes não só na obra de Campos de Queirós como na de Ruth Rocha, em livros destinados a crianças bem pequenas como *Palavras, muitas palavras* e *Marcelo, marmelo, martelo*, ambos de 1976. Ana Maria Machado trabalha igualmente seus textos por esse aspecto. *Um avião e uma viola* (1982) é um bom exemplo, entre vários outros.

A poesia pós-modernista destinada a crianças até recentemente resumia-se a quatro poetas. Dois precederam a década de 1970: Sidônio Muralha e Cecília Meireles; os outros situam-se dentro dela: Vinicius de Moraes e Mário Quintana. Sidônio Muralha, poeta português da geração neorrealista, exilou-se por motivos políticos e viveu no Brasil de 1962 até sua morte, em 1982. Aqui lançou, logo de chegada, *A televisão da bicharada*, inaugurando a coleção "Giroflê-Giroflá" e sua editora, na qual em 1964 Cecília Meireles publicava *Ou isto ou aquilo*, um clássico da lírica infantil. Sidônio e Cecília fazem de seus versos brincadeiras sonoras e encantam crianças e adultos com a redescoberta da beleza das coisas simples. Não consideramos poesia a quantidade de versos reproduzidos em livros didáticos que se destinam a comemorar datas cívicas ou festas do calendário escolar. A poesia que aqui referimos é aquela que só tem compromisso com a beleza, a emoção e a reinvenção da linguagem. Nessa linha, Vinicius de Moraes destaca-se com *A arca de Noé* (1971), em que os versos captam a sensibilidade e o lirismo que perpassam toda a sua obra: a graça da exploração lúdica dos sons atinge plenamente a alma infantil. Mário Quintana, com *Pé de pilão* (1975), inova a forma poética com narrativa em que o *nonsense* e o humor prevalecem. Seu *Lili inventa o mundo* é também prova de que, como Lobato, acredita na inteligência e na sensibilidade das crianças. Deve ser lembrado ainda o belo *O menino poeta*, de Henriqueta Lisboa, hoje editado para esse público.

Alguma poesia começou a ser publicada na década de 1980 e podem ser citados, entre os autores dessa época, Elza Beatriz com *Pare no P da poesia* (1980), Elias José com *Um pouco de tudo*, Antonieta Dias de Moraes com *Jornal falado*, Sérgio Capparelli com *Boi da cara preta*.

Outro componente importante da produção editorial para crianças e jovens é a ilustração. Num mundo em que o visual tem função preponderante sobre o texto pelos meios de comunicação de massa, o livro infantil não poderia deixar de aperfeiçoar seus aspectos gráficos a fim de competir no mercado, como objeto de consumo que é. Por outro lado, é importante lembrar que, num país onde o analfabetismo continua desafiando planos e campanhas governamentais e em que a maior parte dos que ingressam

Na prosa poética, Bartolomeu Campos de Queirós é o primeiro a ser lembrado com O peixe e o pássaro *(1974) e os premiados* Pedro *(1977) e* Ciganos *(1983).*

na rede oficial de ensino provém de famílias que não aprenderam a ler, a linguagem pictórica tem valor próprio, já que, no processo de elaboração da linguagem, exerce papel primordial. Também nesse aspecto Lobato foi antecipador. Suas primeiras histórias – que hoje reunidas e mal editadas constituem o volume *Reinações de Narizinho* – eram inicialmente álbuns ilustrados em cores por Voltolino. Assim, ele foi fiel à sua ideia: fazer livros em que as crianças quisessem morar dentro.

A qualidade do desenho dos livros infantis brasileiros voltou a crescer em consequência da ampliação do mercado, que se situa na década de 1970. Data de 1972 a ilustração de Gian Calvi para *Os colegas*, de Lygia Bojunga, e de 1973 *A toca da coruja*, de Walmir Ayala, ambos premiados no concurso promovido pelo Instituto Nacional do Livro. Eliardo França, já com alguns livros publicados, recebeu em 1975 menção honrosa da Bienal de Ilustrações de Bratislava – a mais importante mostra internacional do setor – com *O rei de quase tudo*.

Podemos dizer que na década de 1980 ocorreram modificações animadoras na área da ilustração. Em 1980 Rui de Oliveira recebe o prêmio Noma do Centro Cultural da Unesco, em Tóquio, por seu trabalho para *A menina que sabia ouvir*, de Michael Ende. A mesma láurea é obtida por Gian Calvi em 1982 com *Um avião e uma viola*, de Ana Maria Machado, e Ângela Lago é agraciada em 1986 com *Chiquita bacana e outras pequetitas*.

A Câmara Brasileira do Livro dá outro impulso à produção de nossos artistas instituindo o prêmio Jabuti para ilustração, obtido por Ângela Lago e Regina Yolanda em 1982 e 1983. Mas são poucos os prêmios e muitos os artistas, entre os quais citamos Gê Orthof, Patrícia Gwinner, Alcy Linares, Odilon Moraes, Ana Raquel, Gerson Conforto, Flávia Savary, Walter Ono, Humberto Guimarães, Ivan e Marcelo e ainda Ricardo Azevedo, premiado em Bratislava em 1983, e Eva Furnari, que se especializou em livros sem texto especialmente destinados ao pré-leitor, caminho iniciado por Juarez Machado com seu ótimo *Ida e volta*.

O teatro infantil é outro gênero em que as editoras tradicionalmente não gostam de investir. Embora existam no país inúmeros grupos amadores necessitando de bons textos para seu repertório, são poucos os autores que têm sua obra publicada. Maria Clara Machado é a exceção. Realizando durante décadas seu trabalho artístico no tablado, tem nos cinco volumes do teatro de Maria Clara Machado editadas todas as suas peças, entre as quais destacamos *Pluft, o fantasminha* e *O cavalinho azul*, duas pequenas obras-primas traduzidas e publicadas em vários países. Ambas foram adaptadas pela autora em forma narrativa e encontram-se entre os mais bem editados livros infantis brasileiros. Sylvia Orthof obteve seus primeiros sucessos como escritora por meio do teatro com *A viagem do barquinho* (1975) e *Eu chovo, tu choves, ele chove* (1976), nas quais sua inventividade já era marcante. Ilo Krugli, com sua bela *História de lenços e ventos*, é outro importante autor do gênero, que Ana Maria Machado também domina.

Ainda na década de 1980 novos autores deram continuidade à prolífica produção editorial para crianças e jovens.

Na poesia, José Paulo Paes, conhecido e premiado poeta e tradutor paulista, começa a dedicar-se às crianças com seu *É isso ali*, seguido de vários títulos.

Roseana Murray, com seu *Fruta no ponto*, deu início a uma bela produção poética, ainda em pleno desenvolvimento.

Em 1980 João Ubaldo publica o divertido *Vida e paixão de Pandomar, o cruel*. Nessa época Ziraldo lança seu *Menino maluquinho*, que se torna um megassucesso editorial, vendendo milhões de exemplares, e, para sorte nossa, não satisfeito com isso, o autor continua em plena atividade. Marcos Rey, Cora Rónai e Paulo Rangel são outros bons escritores surgidos nos anos 1980. Em 1981 Moacyr Scliar lança seu primeiro livro do gênero, pela Mercado Aberto, de Porto Alegre. Continua a escrever para jovens com grande sucesso, chegando hoje a quase trinta títulos publicados por diversas editoras.

Em 1982 a literatura infantil atinge pela primeira vez seu ponto máximo com a concessão do prêmio Hans Christian Andersen a uma autora brasileira: Lygia Bojunga, pelo conjunto de sua obra. Essa láurea dada pelo Ibby a cada dois anos é chamada de "o pequeno prêmio Nobel", tal a sua importância internacional, e os candidatos brasileiros às medalhas de autor e ilustrador são indicados pela Fundação Nacional do Livro Infantil e Juvenil. É bom lembrar que a obra de Lygia encontra-se hoje traduzida em vinte e um idiomas.

A década de 1990 se caracteriza pela melhoria de qualidade das edições brasileiras. Finalmente as editoras deram-se conta de que a criança é o futuro leitor adulto, e, portanto, é preciso fazer o melhor para conquistá-la: um bom texto, uma boa ilustração, impressos em papel de qualidade, com uma boa diagramação e um tipo de letra adequado à sua capacidade de leitura.

Nos anos 1990 novos autores vieram somar-se aos que hoje são os clássicos do gênero: Rosa Amanda Strausz, Rogério Andrade Barbosa, Leo Cunha, Luciana Sandroni, Nilma Lacerda e Luiz Antônio Aguiar, entre outros. Na poesia, Manoel de Barros foi descoberto pelos editores e tornou-se querido da garotada, enquanto Sérgio Capparelli e Roseana Murray continuam na ativa.

Muitos ilustradores vieram abrilhantar as novas edições: Graça Lima, Roger Mello, Marilda Castanha, Rubens Matuck, Humberto Guimarães, Elizabeth Teixeira, Mariana Massarani, Nelson Cruz e a Família Dumont, inovando com seus bordados transformados em ilustrações.

O ano 2000 trouxe mais um grande momento para a literatura infanto-juvenil brasileira com a conquista de um segundo prêmio Hans Christian Andersen, dessa vez por Ana Maria Machado, com vários títulos traduzidos em diversos idiomas, prêmio entregue em congresso do Ibby, realizado pela segunda vez na América Latina, na cidade de Cartagena, na Colômbia. O congresso já se havia realizado no Rio de Janeiro em 1974.

No plano internacional o Brasil obteve outra expressiva vitória: Lygia Bojunga recebeu em 2003, em Estocolmo, o prêmio Alma (Astrid Lindgren Memorial Award), criado pelo governo sueco para homenagear sua mais conhecida autora. O prêmio – uma alta soma em dólares – deve ser dividido entre autor, ilustrador e especialista indicados por instituições de diversos países a cada ano, e a decisão compete a um júri sueco.

Naquele ano a decisão unânime foi dar o prêmio apenas a Lygia Bojunga pelo conjunto de sua obra, o que lhe permitiu criar a fundação que leva seu nome e financia pequenos projetos de estímulo à leitura.

Novos autores não param de surgir. Bia Hetzel, Adriana Falcão, Katia Canton são alguns deles. Na poesia, Ferreira Gullar tem criado obra própria e também traduzido clássicos como *Fábulas de La Fontaine* em versos primorosos.

Os ilustradores não ficam atrás, dando-nos nomes como André Neves, Maria Eugênia, Marcelo Ribeiro e Fernando Vilela, que há poucos meses recebeu um prêmio na Feira de Bolonha, com seu belíssimo *Lampião & Lancelote*, do qual também é o autor, editado pela Cosac Naify.

Mas a grande surpresa desta primeira década do século XXI é certamente a literatura escrita por índios brasileiros. O mais importante deles, pela qualidade da sua obra, é, sem dúvida, Daniel Munduruku, já ganhador de vários prêmios nacionais.

BIBLIOGRAFIA

PROJETOS NA FNLIJ
Ciranda de livros – 1982-1985 (distribuição de 60 livros a 35.000 escolas de todo o Brasil), com a participação da Fundação Roberto Marinho e patrocínio da Hoescht do Brasil.

PROJETOS NA FRM
Viagem da leitura – 1986-1987 (distribuição de 60 livros às 3.500 bibliotecas públicas do país, com a FNLIJ e patrocínio da Ripasa).
Nossa biblioteca – 1989-1992 (coleta de livros usados, em bom estado, para bibliotecas brasileiras).
Quem lê jornal sabe mais – 1992-1994 (distribuição gratuita do jornal durante um mês a cinquenta escolas por semestre e formação dos professores para seu uso em sala de aula), projeto que perdura até hoje.

AUTORA E ORGANIZADORA
El nino y el libro – Guía práctica de estímulo a la lectura (org., com Luiz Raul Machado). Tradução de Luz Jaramillo e David Jiménez. Bogotá: Cerlalc, Kapeluz, 1984.
A criança e o livro – guia prático de estímulo à *leitura.* (org., com Luiz Raul Machado). São Paulo: Ática, 1986.
De Lobato a Bojunga: as reinações renovadas. Rio de Janeiro: Agir, 1987.
Lectura y medios de comunicacíon de masas (org., com Luiz Raul Machado). Buenos Aires: Aique Grupo Editor; Bogotá: Cerlalc, 1992.
Austregésilo de Athayde: o século de um liberal (com Cícero Sandroni). Rio de Janeiro: Agir, 1998.
Ao longo do caminho, seleção de resenhas publicadas no jornal *O Globo* de 1975 a 2002. São Paulo: Moderna, 2003.

TRADUÇÃO

Maria Rosa, de Vera Kelzey e Portinari. Rio de Janeiro: Record, 1987.

Era uma vez um jovem mago, de Joel Franz Rozell. São Paulo: Moderna, 1991.

A casinha azul, de Sandra Comino. Rio de Janeiro: Revan, 1992.

Amigo se escreve com H, de Maria Fernanda Heredia. Rio de Janeiro: Nova Fronteira, 2003.

A formação do leitor literário, de Teresa Colomer. São Paulo: Global, 2005.

Andar entre livros, de Teresa Colomer. São Paulo: Global, 2007.

Nos caminhos da literatura

22 a 24 de agosto de 2007 • São Paulo

PROGRAMAÇÃO DO EVENTO

Dia 22/8/2007 • das 8h30 às 17h30

8h30 às 9h45
Credenciamento e entrega de materiais

10h às 11h
Sessão de abertura
Gisela Pinto Zincone – FNLIJ (Rio de Janeiro, Brasil)
Paulo Castro – Instituto C&A (Barueri, Brasil)
Regina Célia Lico Suzuki – Secretaria Municipal de Educação de São Paulo (São Paulo, Brasil)
Ana Cristina Cabral Medeiros – Secretaria de Estado da Educação e da Cultura do Rio Grande do Norte (Natal, Brasil)

11h às 12h30
Conferência 1 – Andar entre Livros: A Leitura Literária na Escola
Conferencista
Teresa Colomer
Universidade Autónoma de Barcelona (Barcelona, Espanha)

Presidente da mesa
Elizabeth D´Angelo Serra
FNLIJ (Rio de Janeiro, Brasil)

12h30 às 13h30
ALMOÇO

13h45 às 15h30
MESA DE DEBATES 1
Palestrantes
Angela Lago
Escritora e ilustradora (Belo Horizonte, Brasil)
O prazer do livro para o leitor iniciante

Graça Lima
Universidade Federal do Rio de Janeiro (Rio de Janeiro, Brasil)
A leitura imagética

Coordenação
Cris Eich
Ilustradora (Mogi das Cruzes, Brasil)

15h30 às 16h
INTERVALO

16h às 17h30
CONFERÊNCIA 2 – ALGUNS EQUÍVOCOS SOBRE LEITURA
Conferencista
Ana Maria Machado
Escritora e tradutora (Rio de Janeiro, Brasil)

Presidente da mesa
Alais Ávila
Instituto C&A (Barueri, Brasil)

17h30
LANÇAMENTO DA OBRA *ANDAR ENTRE LIVROS: A LEITURA LITERÁRIA NA ESCOLA* (GLOBAL, 2007), DE TERESA COLOMER

Dia 23/8/2007 • das 9h às 17h

9h às 10h30
Conferência 3 – Ler e Escrever: Os Prazeres da Intimidade com o Livro
Conferencista
Xosé Antonio Neira Cruz
Escritor (Santiago de Compostela, Espanha)

Presidente da mesa
Cláudia Santa Rosa
Instituto de Desenvolvimento da Educação (Natal, RN)

10h30 às 12h
Mesa de debates 2

Palestrantes
Luiz Percival Leme Britto
Universidade de Sorocaba (São Paulo, Brasil)
Entretenimento ou conhecimento – O que faz a literatura?

Daniel Munduruku
Escritor (Lorena, Brasil)
Literatura indígena

Coordenação
Ísis Valéria Gomes
FNLIJ (São Paulo, Brasil)

12h às 13h
Almoço

233

13h15 às 15h
MESA DE DEBATES 3

Palestrantes
Regina Zilberman
Pontifícia Universidade Católica do Rio Grande do Sul (Porto Alegre, Brasil)
O ensino médio e a formação do leitor

Marisa Lajolo
Universidade Presbiteriana Mackenzie (São Paulo, Brasil)
Leitura e pesquisa nos estudos literários: o caso de Monteiro Lobato

Laura Sandroni
FNLIJ (Rio de Janeiro, Brasil)
A década de 70 e a renovação da literatura infantil e juvenil

Coordenação
Ana Dourado
Instituto C&A (Brasília, Brasil)

15h às 15h30
INTERVALO

15h30 às 17h
CONFERÊNCIA 4 – DA LEITURA DA PALAVRA À LEITURA DE MUNDO

Conferencista
Silvia Castrillón
Asociación Colombiana de Lectura y Escritura (Bogotá, Colômbia)

Presidente da mesa
Marcia Wada
Centro de Estudos A Cor da Letra (São Paulo, Brasil)

Dia 24/8/2007 • das 9h às 17h

9h às 10h30
CONFERÊNCIA 5 – O TRIPÉ INFÂNCIA-LITERATURA-LEITURA - MARCOS DE SUA ESTRUTURAÇÃO NA ARGENTINA

Conferencista
Cecilia Bettolli
Centro de Difusão e Investigação de Literatura Infantil e Juvenil (Córdoba, Argentina)

Presidente da mesa
Cynthia Maria Campelo Rodrigues
FNLIJ (Rio de Janeiro, Brasil)

10h30 às 12h
MESA DE DEBATES 4

Palestrantes
Bartolomeu Campos de Queirós
Escritor (Belo Horizonte, Brasil)
Por que escrevo – Reflexões sobre a leitura do texto literário e educação

Marina Colasanti
Escritora e jornalista (Rio de Janeiro, Brasil)
Espaços da prática criativa, do livro e da literatura

Coordenação
Luiz Raul Machado
Escritor (Rio de Janeiro, Brasil)

12h às 13h
ALMOÇO

235

13h15 às 15h
MESA DE DEBATES 5

Palestrantes
Nilma Gonçalves Lacerda
Universidade Federal Fluminense (Rio de Janeiro, Brasil)
Leitura: uma escolha de caminhos

Ricardo Azevedo
Escritor, ilustrador e pesquisador (São Paulo, Brasil)
Problemas do uso de textos de ficção e poesia na escola

Coordenação
Elenita Neli Beber
Secretaria Municipal de Educação de São Paulo (São Paulo, Brasil)

15h às 15h30
INTERVALO

15h30 às 17h
CONFERÊNCIA 6 – LEITURA E LITERATURA EM TEMPOS DE INTERNET

Conferencista
Nelly Novaes Coelho
Universidade de São Paulo (São Paulo, Brasil)

Presidente da mesa
Paulo Castro
Instituto C&A (Barueri, Brasil)

17h
SESSÃO DE ENCERRAMENTO
Elizabeth D´Angelo Serra – FNLIJ (Rio de Janeiro, Brasil)
Paulo Castro – Instituto C&A (Barueri, Brasil)

www.editorapeiropolis.com.br

MISSÃO

Contribuir para a construção de um mundo mais solidário, justo e harmônico, publicando literatura que ofereça novas perspectivas para a compreensão do ser humano e do seu papel no planeta.

A gente publica o que gosta de ler:
livros que transformam!

impressão acabamento
rua 1822 nº 341
04216-000 são paulo sp
T 55 11 3385 8500
F 55 11 2063 4275
www.loyola.com.br